全国中等职业学校国际商务专业系列教材
商务部十二五规划教材
中国国际贸易学会规划教材

数学（下）

基础版

主　编　于洪业
副主编　王　燕
参　编　杨　倩

中国商务出版社
CHINA COMMERCE AND TRADE PRESS

图书在版编目（CIP）数据

数学：基础版. 下 / 于洪业主编. —北京：中国商务出版社，2015. 7

全国中等职业学校国际商务专业系列教材 商务部十二五规划教材 中国国际贸易学会规划教材

ISBN 978-7-5103-1339-4

Ⅰ. ①数… Ⅱ. ①于… Ⅲ. ①数学课—中等专业学校—教材 Ⅳ. ①G634. 601

中国版本图书馆 CIP 数据核字（2015）第 172304 号

全国中等职业学校国际商务专业系列教材
商务部十二五规划教材
中国国际贸易学会规划教材

数学（下）
基础版
SHUXUE

主　编　于洪业
副主编　王　燕

出　版：中国商务出版社
发　行：北京中商图出版物发行有限责任公司
社　址：北京市东城区安定门外大街东后巷 28 号
邮　编：100710
电　话：010 – 64269744　64218072（编辑一室）
　　　　010 – 64266119（发行部）
　　　　010 – 64263201（零售、邮购）
网　址：http://www. cctpress. com
网　店：http://cctpress. taobao. com
邮　箱：cctp@ cctpress. com；bjys@ cctpress. com
照　排：北京开和文化传播中心
印　刷：北京密兴印刷有限公司
开　本：787 毫米 × 1092 毫米　1/16
印　张：15. 75　　字　数：290 千字
版　次：2015 年 7 月第 1 版　　2015 年 7 月第 1 次印刷
书　号：ISBN 978-7-5103-1339-4
定　价：28. 00 元

总　序

为贯彻全国教育工作会议精神和教育规划纲要，建立健全教育质量保障体系，提高职业教育质量，以科学发展观为指导，全面贯彻党的教育方针，落实教育规划纲要的要求，满足经济社会对高素质劳动者和技能型人才的需要，全面提升职业教育专业设置、课程开发的专业化水平，教育部启动了中等职业学校专业教学标准制定工作。按照教育部的统一部署，在全国外经贸职业教育教学指导委员会的领导和组织下，我们完成制定了中职国际商务专业教学标准。

新教学标准的制定，体现了以下几方面的特点：

1. 坚持德育为先，能力为重，把社会主义核心价值体系融入教育教学全过程，着力培养学生的职业道德、职业技能和就业创业能力。

2. 坚持教育与产业、学校与企业、专业设置与职业岗位、课程教材内容与职业标准、教学过程与生产过程的深度对接。以职业资格标准为制定专业教学标准的重要依据，努力满足行业科技进步、劳动组织优化、经营管理方式转变和产业文化对技能型人才的新要求。

3. 坚持工学结合、校企合作、顶岗实习的人才培养模式，注重“做中学、做中教”，重视理论实践一体化教学，强调实训和实习等教学环节，突出职教特色。

4. 坚持整体规划、系统培养，促进学生的终身学习和全面发展。正确处理公共基础课程与专业技能课程之间的关系，合理确定学时比例，严格教学评价，注重中高职课程衔接。

5. 坚持先进性和可行性，遵循专业建设规律。注重吸收职业教育专业建设、课程教学改革优秀成果，借鉴国外先进经验，兼顾行业发展实际和职业教育现状。

为适应中职国际商务专业教学模式改革的需要，中国商务出版社于 2014 年春在北京组织召开了中职国际商务专业系列教材开发研讨会，来自北京、上海、广东、山东、浙江的 30 余位国际商务专业负责人和骨干教师与会。会议决定共同开发体现项目化、工学结合特征的15门课程教材，并启动该项目系列教材的编写。目前，教材开发工作进展顺利，教材将于2015年春季开始陆续出版发行。

本套系列教材的编写原则是：

1. 依据教育部公布的中职国际商务专业标准组织编写教材，教材充分体现任务驱动、行为导向、项目课程的设计思想。

2. 设计的实践教学内容与外贸企业实际相结合，能锻炼学生的动手能力。

3. 教材将本专业职业活动分解成若干典型的工作项目，按完成工作项目的需要和岗位操作规程，结合外贸行业岗位工作任务组织教材内容。

4. 教材尽量多地体现外贸行业岗位的工作流程特点，加深学生对外贸岗位及工作要求的认识和理解。

5. 教材内容体现先进性、实用性和真实性，将本行业相关领域内最新的外贸政策、先进的进出口管理方式等及时地纳入教材，使教材更贴近行业的发展和实际需求。

6. 教材设计的内容具体并具有较强的操作性。

本套系列教材在编写过程中参考了不少论著，得到了有关专家学者、院校领导，以及中国商务出版社的大力支持，在此一并表示感谢！

由于编者水平有限，书中疏漏之处在所难免，敬请读者批评指正。

姚大伟　教授
2014年12月28日于上海

前　言

数学教育是我国中等职业教育事业的重要组成部分，在提高学生综合素质，特别是在培养学生创新意识和创造能力的过程中，数学教育发挥着不可替代的重要作用。作为中等职业学校的一门重要的基础课，数学课程始终坚持把启迪学生的心智，传承人文精神，使学生形成科学的素质和正确的人生观作为永恒的主题，知识是力量，创新是财富，素质是根本。通过数学教育来提高全体学生的综合素质，是从事数学教育工作者的一项十分光荣而艰巨的任务。

随着“大力实施科教兴国和人才强国战略”，“切实把教育放在优先发展的战略地位”的贯彻落实，我国中等职业教育事业的发展已经跃上了一个新的台阶。发展与改革从来就是一对孪生兄弟，为了推动中等职业教育国际商务专业教学改革，贯彻执行教育部2013年审定的“中等职业学校国际商务专业教学标准”，我们在全国外经贸职业教育教学指导委员会的组织下，会同经贸类中等职业学校的数学优秀教师，编写了中等职业教育国际商务专业课程改革国家规划的数学新教材。

我们依据教育部2009年颁布的《中等职业学校数学教学大纲》（以下简称“大纲”）的培养目标、内容要求，并结合教育部2013年审定的“中等职业学校国际商务专业教学标准”，以辩证唯物主义的方法为指导，坚持“以学生发展为本”的原则，充分考虑中职教育教学的实际，把“以应用为目的，以必须、够用为度”的理念贯穿在教材的编写中，使教材突出了以下几个方面的特点：

（1）注重基础。数学课程作为中职学校的一门重要的基础学科体现在：现行“大纲”对传统的数学教学内容，从思想、理论、方法等多角度进行了精选，把在现代生产和生活中广泛应用的知识作为基本内容，因而，数学课程是学习各门技术学科的基础。教材中，让这些基本内容在不同的知识层面中反复出现，以使学生打好坚实的数学基础。

（2）兼顾实际。中职学生中，对初中数学基本知识和基本技能掌握的不全面、不扎实是普遍情况，这套教材充分考虑了中职学生的实际状况，在保证科学性的前提下，用“请回答”或在新知识引进前做一些适当的铺垫等方法，来降低新知识引入的起点，使中职数学教学内容与九年义务教育阶段的内容做好对接。

（3）强调参与。为适合中等职业学校学生的年龄特点，教材中采用了大量的生动活泼的插图，用来创设学生喜闻乐见的情境，以激发学生的学习积极性；利用“请回答”，这样的即问即答式的问题，变课堂为师生互动的场所；使用“想一想”，“试一试”，“做一做”，“练一练”，“辨一辨”，这样一些适合中职学生年龄特征的词语，把学生引入到课堂练习之中。

（4）突出实践。数学源于实践，其思想、理论、方法、概念等都是从人们的生产、生活实践中产生和发展起来的。教材注重从生活实际问题引入数学概念；利用数学知识解决生活中的实际问题。

（5）适应时代。突出数学与现代信息技术的结合，教学手段（直观、高效的手段）、培养方法、使用软件；注重学生使用计算工具能力的培养。

（6）方便使用。按照学生的认知规律精心安排每一节的教学过程，在编写每一节的教学内容时，既考虑到“大纲”的要求，又考虑到学生易学，还兼顾到教师好教。

中等职业教育国际商务专业数学教材分为两套教材，一套为基础版，包括基础版上册和基础版下册；一套为拓展与职业版，包括拓展与职业版上册和拓展与职业版下册。两套教材经全国中等职业教育审定委员会审定通过，列为中等职业教育国家规划教材。这套教材为基础版，本册书是基础版下册，内容包括：第 6 章　立体几何；第 7 章　直线和圆的方法；第 8 章　平面向量；第 9 章　数列；第 10 章　概率与统计初步。参加本册书编写的人员分别是：第 6 章　王燕；第 7 章　杨倩；第 8 章　杨倩；第 9 章　王燕；第 10 章　于洪业。

由于时间仓促，水平有限，不当之处敬请读者批评指正。

编者

2015 年 2 月

目　　录

第6章

立体几何

1. 理解：直线、平面的位置关系；直线与直线、直线与平面、平面与平面平行的判定与性质；直线与直线、直线与平面、平面与平面垂直的判定与性质；

2. 了解：平面的性质；直线与直线、直线与平面、平面与平面所成的角；柱、锥、球及其简单组合体的结构特征及表面积、体积的计算.

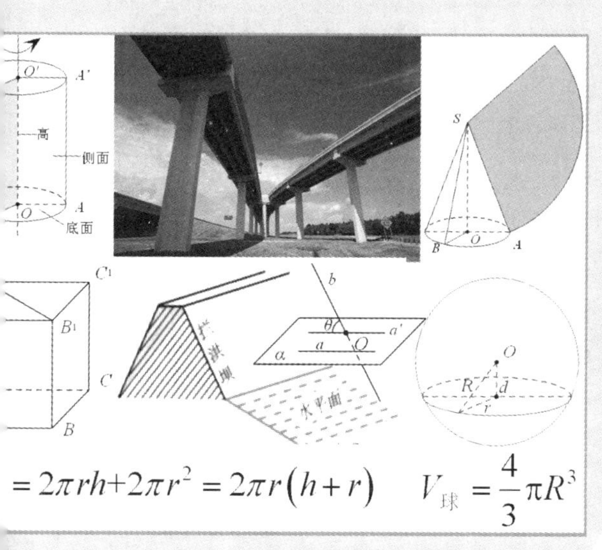

1. 能利用集合符号来表示直线、平面的位置关系；
2. 会求直线与直线、直线与平面、平面与平面所成的角；
3. 会找二面角的平面角；
4. 能计算柱、锥、球及其简单组合体的表面积、体积.

1. 平面的性质和确定平面的方法；
2. 直线、平面位置关系的判定；
3. 柱、锥、球及其简单组合体的结构特征及表面积、体积的计算.

1. 异面直线的概念；
2. 直线与平面所成角，二面角及其平面角；
3. 空间想象能力的培养.

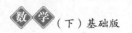

请思考：

在我们生活的大千世界里，充满着各种各样的几何体，从天上飞的到地上跑的；从水利工程到路桥建设；从城市的高楼大厦到商场里琳琅满目的商品；…….几何体无处不在，随处可见．空间的几何体、空间的直线、空间的平面，它们之间的位置关系各式各样、千姿百态，我们如何认识和把握它们呢？这一章主要学习空间直线、平面及简单几何体的概念、它们的位置关系以及相关量的计算，通过这些内容的学习会增强同学们对三维世界的认识．

6.1　平面的基本性质

6.1.1　平面

当平面水平放置时，锐角为45°，横边画成邻边的2倍；当平面正对我们竖直放置时，通常把平面画成矩形（如图6—1(3)）

日常生活中，我们能找到很多具有平坦、光滑特征的物体：教室的黑板面、玻璃面、墙面，平静的水面等，它们给我们以平面的形象，但却都是有限存在的．数学中的平面是指光滑而且可以无限延展的图形，并且没有厚度．

如同直线（向两边无线延展）一样，我们无法画出平面的全部，为了直观形象起见，通常用平行四边形（锐角一般为45°）表示平面（如图6－1（1），（2））．

根据需要，有时也用其他平面图形，如三角形、多边形、圆、椭圆　等表示平面．

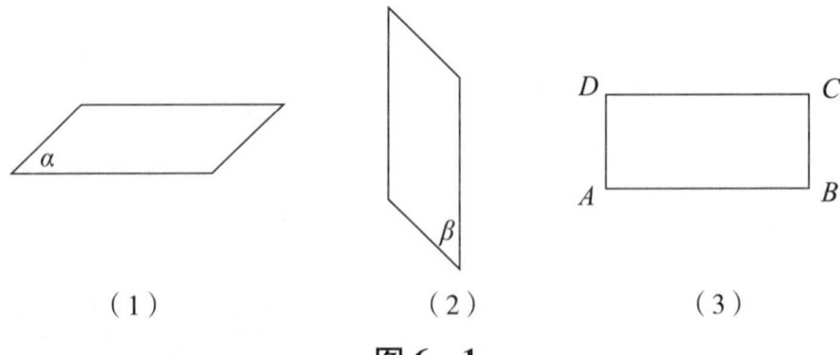

图6－1

平面一般用希腊字母 α、β、γ……来表示，记作：平面 α、平面 β……．还可以用平行四边形的四个顶点的字母或两个对角顶点的字母来命名，记作：平面 $ABCD$ 或平面 AC 等．

请回答：能说点 A 在平面 α 的边界上吗？能说平面 α 比平面 β 大或者厚吗？

做一做

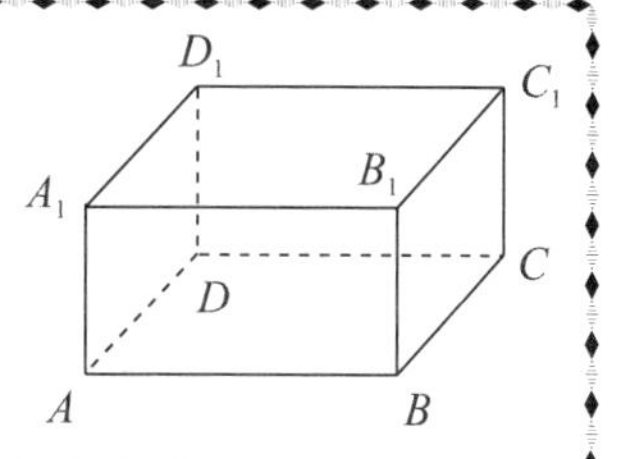

试写出长方体 $ABCD—A_1B_1C_1D_1$ 上的6个面.

6.1.2 平面的基本性质

点是空间的最基本的要素．空间中直线和平面都可以看作是由点组成的集合.

点 A 在直线 l 上，记作 $A \in l$；

点 B 不在直线 l 上，记作 $B \notin l$；

点 A 在平面 α 内，记作 $A \in \alpha$；

点 B 不在平面 α 内，记作 $B \notin \alpha$；

把一根拉紧的橡皮筋的两端固定在硬纸板上，这根橡皮筋和硬纸板有什么样的关系呢？

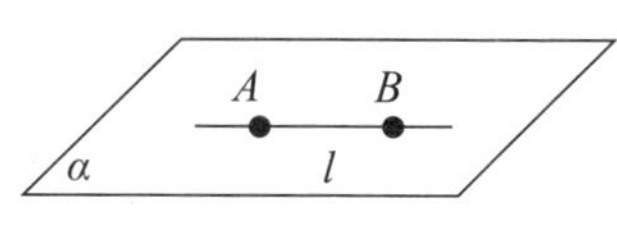

图6－2

通过上述实验和长期的实践我们可以总结出平面的性质1.

基本性质1　如果一条直线上的两点在一个平面内，那么这条直线上的所有的点都在这个平面内.

此时称**直线在平面内或平面经过直线**（如图6－2）．若直线 l 在平面 α 内，**记作** $l \subsetneqq \alpha$.

请回答：试用集合语言表示两条直线 a 和 b 相交于点 P.

请回答：木工经常要检查木板面是不是平的，他们通常用一个直尺靠在木板上的各个位置上，不管怎么换角度和位置，直尺和木板之间都不出现缝隙，就说明这块木板是平的．试用平面的基本性质1来解释这个原理.

观察我们所在的教室，墙面和地面的交点都在一条直线上.

通过上面的观察和长期实践我们还可以总结出平面的性质2.

基本性质2　如果两个不重合的平面有一个公共点，那么它们一定还有其他的公共点，并且这些公共点的集合是过该点的一条直线.

此时称两个平面相交，把所有的公共点组成的直线叫做**交线**（如图 6－3 所示）．平面 α 与平面 β 相交，它们的交线是 l，记作 $\alpha \cap \beta = l$．

画直线l在平面α内的图形时，要将直线画在平形四边形的内部．

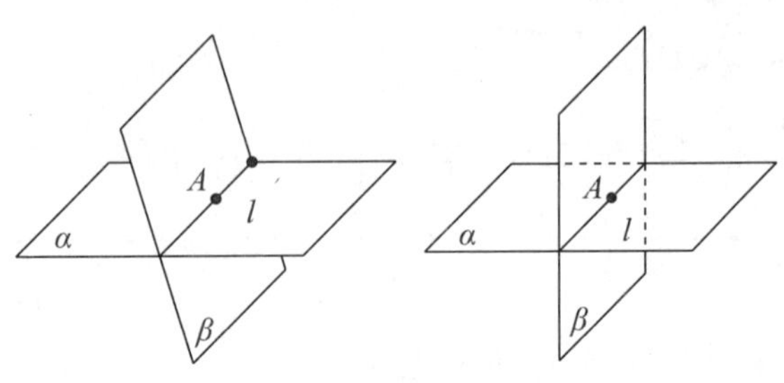

图 6－3

请回答：支撑照相机的架子为什么是三脚架？

通过上述问题和长期的实践我们又可总结出平面的性质 3．

基本性质 3　经过不在同一条直线上的三点，有且只有一个平面．

“有且只有一个平面”也可以说成“确定一个平面”，因此性质 3 也可以说成：不共线的三点确定一个平面（如图 6－4 所示）．

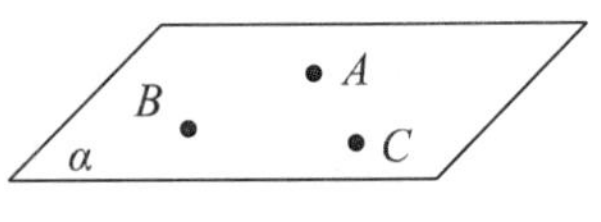

图 6－4

在日常生活中，测量用的平板仪等都是基本性质 3 的应用．

在图 6－4 中，连接点 A 和点 B，那么我们可以得到以下结论：

推论 1　经过一条**直线**和这条**直线外的一点**，有且只有一个平面（如图 6－5（1）所示）．

在图 6－4 中，连接点 A 和点 B，连接点 A 和点 C，那么我们可以得到以下结论：

推论 2　经过两条**相交**直线，有且只有一个平面（如图 6－5（2）所示）．

画两个平面相交的图形时，一定要画出它们的交线，图形中被遮挡的部分要么画成虚线，要么不画．

在图 6－4 中，连接点 A 和点 B，过 C 点做直线 AB 的平行线，那么我们可以得到以下结论：

推论 3　经过两条**平行**直线，有且只有一个平面（如图 6－5（3）所示）．

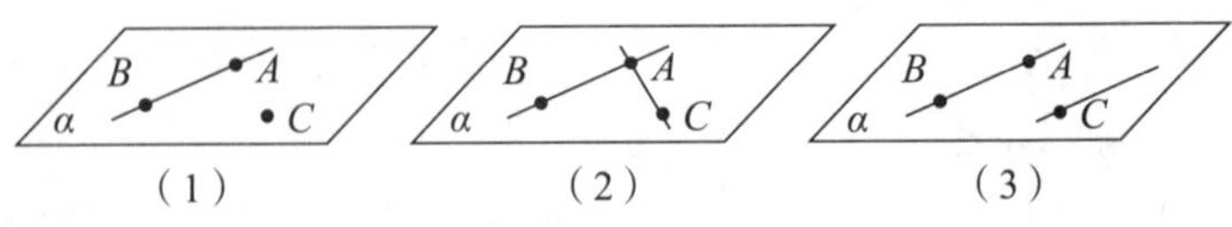

图 6－5

请回答：梯形是否一定是平面图形？

想一想

请回答以下生活情境是基本性质或推论中哪一结论的应用：

（1）自行车支撑脚；　　（2）超市中叉车的叉杆；

（3）门和门锁；　　（4）检查桌子的四条腿的底部是否在同一个平面内.

习题 6.1

A 组

1. 简答题：

（1）平面的表示方法有几种？

（2）平面的基本性质有哪些？

2. 判断题：

（1）3 个平面重叠在一起比 2 个平面重叠在一起厚.　（　）

（2）一个平面的面积可以等于 5cm^2.　（　）

（3）三点可以确定一个平面.　（　）

（4）经过一点的三条直线可以确定一个平面.　（　）

（5）过一条直线的平面有无数多个.　（　）

3. 分别说出以下图形表示是否正确，如有错误，请改正.

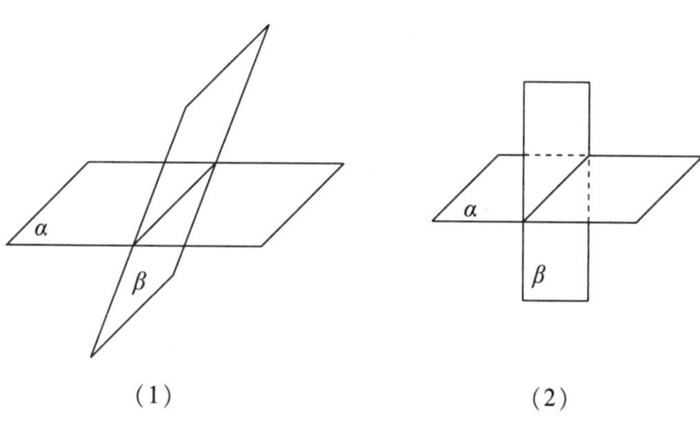

（1）　　（2）

4. 用集合符号表示下列语句：

（1）点 A 在直线 m 上；　　（2）点 B 不在平面 α 内；

（3）直线 AB 在平面 α 内；　　（4）平面 α 与平面 β 相交于直线 m.

5. 填空：

（1）不重合的两个平面可以把空间分成________部分.

（2）已知点 A 在直线 l 上，但点 A 不在平面 α 内，则 l 与平面 α 的公共点最多有________个.

6. 三角形、平行四边形和梯形是否一定是平面图形？为什么？

B 组

1. 不共面的四个点可以确定几个平面？

2. 在下面情况中，三条直线可以确定几个平面：

（1）一条直线和两条平行直线都相交；

（2）三条直线两两平行；

（3）三条直线相交于一点；

6.2　空间的平行问题

6.2.1　直线与直线平行

在平面几何中，我们把平面内互不相交的两条直线叫做平行线，并有结论：

过直线外一点有且只有一条直线和这条直线平行.

那么，在空间中，这个结论是否还成立？

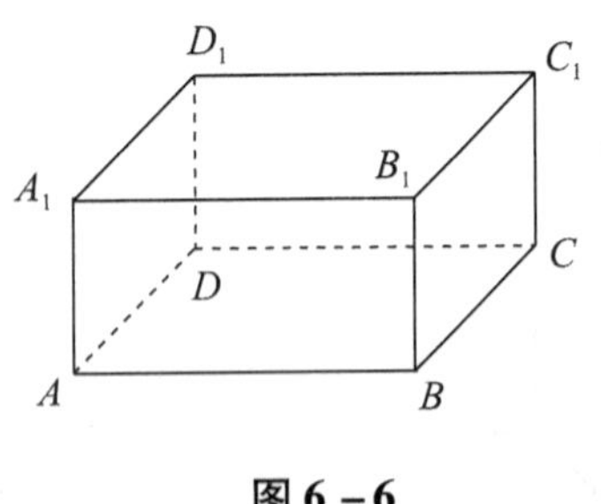

图 6－6

观察长方体（如图 6－6），过点 A，只有 $AA_1 /\!/ BB_1$，同时过点 C，也只有 $CC_1 /\!/ BB_1$，因此上述结论可以推广到空间.

而且我们还发现 $AA_1 /\!/ CC_1$，从而得到：

在空间中，平行于同一条直线的两条直线互相平行.

请回答：在长方体中，还有哪些线段所在的直线与 BB_1 平行？

例 1　已知空间四边形 $ABCD$ 中，E，F，G，H 分别是边 AB、BC、CD、DA 的中点．判

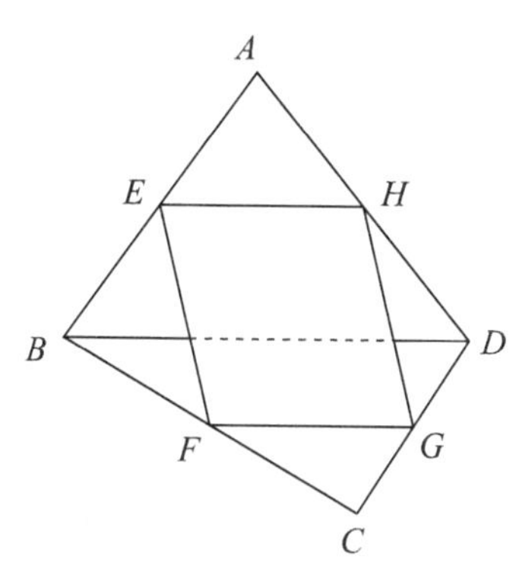

图 6－7

断四边形 $EFGH$ 是否为平行四边形（如图 6－7）?

解 连接 BD，在 $\triangle ABD$ 中，因为 E、H 分别是边 AB、AD 的中点，

所以 $EH /\!/ BD$，且 $EH = \frac{1}{2}BD$.

同理 $FG /\!/ BD$，且 $FG = \frac{1}{2}BD$.

所以 $EH /\!/ FG$，且 $EH = FG$.

即 四边形 $EFGH$ 是平行四边形.

观察长方体（如图 6－6），下列各对线段所在的直线的位置关系如何?

（1）AB 与 DC；（2）AB 与 AD；（3）AB 与 CC_1.

问题（1）和问题（2）答案很显然，一组平行，一组相交，而问题（3）呢？通过直观观察，直线 AB 与 CC_1 既不平行也不相交，经过 AB 和点 C 确定平面 $ABCD$，而点 C_1 不在平面 $ABCD$ 内，所以 CC_1 不在平面 $ABCD$ 内，因此直线 AB 与 CC_1 不在同一个平面内.

如果两条直线不在同一个平面内，那么把它们叫做**异面直线**. 在同一个平面内的直线，叫做共面直线，平行或相交的两条直线都是共面直线.

空间中，两条直线的位置关系有且只有下列四种情形：

（1）重合——两条直线有无穷多个公共点；

（2）相交——两条直线有且只有一个公共点；

（3）平行——两条直线没有公共点，但在同一个平面内；

（4）异面——两条直线没有公共点，不在同一个平面内.

请回答： 请问在长方体 $ABCD—A_1B_1C_1D_1$ 中，还有哪些线段所在的直线与 AB 是异面直线？

已知空间四边形 $ABCD$ 中，E，F，G，H 分别是边 AB、BC、CD、DA 的中点.

（1）满足什么条件时？四边形 $EFGH$ 为矩形；

（2）满足什么条件时？四边形 $EFGH$ 为正方形.

6.2.2 直线与平面平行

把直线和平面相交或平行的情形，都叫做直线在平面外.

请回答：利用一支铅笔代表直线，桌面代表平面，你能摆放出几种直线和平面的位置关系？

通过具体实验，我们知道，一条直线和一个平面有以下3种位置关系（如图6－8）：

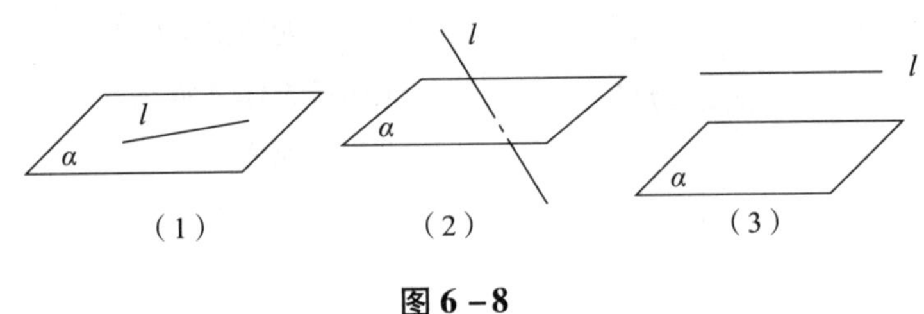

图6－8

在图6－8（1）中，直线l与平面α有无穷多个公共点，则**直线l在平面α内**.

在图6－8（2）中，直线l与平面α只有一个公共点，叫做**直线l与平面α相交**.

在图6－8（3）中，直线l与平面α没有公共点，叫做**直线l与平面α平行**.

因此，空间中，直线与平面的位置关系有且只有下列三种情形：

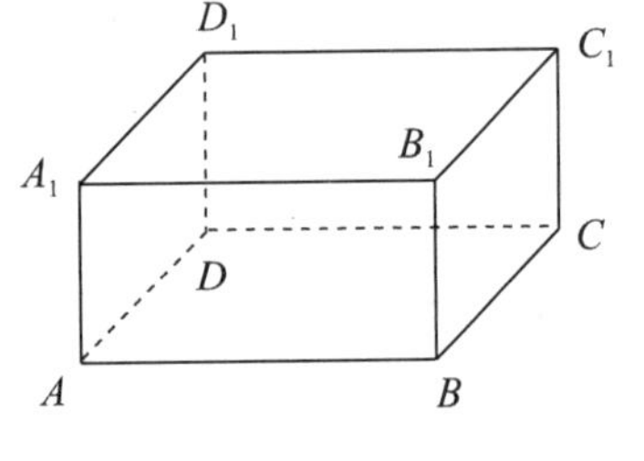

图6－9

（1）直线在平面内——直线与平面有无穷多个公共点；

（2）直线和平面相交——直线与平面有且只有一个公共点；

（3）直线和平面平行——直线与平面没有公共点.

通过大量的实验归纳出直线与平面平行的判定方法：

如果平面外一条直线和平面内一条直线平行，那么这条直线与这个平面平行.

直线l与平面α平行，记作$l /\!/ \alpha$.

我们在教室中挂日光灯管时，就是使两根吊线相等，那么垂下的日光灯管就平行于吊盒的连线，因此也平行于天花板了.

例2 如图6－9，在长方体$ABCD$—$A_1B_1C_1D_1$中，直线A_1D_1与平面$ABCD$平行吗？

解 在长方体$ABCD$—$A_1B_1C_1D_1$中，A_1D_1与AD平行，而A_1D_1在平面$ABCD$外，AD在平面$ABCD$内，因此直线A_1D_1与平面$ABCD$平行.

如图6－10，若直线l平行于平面α，经过直线l作一平面β与平面α相交，交线为m，那么直线l和直线m是什么关系呢？

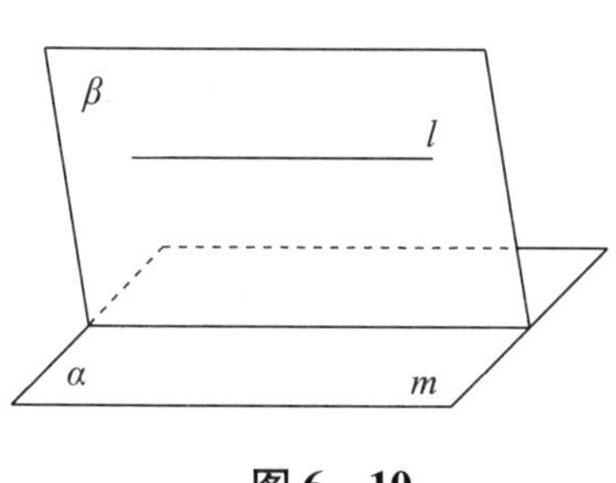

图 6-10

由于直线 l 平行于平面 α，那么，直线 l 和平面 α 没有任何公共点，所以直线 l 和平面 α 内的直线 m 也没有任何公共点，而直线 l 和直线 m 又在同一个平面 β 内，所以直线 l 与直线 m 平行.

由此我们得到直线与平面平行的性质：

如果一条直线与一个平面平行，并且经过这条直线的一个平面和这个平面相交，那么这条直线和交线平行.

请回答：若直线 l 与平面 α 平行，问在平面 α 内有几条直线与直线 l 平行？

下面说法是否正确：

(1) 如果一条直线与一个平面平行，那么这条直线就与这个平面内的任何一条直线平行；

(2) 平行于同一个平面的两条直线互相平行.

6.2.3 平面与平面平行

请回答：在平面的基本性质 2 中，我们知道平面与平面有相交的位置关系，那么它们还有其他的位置关系吗？

观察我们的教室，墙面和地面就是相交的位置关系，那么天花板和地面呢？从实际经验中我们可以得知，天花板和地面没有任何公共点.

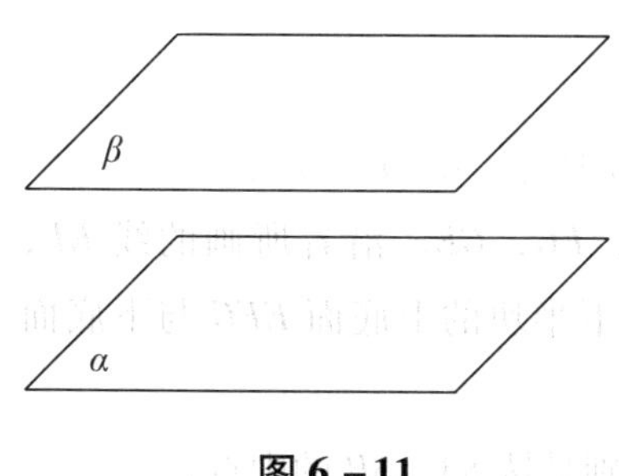

图 6-11

如果两个平面没有任何公共点，那么称**这两个平面互相平行**，若平面 α 与平面 β 平行（如图 6-11），记作 $\alpha /\!/ \beta$.

因此，在空间中，两个平面的位置关系有且只有下列三种情形：

(1) 平面与平面平行——两个平面没有任何公共点；

(2) 平面与平面相交——两个平面相交于一条直线；

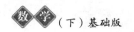

(3) 平面与平面重合——两个平面内的所有点都是公共点.

请回答：如果一条直线和一个平面平行，那么经过这条直线的平面与这个平面平行吗？

借助长方体模型（如图6－12），我们知道直线 A_1D_1 与平面 $ABCD$ 平行，而 A_1D_1 又在平面 A_1ADD_1 内，但平面 A_1ADD_1 与平面 $ABCD$ 相交.

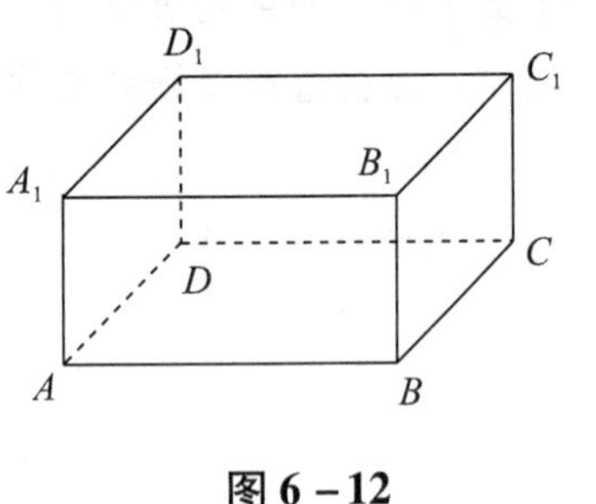

图6－12

如果两条平行直线与一个平面平行，那么经过这两条直线的平面与这个平面平行吗？

借助长方体模型（如图6－13（1）），分别取 AA_1、DD_1 的中点 E、F，连接 EF，则 $EF \parallel A_1D_1$ 且 $EF \parallel AD$，由于 $EF \parallel AD$，所以直线 EF 与平面 $ABCD$ 平行，但直线 A_1D_1、EF 确定的平面 A_1ADD_1 仍然与平面 $ABCD$ 相交.

如果两条相交直线与一个平面平行，那么经过这两条相交直线的平面与这个平面平行吗？

借助长方体模型（如图6－13（2）），直线 A_1D_1 和 A_1B_1 都与平面 $ABCD$ 平行，而直线 A_1D_1 和 A_1B_1 确定的平面 $A_1B_1C_1D_1$ 与平面 $ABCD$ 平行.

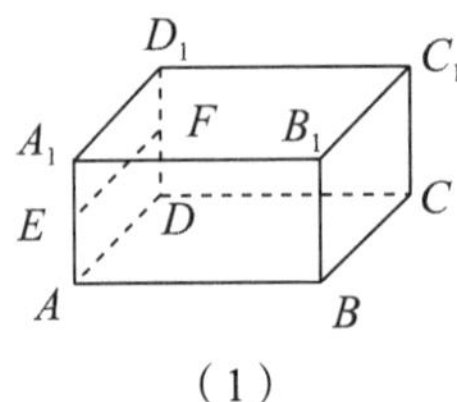

（1）

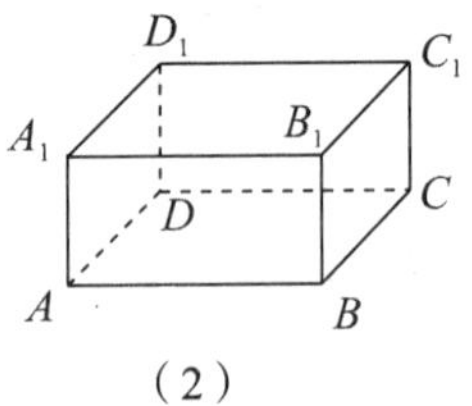

（2）

图6－13

由此我们得到平面与平面平行的判定方法：

如果一个平面内的两条相交直线都与另一个平面平行，那么这两个平面平行.

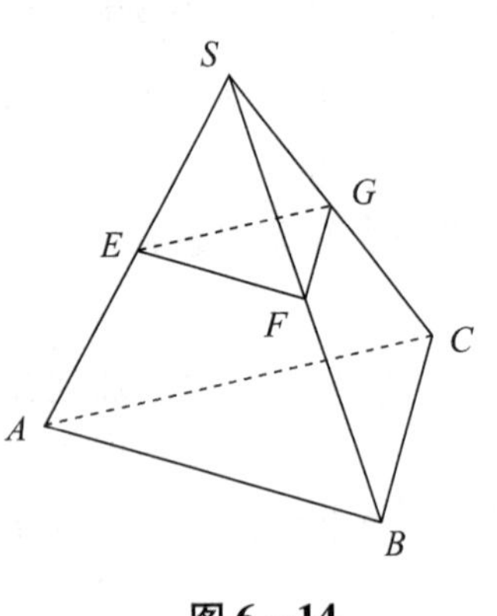

图6－14

请回答：如果一个平面内的一条直线与另一个平面内的一条直线平行，那么这两个平面平行吗？

例3 有一木块如图6－14所示．E、F、G 分别是棱 SA、SB、SC 的中点，连接 EF，FG，GE. 沿着所画的线 EF，FG，GE，把木块锯开，则下半块的上底面 EFG 与下底面 ABC 平行吗？为什么？

解 在 $\triangle SAB$ 中，E、F 分别是棱 SA、SB 的中点，

则 $EF \parallel AB$，

所以 $EF \parallel$ 平面 ABC.

同理可得 $FG//$平面 ABC.

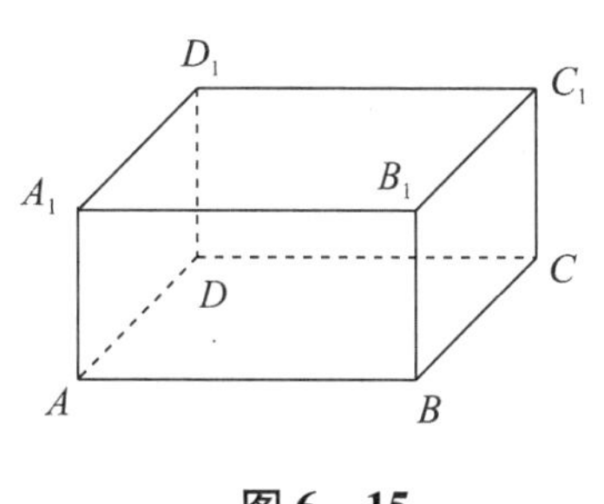

图 6－15

由于 EF, FG 是平面 EFG 内的两条相交直线,

所以　平面 EFG // 平面 ABC.

如果两个平面平行，那么一个平面内的直线与另一个平面内的直线是什么位置关系?

借助长方体模型（如图 6－15)，我们发现平面 $ABCD$ 内的直线和平面 $A_1B_1C_1D_1$ 内的直线的位置关系为：平行或异面.

如何保证两个平行平面内的直线是平行位置关系呢?

我们发现满足条件的两条直线都在同一个平面内，如直线 A_1D_1 和直线 AD 都在平面 A_1ADD_1 内，直线 A_1B_1 和直线 AB 都在平面 A_1ABB_1 内……

因此，我们得到平面与平面平行的性质:

如果两个平行平面同时与第三个平面相交，那么它们的交线平行.

在乒乓球的比赛中，必须保证乒乓球台面与地面平行，技术人员将利用水准器进行检测．你能说出这样操作的原理吗?

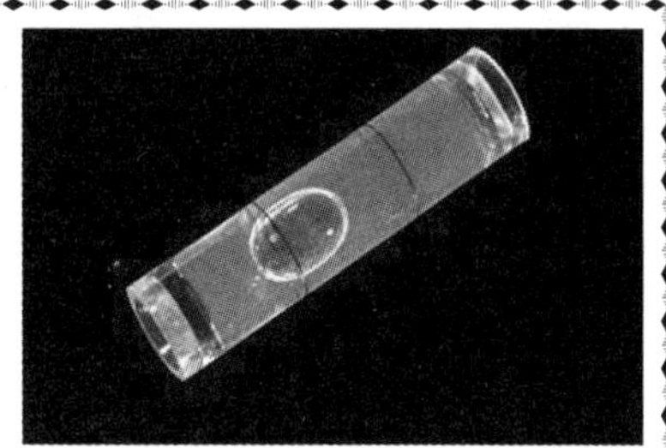

习题 6.2

A 组

1. 简答题:

(1) 直线与直线、直线与平面、平面与平面的位置关系有哪些?

(2) 如何判定直线与直线、直线与平面、平面与平面平行?

2. 判断题:

(1) 没有公共点的两条直线是异面直线.　(　　)

(2) 分别在两个平面内的两条直线是异面直线.　(　　)

(3) 和同一条直线都是异面直线的两条直线是异面直线.　(　　)

（4）如果一条直线与一个平面平行，那么这条直线就平行于平面内的任何一条直线.（　　）

（5）一个平面内的两条直线都平行于另一个平面，那么这两个平面平行.（　　）

3. 如图，判断正方体中各线段所在直线的位置关系：（用相交、异面、平行填写）

（1）A_1D 和 B_1C ______；　（2）A_1C 和 B_1B ______；

（3）BD_1 和 DC ______；　（4）A_1C 和 BD_1 ______.

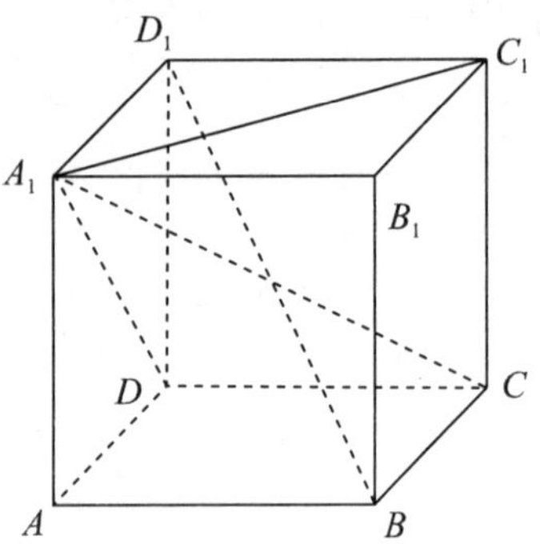

第 3 题图

4. 填空：

（1）经过直线外一点，有________条直线与这条直线平行；

（2）经过平面外一点，有________条直线与这个平面平行；

（3）经过平面外一点，有________个平面与这个平面平行.

5. 在如图所示的正方体 $ABCD—A_1B_1C_1D_1$ 中，画出平面 BB_1D_1D 与平面 AD_1C 的交线.

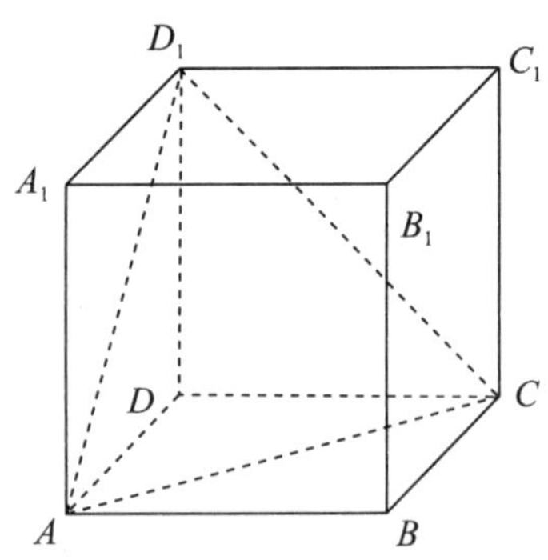

第 5 题图

6. 若 E 为正方体 $ABCD—A_1B_1C_1D_1$ 的棱 DD_1 的中点，

请问 BD_1 与平面 ACE 是什么位置关系？

B 组

1. 直线上所有的点到平面的距离都相等，则直线与平面平行吗？

2. 若直线 a, b 是异面直线，$a \subsetneqq \alpha$，$b \subsetneqq \beta$，

那么平面 α 与平面 β 是什么关系？

3. 如图，平行四边形 $EFGH$ 的四个顶点分别在空间四边形 $ABCD$ 的边 AB，BC，CD，DA 上，请问 AD 与平面 $EFGH$ 是什么位置关系？

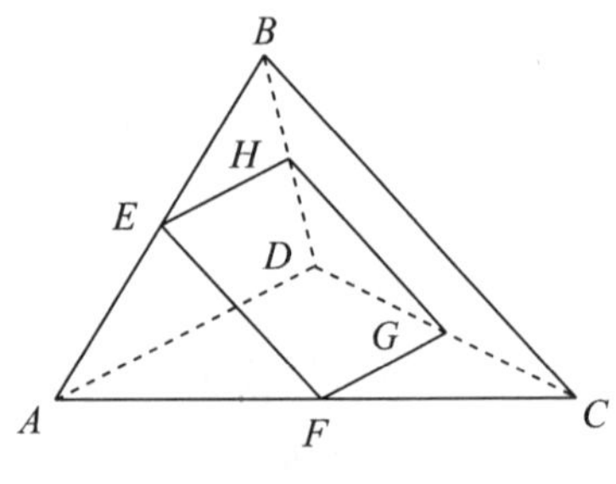

第 3 题图

6.3 空间中直线、平面所成的角

6.3.1 直线与直线所成的角

在平面中，两条相交直线所成的不大于 $\frac{\pi}{2}$ 的夹角为两条相交直线所成的角. 自然地可以把这个定义推广到空间中的两条直线：

空间中，两条相交直线所成的不大于 $\frac{\pi}{2}$ 的夹角叫做这**两条直线所成的角**.

若直线 a 和 b 是两条异面直线（图 6－16（1）），则在空间中任取一点 O 分别作与两条异面直线平行的直线 a' 和 b'（图 6－16（2）），这两条相交直线的夹角 θ 叫做**两条异面直线所成的角**.

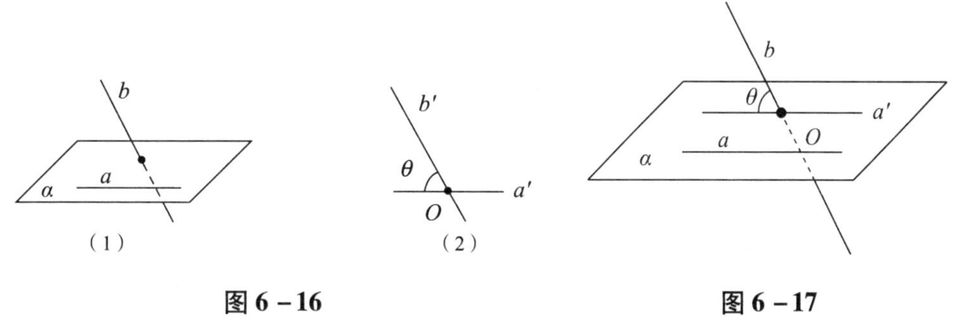

图 6－16　　图 6－17

显然，直线 a' 和 b' 所成的角的大小与点 O 的选择无关. 因此为了简便，往往在两条异面直线的一条直线上选取点 O（如图 6－17 中，在直线 b 上选取点 O），过点 O 作另一条直线的平行线 α' 得角 θ.

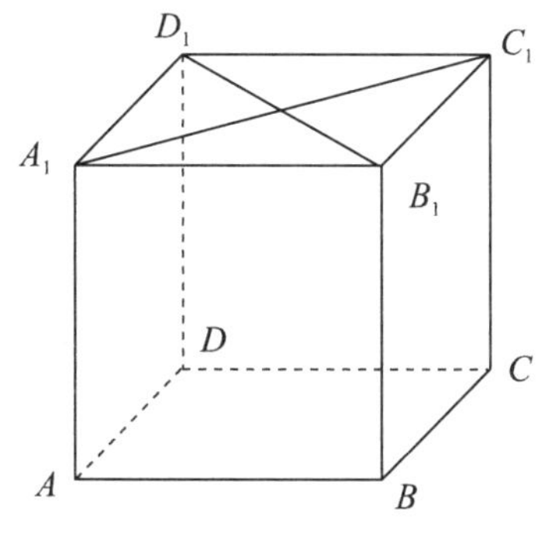

图 6－18

请回答：你能说出两条异面直线所成角的范围吗?

例 1 在正方体 $ABCD—A_1B_1C_1D_1$（如图 6－18）中，求下列各对直线所成的角的度数：

（1）AD 和 CC_1；　　（2）AD 和 B_1D_1.

解 （1）在直线 AD 上取点 D，因为过点 D 的直线 $DD_1 /\!/ CC_1$，所以 $\angle ADD_1$ 为异面直线 AD 和 CC_1 所成的角，而$\angle ADD_1 = 90°$，即异面直线 AD 和 CC_1 所成的角为 $90°$.

（2）在直线 B_1D_1 上取点 D_1，因为过点 D_1 的直线

$A_1D_1 /\!/ AD$，所以 $\angle A_1D_1B_1$ 为异面直线 AD 和 B_1D_1 所成的角，而 $\angle A_1D_1B_1=45°$，即异面直线 AD 和 B_1D_1 所成的角为 $45°$.

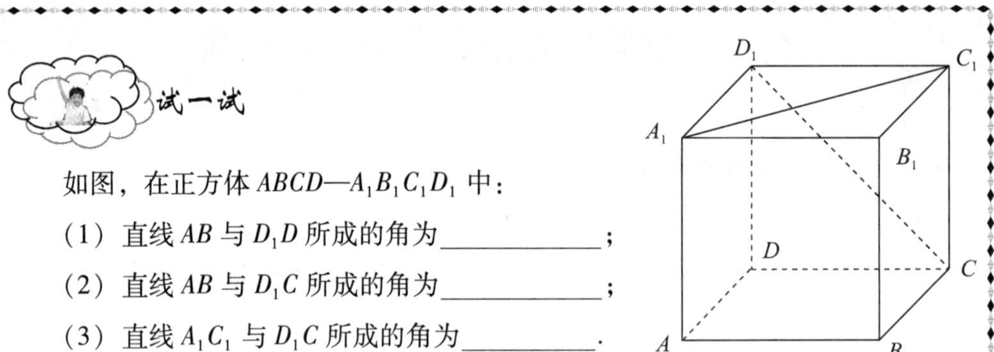

试一试

如图，在正方体 $ABCD—A_1B_1C_1D_1$ 中：

（1）直线 AB 与 D_1D 所成的角为__________；

（2）直线 AB 与 D_1C 所成的角为__________；

（3）直线 A_1C_1 与 D_1C 所成的角为__________.

6.3.2 直线与平面所成的角

点到
平面的垂线
段的长叫做
点到平面的距离.

在日常生活中，我们常常能看到影子．当太阳光垂直照射地面时，我们的影子就在我们正下方.

在空间中，如果一条直线与一个平面相交，并垂直于平面内的任何一条直线，那么我们称**这条直线与这个平面垂直**，这条直线叫做**平面的垂线**，平面叫做**直线的垂面**，交点叫做**垂足**．垂线上任一点到垂足间的线段叫做这点到这个平面的**垂线段**.

如果一条直线与一个平面相交，但不和这个平面垂直，那么这条直线叫做这个**平面的斜线**，斜线和平面的交点叫做**斜足**．斜线上一点与斜足间的线段叫做这个点到这个平面的**斜线段**.

过垂足和斜足的直线叫做**斜线在平面内的射影**.

如图 6－19，直线 l 是平面 α 的斜线，点 M 是斜足，在直线 l 上任取一点 P（异于点 M），过点 P 作 $PO\perp\alpha$，垂足为点 O，则 PO 是点 P 到平面 α 的垂线段，PM 是点 P 到平面 α 的斜线段，直线 OM 是直线 l 在平面 α 内的射影.

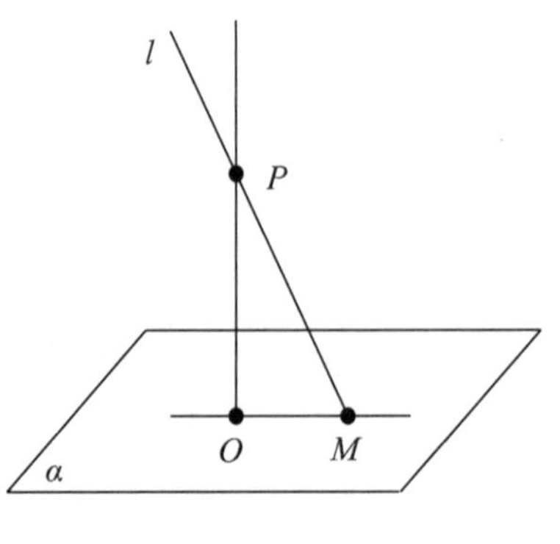

图 6－19

从图 6－19 中，我们还可以发现，从平面外一点向这个平面引垂线段和斜线段，则垂线段比任何一条斜线段都短.

在发射炮弹时，需要调整炮筒与地平面所成的角，以便能够击中目标．在空间中我们把平面的斜线和它在平面内的射影所成的锐角，叫做**这条直线和这个平面所成的角**．如图 6－19，$\angle PMO$ 就是直线 l 与平面 α 所成的角．

为了方便，规定：当直线与平面垂直时，直线与平面所成的角是直角；当直线与平面平行或直线在平面内时，直线与平面所成的角是零角．因此，直线与平面所成角的范围为 $\left[0,\frac{\pi}{2}\right]$．

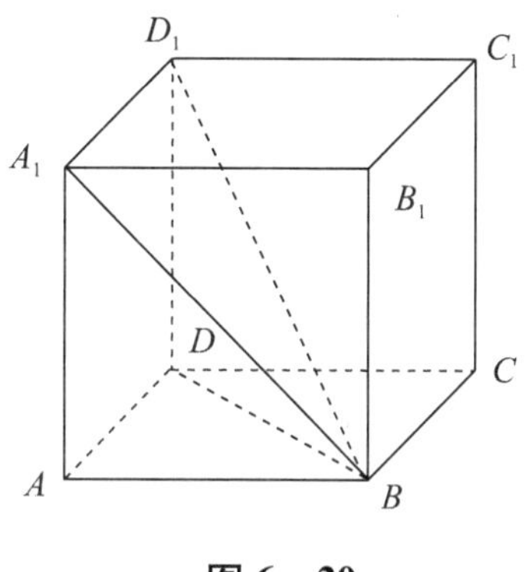

图 6－20

例 2　如图 6－20 所示，在边长为 1 的正方体 $ABCD—A_1B_1C_1D_1$ 中，求：

（1）A_1B 与平面 $ABCD$ 所成的角；

（2）BD_1 与平面 $ABCD$ 所成的角的正切值．

解　（1）由于 $A_1A\perp$ 平面 $ABCD$，所以 AB 是 A_1B 在平面 $ABCD$ 内的射影，因此 $\angle A_1BA$ 是 A_1B 与平面 $ABCD$ 所成的角．

在 $Rt\triangle A_1BA$ 中，$\angle A_1BA=45°$，即 A_1B 与平面 $ABCD$ 所成的角为 45°．

（2）由于 $D_1D\perp$ 平面 $ABCD$，所以 BD 是 BD_1 在平面 $ABCD$ 内的射影，因此 $\angle D_1BD$ 是 BD_1 与平面 $ABCD$ 所成的角．

在 $Rt\triangle D_1BD$ 中，$\tan\angle D_1BD=\frac{DD_1}{BD}=\frac{1}{\sqrt{2}}=\frac{\sqrt{2}}{2}$，即 BD_1 与平面 $ABCD$ 所成的角的正切值为 $\frac{\sqrt{2}}{2}$．

如图，在正方体 $ABCD—A_1B_1C_1D_1$ 中，

求（1）直线 A_1C_1 与平面 B_1BCC_1 所成的角；

（2）直线 BD_1 与平面 B_1BCC_1 所成的角的正切值．

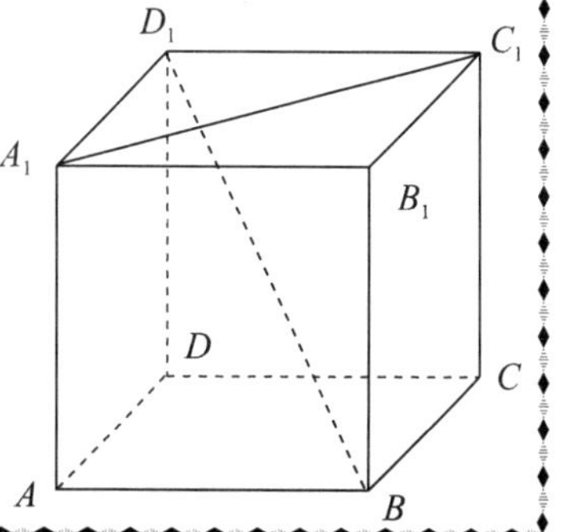

6.3.3　平面与平面所成的角

人造地球卫星轨道就是人造地球卫星绕地球运行的轨迹．这是一条封闭的曲线，

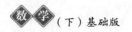

这条封闭曲线形成的平面叫做人造地球卫星轨道平面．人造卫星的轨道可以分三种：

第一种，轨道倾角为零度，即卫星轨道平面与地球赤道平面重合，卫星始终在赤道上空飞行，这种轨道叫做赤道轨道.

第二种，轨道倾角为90°，即卫星轨道平面与地球赤道平面垂直，卫星飞越南北两极上空，这种轨道叫做极地轨道.

第三种，轨道倾角既不是0°也不是90°的，这种轨道叫做倾斜轨道（如图 6－21（1））.

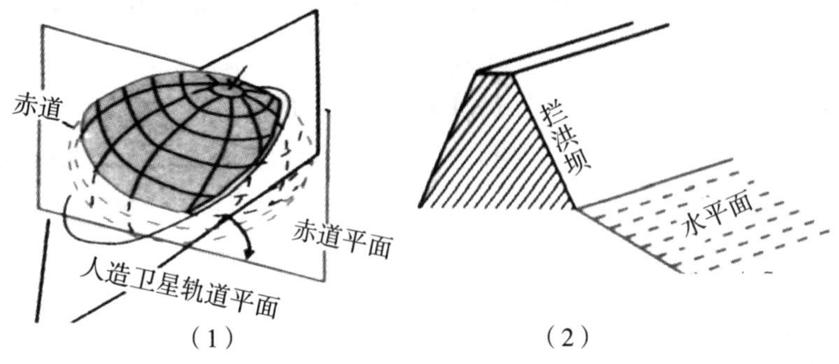

图 6－21

像上述问题那样，实际生活中有许多问题涉及两个平面所形成的角，又如修筑长江的堤坝需与地面成一定角度（如图 6－21（2））才能有效抵抗洪水的袭击等．为此，我们引入二面角的概念，研究两个平面所成的角.

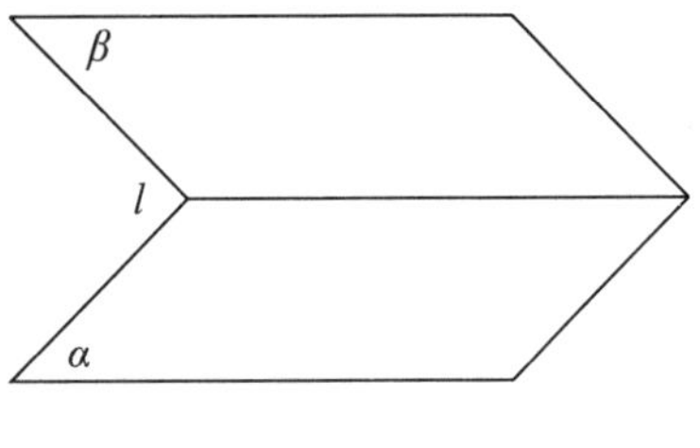

图 6－22

平面内的一条直线把平面分为两部分，其中的每一部分都叫做**半平面**．过空间一条直线有无穷多个半平面.

从一条直线出发的两个半平面所组成的图形叫做**二面角**，这条直线叫做**二面角的棱**，这两个半平面叫做**二面角的面**．如图 6－22，由直线 l 出发的两个半平面 α 和 β 组成一个二面角，记作 $\alpha-l-\beta$.

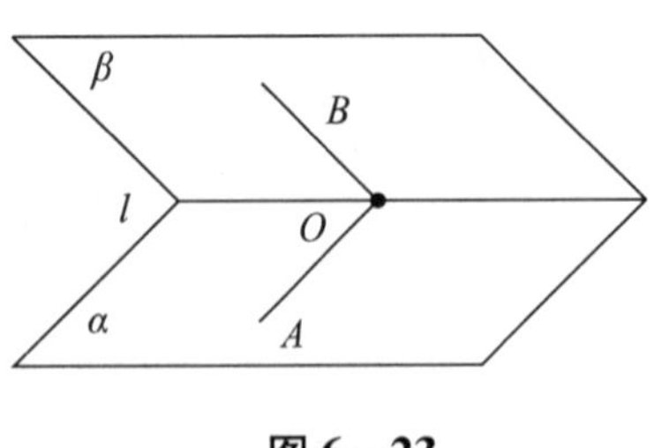

图 6－23

在二面角 $\alpha-l-\beta$ 的棱 l 上任取一点 O（如图 6－23），分别在 α、β 两个半平面内作射线 $OA\perp l$、$OB\perp l$，则 $\angle AOB$ 叫做二面角 $\alpha-l-\beta$ 的**平面角**．显然这个平面角的大小与点 O 在 l 上的位置无关.

要衡量二面角的大小需度量它的平面角的大小．二面角的平面角是多大，这个二面角就是多大.

我们规定，当二面角的两个半平面重合时，此二面角为零角；当二面角的两个半平面展开为一个平面时，此二面角为平角．因此，二面角的范围是 $[0, \pi]$．特别地，当二面角的平面角是直角时，我们把这个二面角叫做**直二面角**.

请回答：请在我们的教室中，找出二面角的实例.

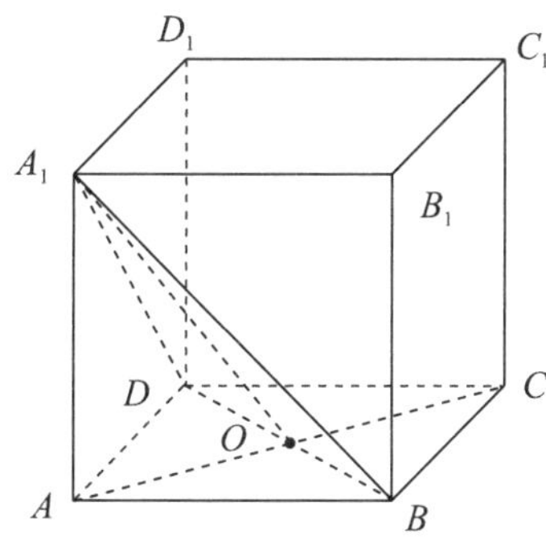

图 6－24

例 3　如图 6－24 所示，在边长为 1 的正方体 $ABCD—A_1B_1C_1D_1$ 中，求：

（1）二面角 $A_1—AD—B$；

（2）二面角 $A_1—BD—A$ 的正切值.

解　（1）二面角 $A_1—AD—B$ 的棱为 AD，AA_1 与 AB 是分别在二面角的两个面内并且与棱 AD 垂直的射线，所以 $\angle A_1AB$ 为二面角 $A_1—AD—B$ 的平面角.

因为 $\angle A_1AB = 90°$，所以二面角 $A_1—AD—B$ 为 $90°$.

（2）连接 AC 和 BD 交于点 O，连接 A_1O.

二面角 $A_1—BD—A$ 的棱为 BD，由于 $A_1D = A_1B$，$AD = AB$，且点 O 是 BD 的中点，所以 A_1O 与 AO 是分别在二面角的两个面内并且与棱 BD 垂直的射线，所以 $\angle A_1OA$ 为二面角 $A_1—BD—A$ 的平面角.

等腰三角形底边上的中线也是底边上的高.

因为在 $Rt\triangle A_1AO$ 中，$\tan\angle A_1OA = \dfrac{A_1A}{AO} = \dfrac{1}{\dfrac{\sqrt{2}}{2}} = \sqrt{2}$，所以二面角 $A_1—BD—A$ 的正切值为 $\sqrt{2}$.

请回答：二面角与平面和平面所成的角有区别吗？

如图，在正方体 $ABCD—A_1B_1C_1D_1$ 中，求二面角 $D_1—AC—B$ 的正切值.

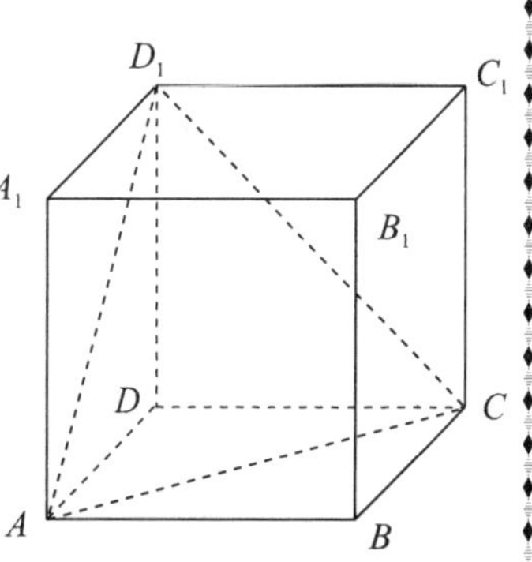

习题 6.3

A 组

1. 简答题：

（1）直线与直线、直线与平面、平面与平面所成角的范围是什么？

（2）什么是二面角？如何求二面角？

2. 在正方体 $ABCD—A_1B_1C_1D_1$ 中，请回答：

（1）D_1 在平面 $ABCD$ 内的射影是哪个点？

（2）斜线 D_1B 在平面 $ABCD$ 内的斜足是哪个点？

（3）斜线 D_1B 在平面 $ABCD$ 内的射影是哪条直线？

（4）斜线 D_1B 与 A_1B_1 所成的角的正切值是多少？

（5）斜线 D_1B 与平面 $ABCD$ 所成的角的正切值是多少？

（6）平面 D_1AC 与平面 $ABCD$ 所成的角的正切值是多少？

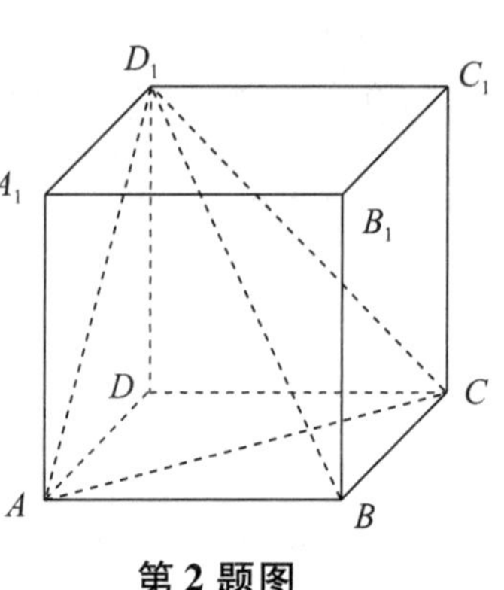

第 2 题图

3. 若斜线段 AB 与它在平面 α 内的射影的长之比为 $2:1$，求 AB 与 α 所成的角的大小.

4. 在长方体 $ABCD—A_1B_1C_1D_1$ 中，$AB=3$，$BC=\sqrt{3}$，$AA_1=1$，求直线 B_1C 分别与直线 AD 和 AA_1 所成的角.

5. 在正方体 $ABCD—A_1B_1C_1D_1$ 中，E，F 分别是 AA_1、A_1D_1 的中点，求：

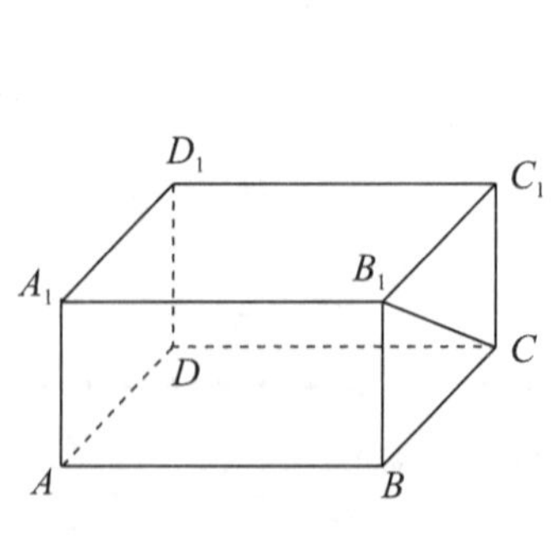

第 4 题图

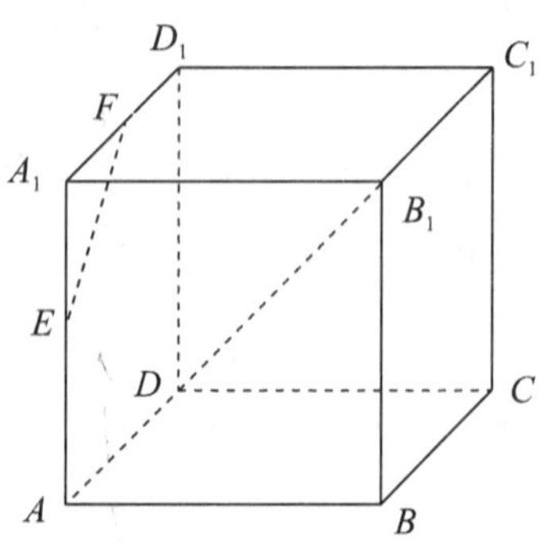

第 5 题图

（1）B_1D 与平面 $ABCD$ 所成的角的余弦值；

（2）EF 与平面 $A_1B_1C_1D_1$ 所成角的大小.

6. 在棱长为 2 的正方体 $ABCD—A_1B_1C_1D_1$ 中，对角线 AC_1 在六个面内的射影长度总和是多少？

B 组

1. 如图所示，从平面外一点 D 向平面引垂线段 DA 及斜线段 DB、DC，$DA=a$，DB、DC 与平面所成的角均为 30°，而 $\angle BDC=90°$，求 BC 的长.

2. 如图所示，在正方体 $ABCD—A_1B_1C_1D_1$ 中，O 是侧面 A_1ADD_1 的中心，求 B_1O 和 BD 所成的角.

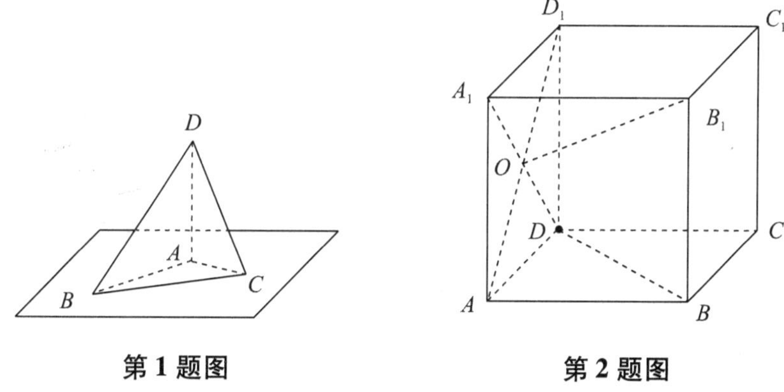

第 1 题图　　**第 2 题图**

6.4　空间中直线、平面的垂直

6.4.1　直线与直线垂直

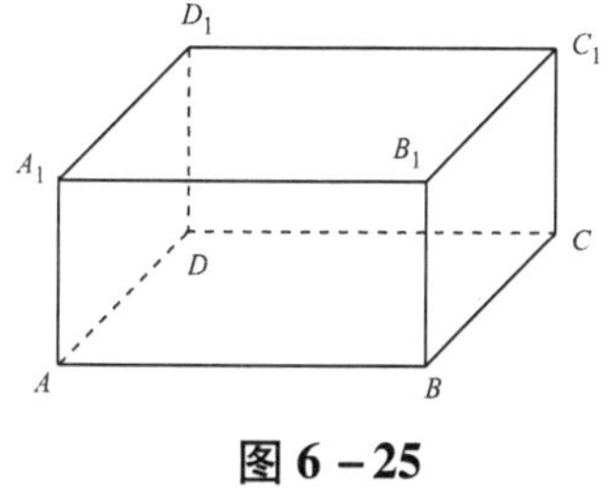

图 6－25

空间中，两条直线所成的角为 90° 时，就称这**两条直线垂直**. 若直线 l 与直线 m 垂直，记作 $l\perp m$.

例 1　在长方体 $ABCD—A_1B_1C_1D_1$（如图 6－25）中，写出与 AD 垂直的棱.

解　与 AD 垂直的棱为 AB、DC、A_1B_1、D_1C_1、AA_1、BB_1、CC_1、DD_1.

想一想

如图，在正方体 $ABCD—A_1B_1C_1D_1$ 中，判断直线 D_1B 与 AC 是否垂直.

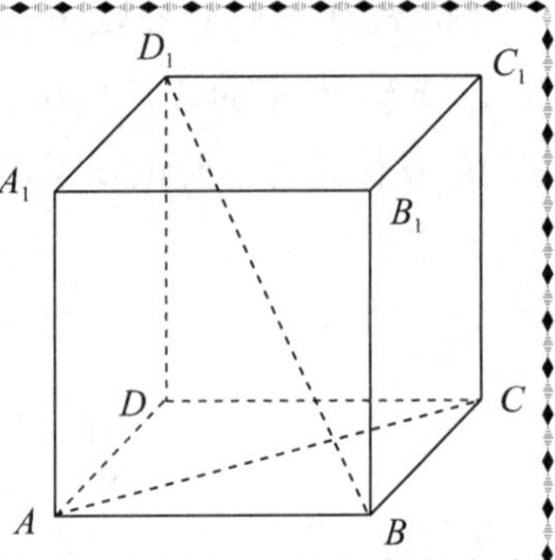

6.4.2　直线与平面垂直

前面我们学过，在空间中，如果一条直线和一个平面相交，并垂直于平面内的任何一条直线，那么我们称这条直线与这个平面垂直．但在实际中，我们很难证明一条直线与平面内的任何一条直线垂直.

一块三角形的纸板，过一个顶点 A 翻折纸板，得到折痕 AD，将翻折后的纸板竖起放置在桌面上，请问如何翻折才能使折痕 AD 与桌面所在的平面 α 垂直?

容易发现，当且仅当折痕 AD 是 BC 边上的高时，AD 所在直线与桌面所在的平面 α 垂直（如图 6－26）.

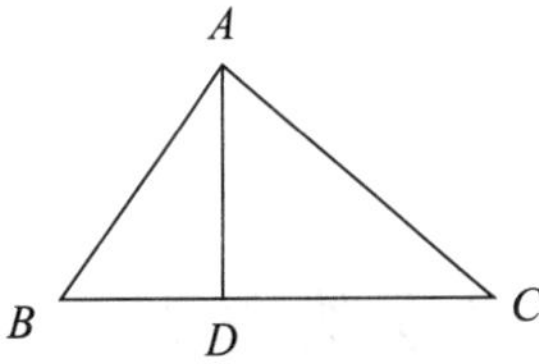

图 6－26

这是因为，由于 $AD\perp BD$，$AD\perp DC$，而 BD 和 DC 这两条相交直线都在平面 α 内，因此，我们得到 $AD\perp\alpha$.

我们可归纳出直线与平面垂直的判定方法：

如果一条直线与一个平面内的两条相交直线都垂直，那么这条直线与这个平面垂直.

例 2　在长方体 $ABCD—A_1B_1C_1D_1$（如图 6－27）中，写出与平面 $ABCD$ 垂直的棱.

解　与平面 $ABCD$ 垂直的棱为 AA_1、BB_1、CC_1、DD_1.

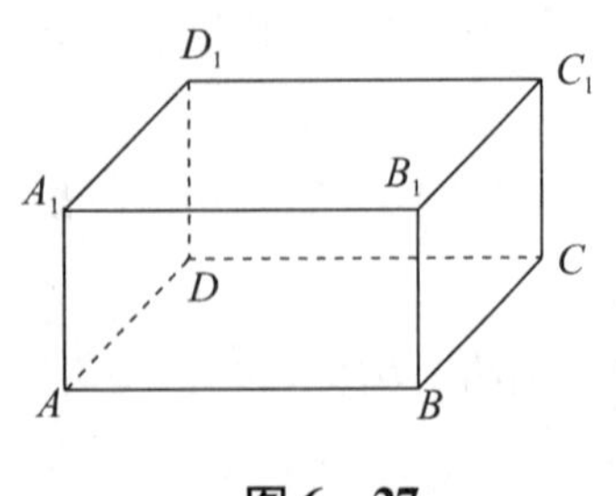

图 6－27

请回答：在上题中，你能说出与棱 AB 垂直的平面吗？并说明理由.

在例2中，与平面 $ABCD$ 垂直的棱 AA_1、BB_1、CC_1、DD_1，它们彼此之间互相平行. 例如，马路上的每个路灯杆与地面都是垂直的，而它们彼此之间也是互相平行的.

由此，我们又可归纳出直线与平面垂直的性质：

垂直于同一个平面的两条直线互相平行.

例3 如图6－28，已知 $AB\perp$ 平面 BCD，$BC\perp CD$，请问在三棱锥 A—BCD 中哪些面是直角三角形？并说明理由.

解 因为 $AB\perp$ 平面 BCD，所以 $AB\perp BC$，$AB\perp BD$，则 $\triangle ABC$，$\triangle ABD$ 是直角三角形.

又因为 $AB\perp CD$，而 $BC\perp CD$，所以 $CD\perp$ 平面 ABC，因此 $CD\perp AC$，则 $\triangle BCD$，$\triangle ACD$ 是直角三角形.

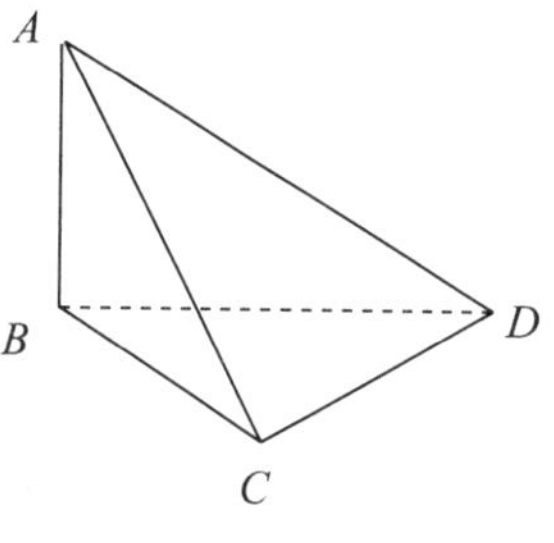

图6－28

请回答：如果两条平行线中的一条垂直于一个平面，那么另一条与这个平面是什么关系？

（1）垂直于同一个平面的两条直线平行，那么垂直于同一条直线的两条直线呢？垂直于同一条直线的两个平面呢？

（2）已知四边形 $ABCD$ 是矩形，PA 垂直于平面 $ABCD$，写出图中的所有直角三角形.

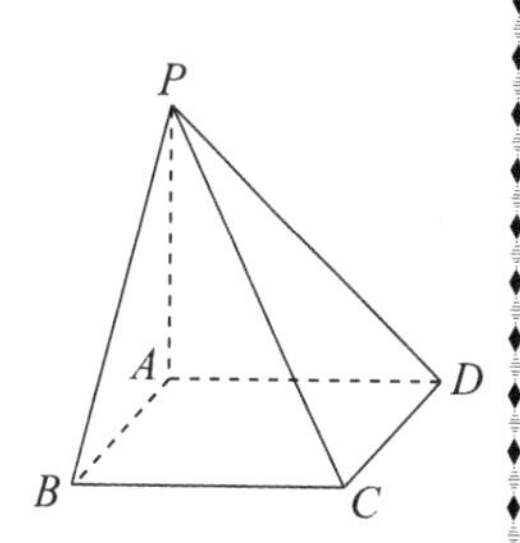

6.4.3 平面与平面垂直

在教室里，墙面所在的平面和地面所在的平面所成的二面角是直二面角，我们就说墙面垂直于地面.

一般地，两个平面相交，如果它们所成的二面角是直二面角，那么称这**两个平面互相垂直**. 通常画两个互相垂直的平面时，往往把直立平面的竖边画成与水平平面的横边垂直（如图6－29）. 平面 α 与平面 β 垂直，记作 $\alpha\perp\beta$.

在砌墙的时候，如何保证墙面与地面垂直呢？建筑工人会在墙壁上压一个系着铅垂的线（如图6－30所示），看它是否与墙面紧贴，以此来判断所砌墙面是否经过底面的垂线，从而保证所砌墙面与底面垂直.

一个平面经过另一个平面的垂线，则这两个平面垂直.

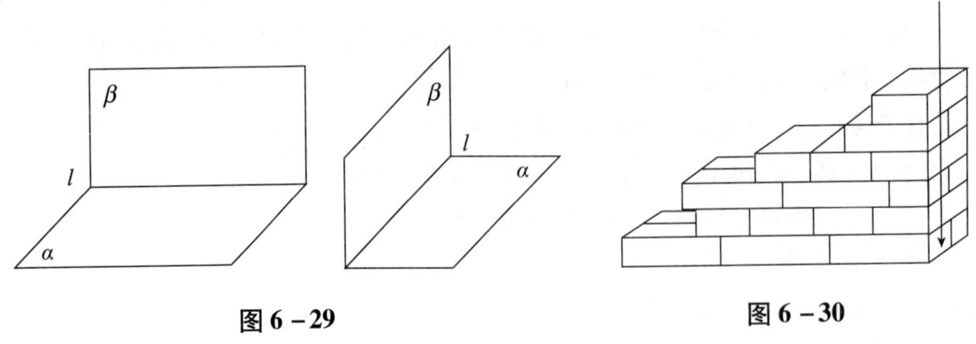

图 6－29　　图 6－30

也就是说，如果 $AB\perp\alpha$，且 AB 在平面 β 内，那么 $\alpha\perp\beta$（如图 6－31 所示）.

由此，我们还可归纳出平面与平面垂直的判定方法：

例 4　如图 6－32，已知 $AB\perp$ 平面 BCD，$BC\perp CD$，请问，平面 ACD 与平面 ABC 垂直吗？若垂直，请说明理由.

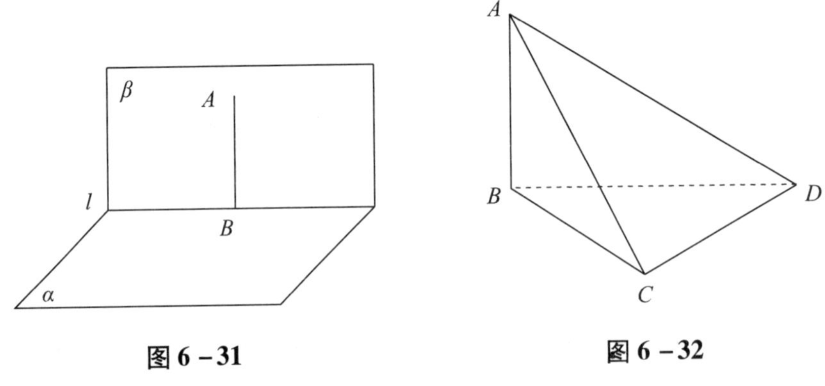

图 6－31　　图 6－32

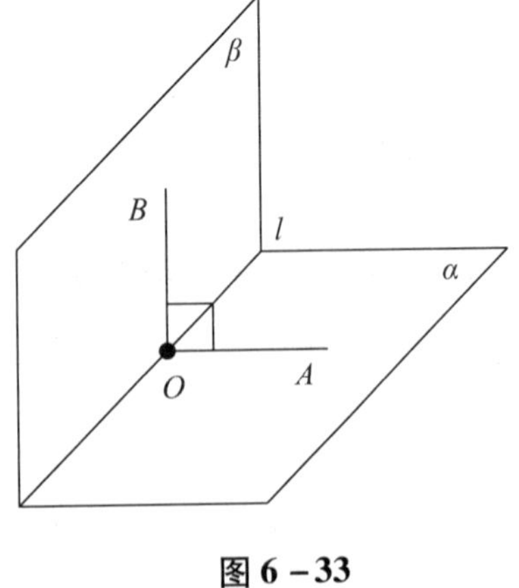

图 6－33

解　因为 $AB\perp$ 平面 BCD，所以 $AB\perp CD$，又因为 $BC\perp CD$，因此 $CD\perp$ 平面 ABC，因为 CD 在平面 ACD 内，所以平面 ACD 与平面 ABC 垂直.

如图 6－33，如果平面 α 与平面 β 垂直，如何在平面 β 内画一条直线，使得这条直线与平面 α 垂直？

我们在平面 α 与平面 β 的相交棱上任取一点 O，在平面 β 内过点 O 作 $OB\perp l$，OB 即为所求直线．要说明理由，我们不妨在平面 α 内过点 O 作 $OA\perp l$，由二面角的定义得，$\angle AOB$ 是二面角 $\alpha—l—\beta$ 的平面角，而平面 α 与平面 β 垂直，所以 $\angle AOB=90^\circ$，即 $OA\perp OB$．因为 $OA\perp OB$，$OB\perp l$，所以 $OB\perp\alpha$．

由此，可归纳总结出平面与平面垂直的性质：

如果两个平面互相垂直，那么在一个平面内垂直于它们交线的直线垂直于另一个平面.

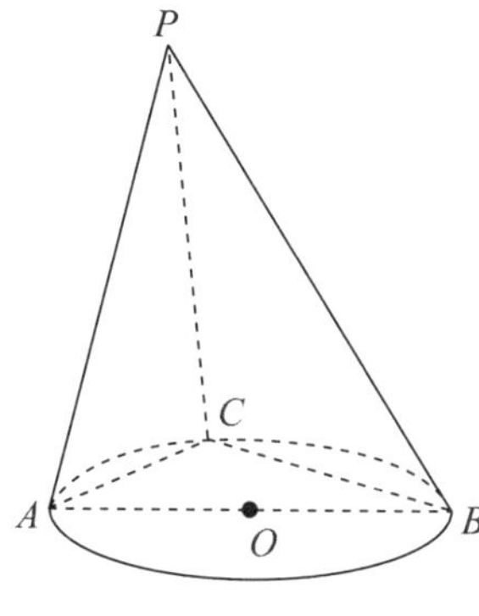

图 6 – 34

例 5 如图 6 – 34 所示，AB 是圆 O 的直径，C 是圆周上不同于 A, B 的任意一点，平面 $PAC\perp$ 平面 ABC，判断 BC 与平面 PAC 的位置关系.

解 由于 AB 是圆 O 的直径，C 是圆周上不同于 A, B 的任意一点，

所以 $\angle ACB=90°$，即 $BC\perp AC$

又因为 平面 $PAC\perp$ 平面 ABC，而 AC 是平面 PAC 和平面 ABC 的交线，

所以 $BC\perp$ 平面 PAC.

辨一辨

（1）如果平面 $\alpha\perp$ 平面 β，那么平面 α 内的所有直线都垂直于平面 β；

（2）如果平面 $\alpha\perp$ 平面 β，那么平面 α 内必有一条直线垂直于平面 β 的所有直线.

想一想

已知四边形 $ABCD$ 为正方形，$PA\perp$ 平面 $ABCD$，判断下列平面是否互相垂直：

（1）平面 PAB 与平面 PAC ______；

（2）平面 PBC 与平面 PAB ______；

（3）平面 PBD 与平面 PAC ______.

习题 6.4

A 组

1. 简答题：

（1）直线与平面垂直的判定方法和性质是什么？（2）平面与平面垂直的判定方法

和性质是什么？

2. 判断题：

（1）如果一条直线垂直于平面内的两条直线，则这条直线垂直于这个平面；（　　）

（2）如果直线 a 垂直于平面 β，直线 b 也垂直于平面 β，则 $a /\!/ b$；（　　）

（3）垂直于同一条直线的两个平面互相平行；（　　）

（4）分别在两个垂直平面内的两条直线必互相垂直；（　　）

（5）过平面外一点可以作无数条直线垂直于这个平面；（　　）

（6）过平面外一点可以作无数个平面垂直于这个平面．（　　）

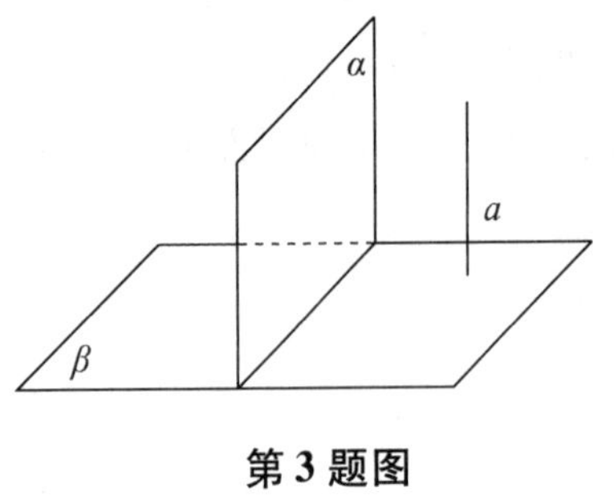

第 3 题图

3. 如图，已知平面 α，β，$\alpha \perp \beta$，直线 $a \perp \beta$，且直线 a 不在平面 α 内，试判断直线 a 与平面 α 的位置关系．

4. 填空题：

（1）若 $\alpha /\!/ \beta$，$l \perp \alpha$，则直线 l 与平面 β 的位置关系是__________．

（2）在下列命题中，其中正确的是：__________．

①若 $a /\!/ \alpha$，$b \perp \alpha$，则 $a \perp b$；

②若 $a /\!/ \alpha$，$b /\!/ \alpha$，则 $a /\!/ b$；

③若 $a \subsetneqq \alpha$　$a \subsetneqq \alpha$，$b \subsetneqq \beta$，$\alpha \perp \beta$ 则 $a \perp b$；

④若 $a \perp \alpha$，$b \perp \alpha$，则 $a /\!/ b$；

5. 由同一点出发的三条直线两两垂直，那么它们中每两条直线所确定的平面之间是什么位置关系？

6. M 是菱形 $ABCD$ 所在平面外一点，满足 $MA = MC$，判断 AC 与平面 BDM 的位置关系．

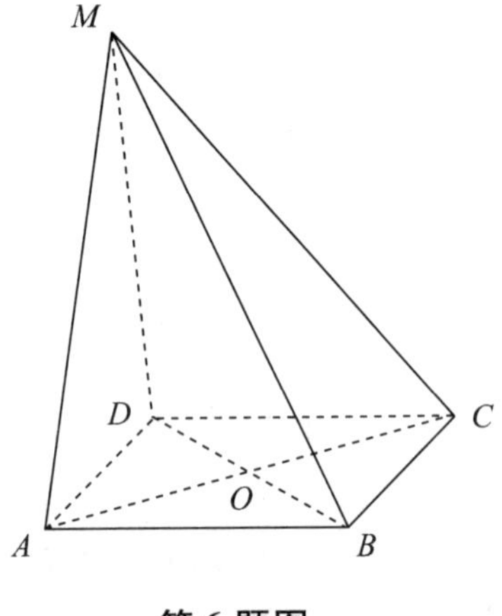

第 6 题图

B 组

1. 如图：在正方体 $ABCD\text{—}A_1B_1C_1D_1$ 中，试判断平面 ACC_1A_1 与平面 A_1BD 是否垂直．

2. 如图所示，$\triangle ABC$ 是等腰直角三角形，$AC = BC = a$，P 是所在平面外一点，$PA = PB = PC = \sqrt{2}a$，试判断平面 PAB 和平面 ABC 的位置关系．

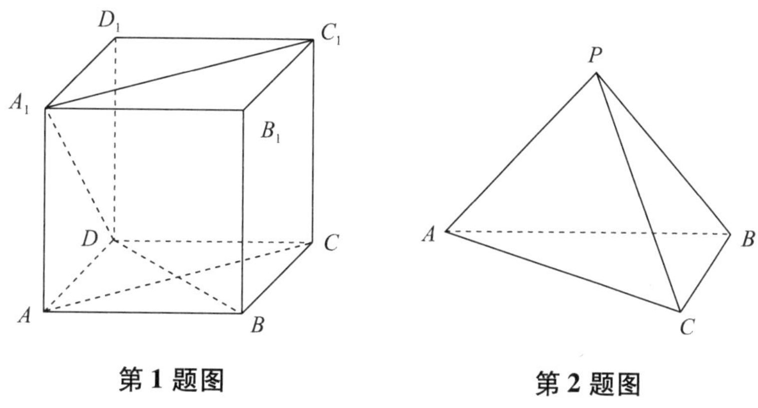

第 1 题图 **第 2 题图**

6.5 空间几何体

在日常生活中，我们看到的一些物体，例如冰箱、电视机、饮料瓶、足球等，它们都占据着空间的一部分，如果我们只考虑这些物体的形状和大小，不考虑其他性质，那么由这些物体抽象出来的空间图形就叫做**空间几何体**.

在初中已学习过一些几何体的知识，如我们把若干个平面多边形围成的几何体叫做**多面体**（如图 6 - 34（1））. 围成多面体的各个多边形叫做**多面体的面**，如面 B_1BCC_1；相邻两个面的公共边叫做**多面体的棱**，如棱 AA_1；棱与棱的公共点叫做多面体的顶点，如顶点 A_1.

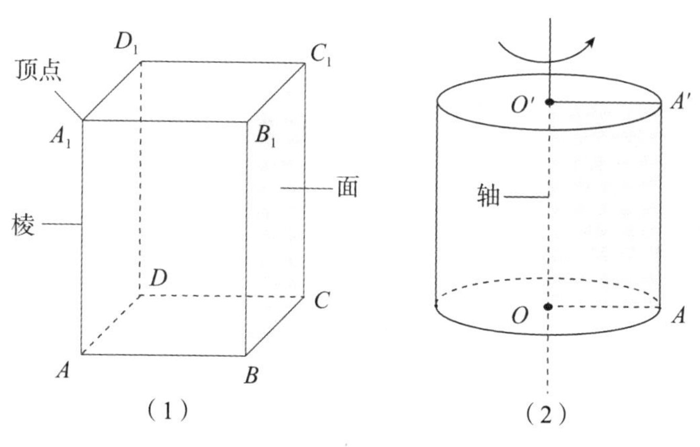

图 6 - 34

我们把由一个平面图形绕它所在平面内的一条定直线旋转所形成的封闭几何体叫做**旋转体**（如图 6 - 34（2）所示）. 这条定直线叫做旋转体的轴，如轴 OO'.

下面我们再从结构特征、表面积和体积方面来研究一下几种最基本的空间几何体.

6.5.1　棱柱和棱锥

1. 棱柱

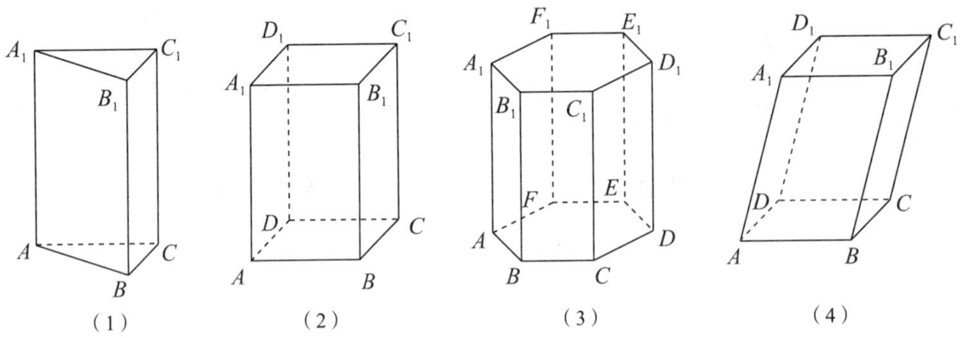

图 6－35

请回答：观察图 6－35 中的几何体，它们有什么共同的结构特征？

一般地，有两个面互相平行，其余各面都是四边形，并且每相邻两个四边形的公共边都互相平行，由这些面所围成的多面体叫做**棱柱**（如图 6－36）．棱柱中，两个互相平行的面叫做棱柱的**底面**，简称底；其余各面叫做棱柱的**侧面**；相邻侧面的公共边叫做棱柱的**侧棱**；侧面与底面的公共顶点叫做棱柱的**顶点**；两个底面间的距离叫做棱柱的**高**．底面是三角形、四边形、五边形……的棱柱，分别叫做**三棱柱**、**四棱柱**、**五棱柱**、…….

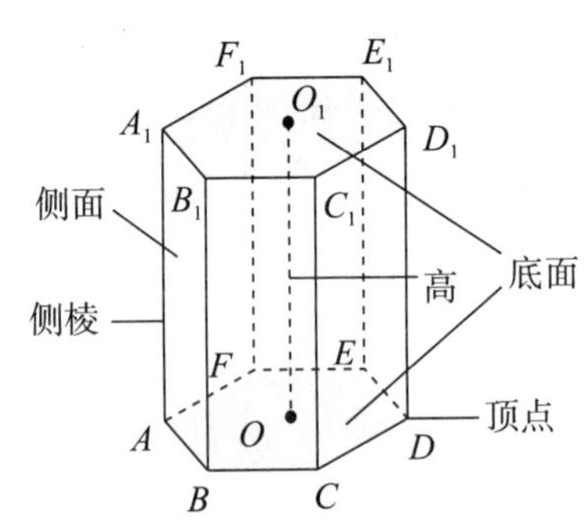

图 6－36

我们用表示底面各顶点的字母表示棱柱，图 6－36 所示的六棱柱可表示为 $ABCDEF—A_1B_1C_1D_1E_1F_1$.

侧棱与底面斜交的棱柱叫做**斜棱柱**，如图 6－35（4）；

侧棱与底面垂直的棱柱叫做**直棱柱**，如图 6－35（1）、（2）和（3）；

底面是正多边形的直棱柱叫做**正棱柱**，如图 6－35（2）和（3）.

正棱柱的特点：

（1）侧棱与底面垂直，侧棱长都相等；

（2）每个侧面都是全等的矩形；

（3）两个底面中心的连线是正棱柱的高.

把棱柱的侧面沿一条侧棱剪开后展开在一个平面上，展开图的面积就是**棱柱的侧面积**.

直棱柱的侧面展开图是矩形（如图 6－37 所示），这个矩形的一边长等于直棱柱的底面周长 c，另一边长等于直棱柱的高 h. 因此直棱柱的侧面积为

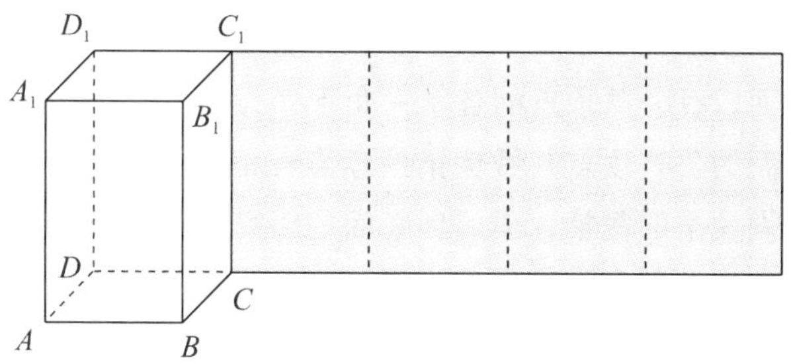

图 6－37

$$\boxed{S_{直棱柱侧}=ch} \quad （公式 6－1）$$

直棱柱的全面积等于直棱柱的侧面积与两底面面积之和. 即

$$\boxed{S_{直棱柱全}=ch+2S_{底}} \quad （公式 6－2）$$

全面积也叫做**表面积**.

直棱柱的体积为

$$\boxed{V_{直棱柱}=S_{底}h} \quad （公式 6－3）$$

例 1 已知正四棱柱的底面边长是 2cm，高是 4cm，求这个正四棱柱的表面积和体积.

解 正四棱柱的侧面积为

$$S_{侧}=ch=2\times4\times4=32\ (\text{cm}^2),$$

正四棱柱的底面积为

$$S_{底}=2\times2=4\ (\text{cm}^2),$$

所以正四棱柱的表面积为

$$S_{全}=S_{侧}+2S_{底}=32+2\times4=40\ (\text{cm}^2),$$

正四棱柱的体积为

$$V=S_{底}h=4\times4=16(\text{cm}^3).$$

2. 棱锥

请回答：观察图 6－38 中的几何体，它们有什么共同的结构特征？

一般地，有一个面是多边形，其余各面都是有一个公共顶点的三角形，由这些面

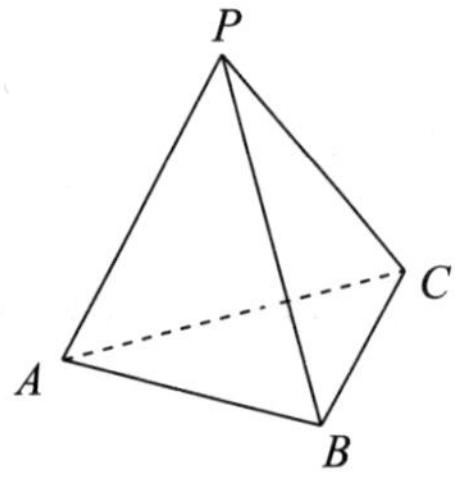

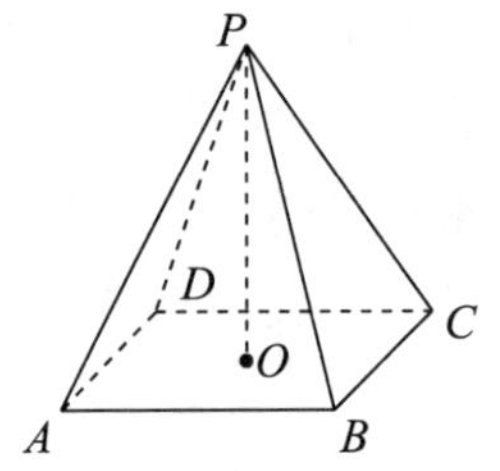

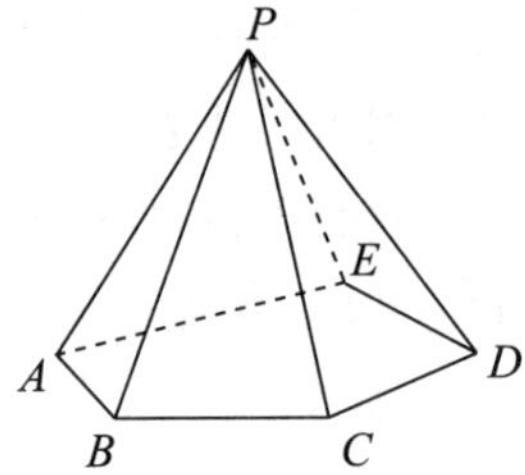

图 6－38

所围成的多面体叫做**棱锥**（如图 6－39）．棱锥中的多边形叫做棱锥的**底面**；有公共顶点的各个三角形叫做棱锥的**侧面**；各侧面的公共顶点叫做棱锥的**顶点**；相邻侧面的公共边叫做棱锥的**侧棱**；顶点到底面的距离叫做棱锥的**高**．底面是三角形、四边形、五边形……的棱锥，分别叫做**三棱锥**、**四棱锥**、**五棱锥**、…….

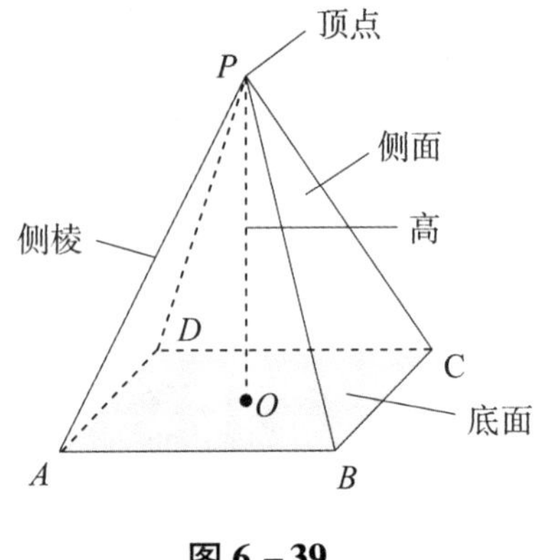

图 6－39

我们用表示顶点和底面各顶点的字母表示棱锥，图 6－39 所示的棱锥可表示为 $P—ABCD$.

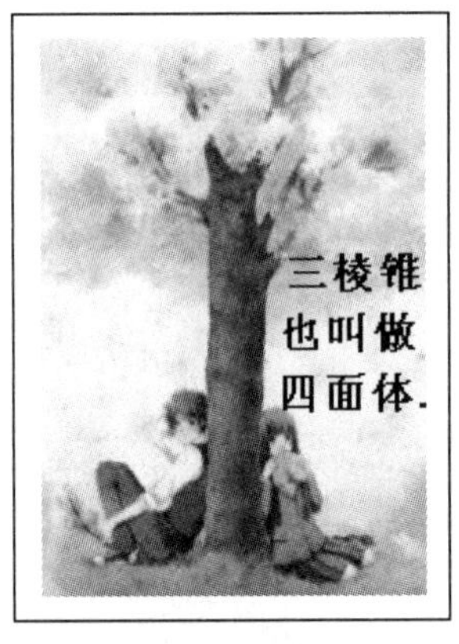

如果一个棱锥的底面是正多边形，并且顶点在底面的射影是底面的中心，则把这个棱锥叫做**正棱锥**.

正棱锥的特点：

（1）各侧棱长都相等；

（2）各个侧面都是全等的等腰三角形，各等腰三角形底边上的高都叫做**正棱锥的斜高**；

（3）顶点和底面的中心的连线是正棱锥的高；

（4）正棱锥的高、斜高和斜高在底面上的射影组成一个直角三角形；

（5）正棱锥的高、侧棱和侧棱在底面上的射影组成一个直角三角形.

把棱锥沿一条侧棱剪开，把各个侧面展开在一个平面上（图 6－40），展开图的面积就是棱锥的**侧面积**.

正棱锥的侧面展开图是几个全等的等腰三角形，每个等腰三角形的底边长都是正棱锥的底面边长，设底面边长为

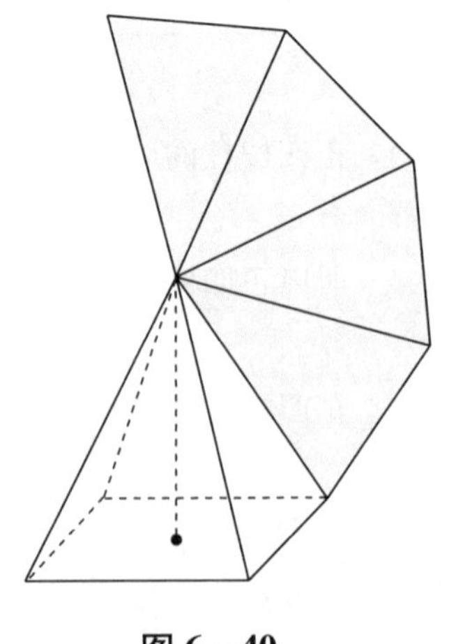

图 6－40

a，周长为 c，斜高为 h'. 则正棱锥的侧面积为

$$\boxed{S_{\text{正棱锥侧}} = \frac{1}{2}ch'} \qquad \text{（公式 6－4）}$$

正棱锥的全面积等于正棱锥的侧面积与底面积之和．即

$$\boxed{S_{\text{正棱锥全}} = \frac{1}{2}ch' + S_{\text{底}}} \qquad \text{（公式 6－5）}$$

正棱锥的体积为

$$\boxed{V_{\text{正棱锥}} = \frac{1}{3}S_{\text{底}}\,h} \qquad \text{（公式 6－6）}$$

例 2 已知正三棱锥底面边长和侧棱长均为 2，求它的侧面积与体积.

解 在正三棱锥 $P—ABC$（如图 6－41）中，

$PA=2$，$AB=2$.

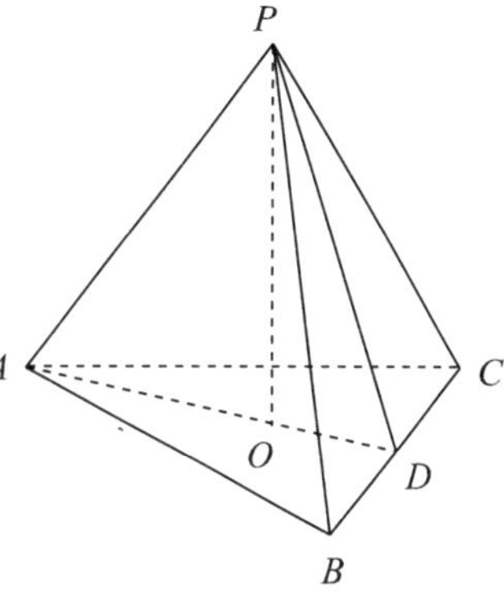

图 6－41

在等边 $\triangle ABC$ 中，$AO = \frac{2}{3}AD = \frac{2}{3} \times \sqrt{3} = \frac{2\sqrt{3}}{3}$.

在 $Rt\triangle PAO$ 中，$PO = \sqrt{PA^2 - AO^2} = \sqrt{2^2 - \left(\frac{2\sqrt{3}}{3}\right)^2}$

$= \frac{2\sqrt{6}}{3}$.

在 $Rt\triangle PBD$ 中，$PD = \sqrt{PB^2 - BD^2} = \sqrt{2^2 - 1^2} = \sqrt{3}$.

所以该正三棱锥的侧面积为

$$S_{\text{正三棱锥侧}} = \frac{1}{2}ch' = \frac{1}{2} \times (3 \times AB) \times PD = \frac{1}{2} \times (3 \times 2) \times \sqrt{3} = 3\sqrt{3}.$$

正三棱锥的体积为

$$V_{\text{正三棱锥}} = \frac{1}{3}S_{\text{底}}\,h = \frac{1}{3} \times \frac{1}{2} \times 2 \times \sqrt{3} \times \frac{2\sqrt{6}}{3} = \frac{2\sqrt{2}}{3}.$$

请回答：底面是正多边形的棱锥是正棱锥吗？

做一做

（1）已知正四棱柱底面边长为 2cm，高为 4cm，求棱柱的表面积和体积.

（2）已知正六棱锥的底面边长为 2cm，侧棱长为 4cm，求它的侧面积和体积.

6.5.2 圆柱、圆锥和球

1. 圆柱

以矩形的一边所在直线为旋转轴，其余三边绕这根轴旋转一周形成的曲面所围成的几何体叫做**圆柱**（如图 6 - 42 所示）. 旋转轴叫做圆柱的**轴**；矩形在轴上这条边的长度叫做圆柱的**高**；垂直于轴的边旋转而成的圆面叫做圆柱的**底面**；平行于轴的边旋转而成的曲面叫做圆柱的**侧面**，无论旋转到什么位置，这条边都叫做侧面的**母线**.

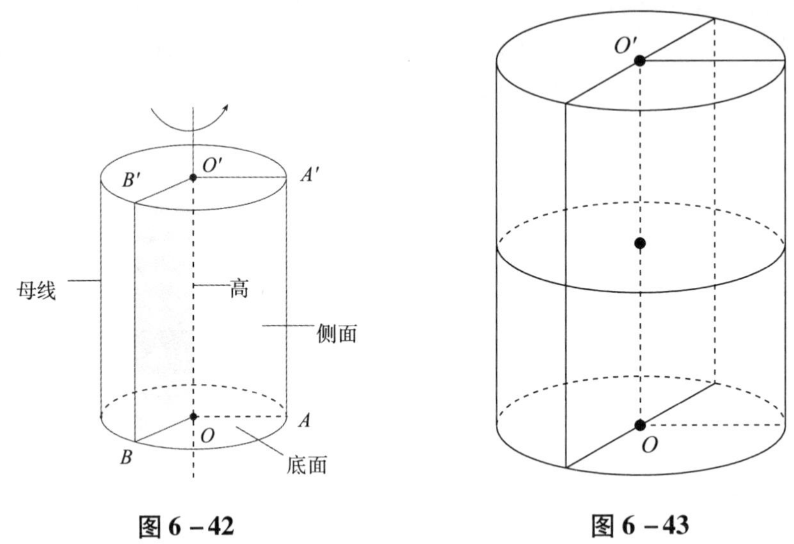

图 6 - 42　　**图 6 - 43**

圆柱用表示轴的字母表示，如图 6 - 43 的圆柱表示为圆柱 OO' .

圆柱和棱柱统称为**柱体**.

圆柱的特点：

（1）两个底面是半径相等的圆，且互相平行；

（2）两个底面的圆心的连线是圆柱的高；

（3）母线与底面垂直，且都与高相等；

（4）平行于底面的截面是与底面半径相等的圆；

（5）过轴的截面（轴截面）是全等的矩形.

圆柱的侧面展开图是一个矩形（如图 6 - 44），这个矩形的一边长等于圆柱的底面周长 $2\pi r$，另一边长等于圆柱的高 h. 因此圆柱的侧面积为

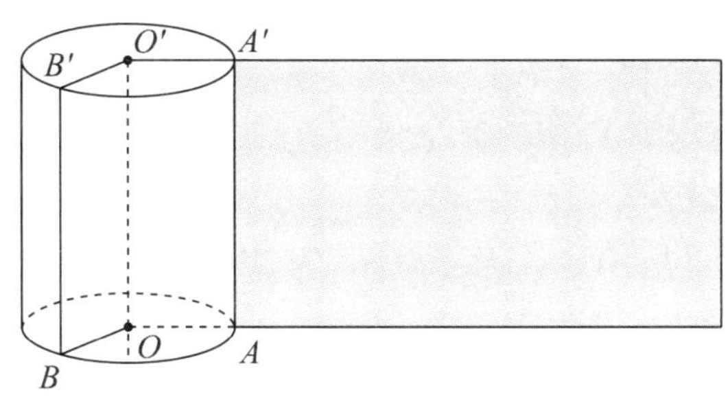

图 6－44

圆柱的两个底面圆心的连线是圆柱的高吗？

$$S_{圆柱侧}=Ch=2\pi rh \quad （公式6－7）$$

圆柱的全面积等于圆柱的侧面积与两底面面积之和.

即

$$S_{圆柱全}=2\pi rh+2\pi r^2=2\pi r(h+r) \quad （公式6－8）$$

圆柱的体积为

$$V_{圆柱}=\pi r^2 h \quad （公式6－9）$$

例3 已知圆柱的高为4cm，底面周长为10πcm，求圆柱的体积.

解 设圆柱的底面半径为r，则底面周长为$2\pi r$.

于是得 $2\pi r=10\pi$

所以 $r=5$

因此 $V_{圆柱}=\pi r^2 h=\pi\times 5^2\times 4=100\pi(\text{cm}^3)$

即圆柱的体积为$100\pi\text{cm}^3$.

2. 圆锥

与圆柱一样，圆锥也可以看作是由平面图形旋转而成的．以直角三角形的一条直角边所在的直线为旋转轴，其余两边绕这根轴旋转一周形成的曲面所围成的几何体叫做**圆锥**（如图6－45）.

旋转轴叫做圆锥的**轴**；三角形在轴上这条直角边的长度叫做圆锥的**高**；另一条直角边旋转而成的圆面叫做**底面**；斜边旋转而成的曲面叫做圆锥的**侧面**，无论旋转到什么位置，这条边都叫做侧面的**母线**. 母线与轴的交点叫做顶点.

圆锥也用表示轴的字母表示，如图6－46的圆锥表示为圆锥SO.

圆锥和棱锥统称为**椎体**.

圆锥的特点：

（1）平行于底面的截面是圆；

（2）顶点与底面的圆心的连线是圆锥的高；

（3）顶点与底面圆周上任意一点的连线长度都相等，且等于母线的长度；

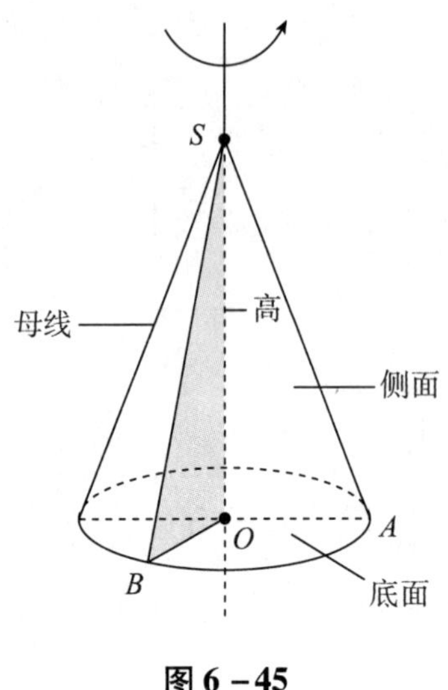

图 6－45

图 6－46

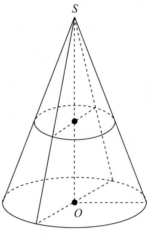

（4）过轴的截面是等腰三角形.

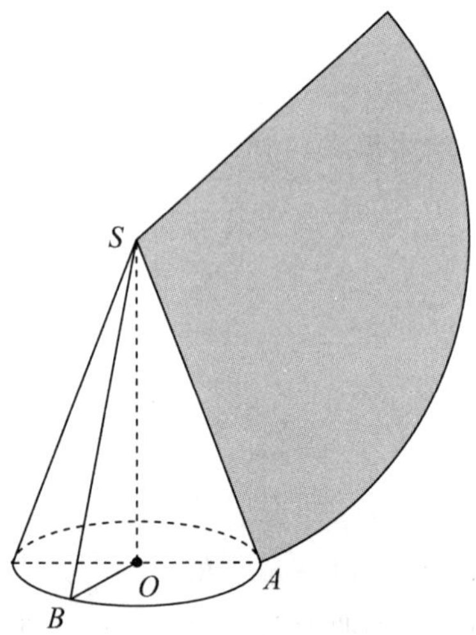

图 6－47

圆锥的侧面展开图是一个扇形（如图 6－47），这个扇形的弧长等于圆锥底面周长 $2\pi r$，半径等于圆锥侧面的母线长 l，因此圆锥的侧面积为

$$\boxed{S_{圆锥侧}=\frac{1}{2}\times(2\pi r)\times l=\pi rl}$$

（公式 6－10）

圆锥的全面积等于圆锥的侧面积与底面面积之和.

$$\boxed{S_{圆锥全}=\pi rl+\pi r^2=\pi r(l+r)}$$

（公式 6－11）

圆锥的体积为

$$\boxed{V_{圆锥}=\frac{1}{3}\pi r^2 h}\qquad（公式 6－12）$$

例 4 若圆锥的轴截面面积为$\sqrt{3}$，底面半径为 1，求此圆锥的体积.

解 因为圆锥的轴截面面积

$$S=\frac{1}{2}(2r)h=rh$$

由已知底面半径 $r=1$，圆锥的轴截面面积 $S=\sqrt{3}$

可得 $1\times h=\sqrt{3}$，即 $h=\sqrt{3}$

故圆锥的体积为 $V_{圆锥}=\frac{1}{3}\pi r^2 h=\frac{1}{3}\pi\times 1^2\times\sqrt{3}=\frac{\sqrt{3}}{3}\pi$

3. 球

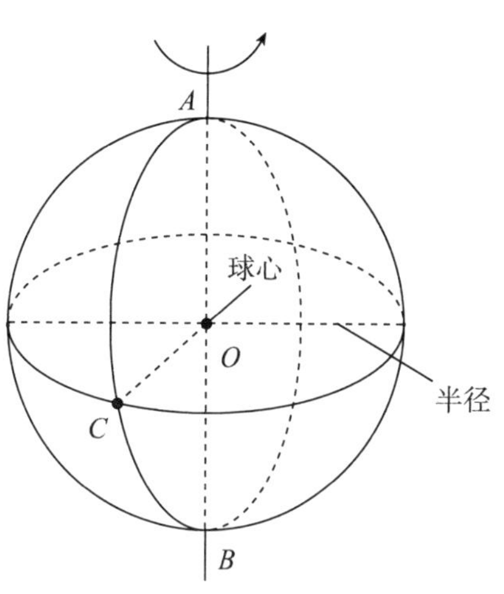

图 6－48

以半圆的直径为旋转轴，半圆绕旋转轴旋转一周形成的曲面叫做**球面**．球面围成的几何体叫做**球体**，简称球（如图 6－48 所示）．半圆的圆心叫做球的**球心**；半圆的半径叫做球的**半径**；半圆的直径叫做球的**直径**.

球用表示球心的字母来表示，如图 6－49 的球表示为球 O.

球的特点：

（1）球面上的点到球心的距离都相等，且都等于半径长；

（2）球的截面都是圆，经过球心的截面叫做球的**大圆**，不经过球心的截面叫做球的**小圆**；

（3）球心与截面圆心的连线垂直于截面.

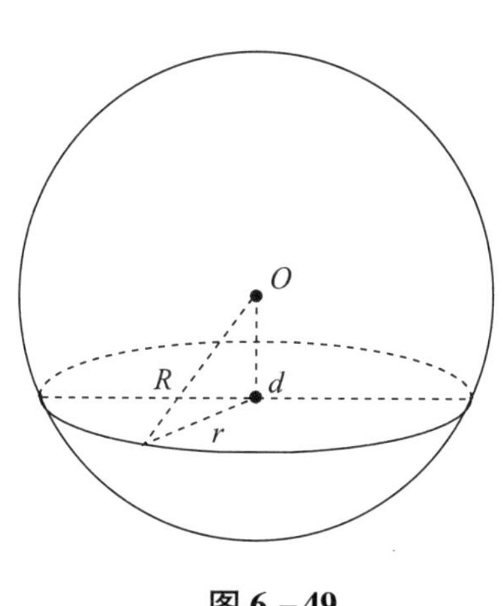

图 6－49

如图 6－49，球心到截面的距离设为 d，球的半径为 R，截面的半径为 r，则 $r=\sqrt{R^2-d^2}$

在球面上，两点之间的最短距离，就是经过两点的大圆在这两点间的一段劣弧（指不超过半圆的弧）的长度．我们把这个弧长叫做两点的**球面距离**.

前面学过：柱体、椎体的表面可以展开成平面，但球面不能展开成平面，我们可寻求其他方法来求球的表面积和体积，这里只给出球的表面积和体积公式．如果球的半径为 R，那么球的表面积为

$$\boxed{S_{球}=4\pi R^2} \qquad （公式 6－13）$$

球的体积为

$$\boxed{V_{球}=\frac{4}{3}\pi R^3} \qquad （公式 6－14）$$

例 4　若球的大圆面积为 $9\pi \text{cm}^2$，求球的表面积和体积.

解　设球的半径为 R，则球的大圆面积为 πR^2，

于是得　$\pi R^2=9\pi$

所以　$R=3$

因此　$S_{球}=4\pi R^2=4\pi\times(3)^2=36\pi(\text{cm}^2)$

$V_{球}=\frac{4}{3}\pi R^3=\frac{4}{3}\pi\times(3)^3=36\pi(\text{cm}^3)$

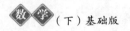

即这个球的表面积为 $36\pi cm^2$，体积为 $36\pi cm^3$.

做一做

（1）已知圆柱的轴截面面积为 $6cm^2$，高为 2cm，求此圆柱的底面半径.

（2）已知圆锥的底面半径为 2，母线长为 4，求圆锥的侧面积和体积.

（3）若球的表面积为 16π，求这个球的体积.

6.5.3 简单的组合体

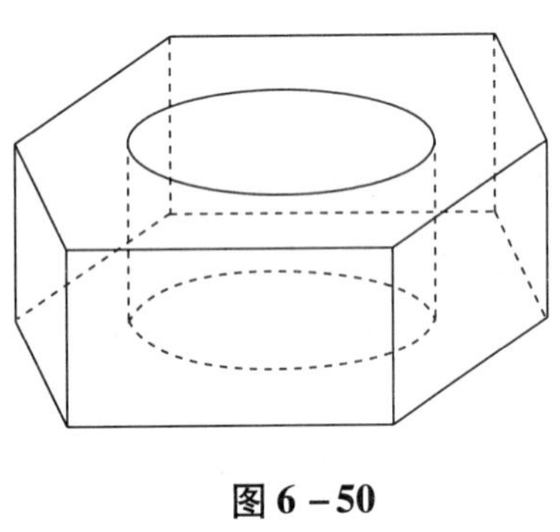
图 6－50

在我们的日常生活中，很多物体不是单一的几何体，而是由几个几何体组合而成的，在这种问题中，我们往往将其分解成几个几何体，进而利用柱体、锥体和球的相关知识进行求解.

例 5 如图 6－50，有一堆规格相同的铁质六角螺帽共重 5.8 千克（铁的密度是 7.8 克/厘米^3），已知螺帽的底面是正六边形，边长为 12 毫米，内孔直径为 10 毫米，高为 10 毫米，问这堆螺帽大约有多少个？

解 由铁质六角螺帽的质量和密度得体积为

$$V_{总} = \frac{m}{\rho} = \frac{5800}{7.8} \approx 744 \text{ 厘米}^3$$

而每个铁质六角螺帽的体积为

$$V = \frac{\sqrt{3}}{4} \times 1.2^2 \times 6 \times 1 - \pi \times 0.5^2 \times 1 \approx 3 \text{ 厘米}^3$$

所以这堆螺帽大约有 $\frac{744}{3} = 248$ 个.

例 6 如图 6－51，有一个铸铁零件是由正四棱锥和正四棱柱组合而成的几何体，已知正四棱柱的底面边长为 5cm，高为 10cm，正四棱锥的高为 4cm. 求这个零件的质量（精确到 0.1g）.（铁的比重约 7.4g/cm^3）

解 由已知得正四棱锥的体积为

$$V_{锥} = \frac{1}{3} \times 5 \times 5 \times 4 = \frac{100}{3}(\text{cm}^3),$$

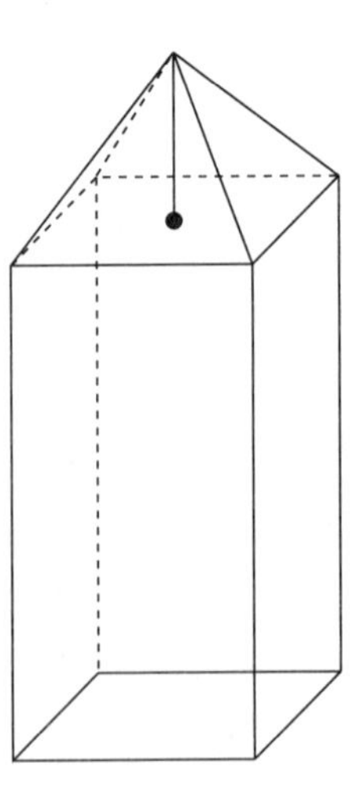
图 6－51

正四棱柱的体积为

$$V_{柱} = 5 \times 5 \times 10 = 250(\text{cm}^3),$$

所以该零件的体积为

$$V_{总} = \frac{100}{3} + 250 = \frac{850}{3}(\text{cm}^3),$$

故该零件的质量为

$$m = \rho V_{总} = 7.4 \times \frac{850}{3} \approx 2096.7(\text{g}).$$

做一做

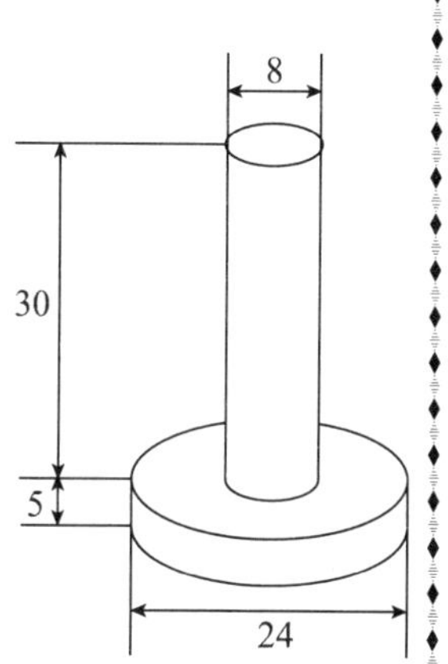

（1）如图是由两个圆柱组成的零件（单位：毫米），如果电镀零件每平方米需要锌0.11千克，那么电镀1万个这样的零件需锌多少千克？

（2）一个奖杯由一个球、圆柱和正六棱柱组成，球的直径和圆柱的底面直径均为4cm，圆柱的高为20cm，正六棱柱的底面边长为4cm，高为2cm. 求这个奖杯的体积.

习题 6.5

A 组

1. 简答题：

（1）什么是正棱柱、正棱锥？

（2）圆锥、圆柱、球的轴截面分别是什么图形？

2. 一个长方体的三条棱长的比是1∶2∶3，全面积是88cm^2，求它的体积.

3. 正四棱锥的底面边长为2，高为8，求它的体积.

4. 已知圆锥的高为5cm，底面半径为6cm，求圆锥的体积.

5. 已知圆柱的高为4，侧面展开图的面积为16π，求它的体积.

6. 若球的半径为5cm，一个截面到球心的距离为4cm，求这个截面的面积.

B 组

1. 一个正三棱锥的底面边长为6，侧棱长为$\sqrt{15}$，求这个三棱锥的体积.
2. 已知圆锥的轴截面的面积为6，体积为4π，求它的底面半径.
3. 一个球的表面积增加到原来的2倍，请问这个球的体积增加到原来的几倍？

归纳与总结

一、知识结构

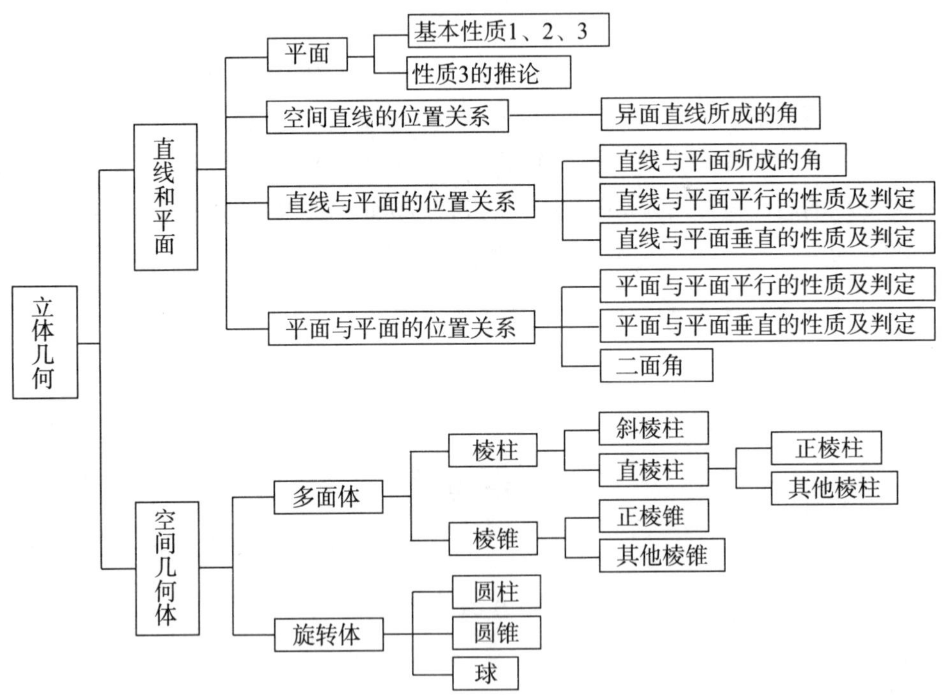

二、应注意的问题

1. 平面在空间是可以**无限延展**的.

2. 通常用平行四边形表示它所在的整个平面，当我们需要时可以把它延展出去，而且有时根据需要也可用其他平面图形，如三角形、多边形、圆、椭圆等表示平面.

3. 平面的基本性质1是判定直线是否在平面内的依据；基本性质2是判定两个平面交线位置的依据；基本性质3提供了确定平面最基本的依据.

4. 要解决空间图形的问题，常要将其转化为平面问题.

5. 我们利用直线与直线的位置关系，研究直线与平面的位置关系，利用直线与平面的位置关系，研究平面与平面的位置关系 . 反之，我们由平面与平面的位置关系可进一步掌握直线与平面的位置关系，由直线与平面的位置关系又可进一步掌握直线与直线的位置关系.

6. “平行”与“垂直”是直线与直线、直线与平面、平面与平面位置关系中两种最重要的位置关系.

7. 无论是求两条异面直线所成的角，还是直线与平面所成的角，或者二面角，都首先要找到相应的平面角.

8. 空间几何体中，柱体的体积计算为底面积乘以高，椎体的体积计算则为底面积乘以高的 1/3 倍.

9. 底面是正多边形的直棱柱是正棱柱，底面是正多边形的棱柱不一定是正棱柱.

复 习 题

A 组

一、选择题

1. 经过同一直线上的三个点的平面（　　）

A. 有且只有 1 个；　　B. 有且只有 3 个；　　C. 有无数个；　　D. 只有 0 个.

2. 两两平行的三条直线可以确定平面的个数为（　　）

A. 1 个；　　B. 3 个；　　C. 有无数个；　　D. 1 个或 3 个.

3. 若直线 $a \parallel$ 平面 α，直线 $b \perp$ 平面 α，则 a 与 b 不可能（　　）

A. 相交；　　B. 异面；　　C. 平行；　　D. 垂直.

4. 若直线 $a \perp$ 直线 b，且 $a \perp$ 平面 α，则（　　）

A. $b \parallel \alpha$；　　B. $b \subsetneqq \alpha$；

C. $b \parallel \alpha$ 或 $b \subsetneqq \alpha$；　　D. $b \perp \alpha$

5. 下列说法正确的是（　　）

A. 若直线 a 平行于平面 β，直线 b 也平行于平面 β，则 $a \parallel b$；

B. 若直线 a 垂直于平面 β，直线 b 也垂直于平面 β，则 $a \parallel b$；

C. 若直线 a 平行于平面 β，直线 b 在平面 β 内，则 $a \parallel b$；

D. 若直线 a 在平面 β 内，直线 b 在平面 β 外，则 a 与 b 异面.

6. PA 垂直于 $\triangle ABC$ 所在的平面，在 $\triangle ABC$ 中，若 $\angle BAC=90°$，$AB=AC$，点 O 为 BC 的中点，$PA=5$，$BC=10$，则 PO 与平面 ABC 所成的角的大小为（　　）

A. 30°；　　B. 60°；　　C. 45°；　　D. 135°.

7. 下列命题正确的是（　　）

A. 平行于同一条直线的两个平面互相平行；

B. 垂直于同一条直线的两个平面互相平行；

C. 夹在两个平行平面间的线段必相等；

D. 夹在两个平行平面间的线段必平行.

8. 下列说法错误的是（　　）

A. 如果两个平面不相交，那么它们就没有公共点；

B. 如果一个平面内的任何一条直线都平行于另一个平面，那么这两个平面平行；

C. 平行于同一平面的两个平面平行；

D. 分别在两个平行平面内的两直线平行.

9. 若圆锥的母线长为 5，高为 4，则圆锥的体积为（　　）

A. 24π；　　B. 12π；　　C. 9π；　　D. 6π

10. 若正方体一条对角线长为 $2\sqrt{6}$cm，则正方体的棱长为（　　）

A. 2cm；　　B. $2\sqrt{2}$cm；　　C. $\sqrt{2}$cm；　　D. 4cm.

二、填空题

1. 若一条直线平行于一个平面，则这条直线和平面内的__________条直线平行.

2. 在正方体 $ABCD—A'B'C'D'$ 中：

（1）直线 $A'B$ 与直线 $C'D'$ 是________直线，它们所成的角的度数为________；

（2）直线 BC 与直线 $C'D'$ 是________直线，它们所成的角的度数为________；

（3）直线 CD' 与直线 $B'C'$ 是________直线，它们所成的角的度数为________.

3. 若圆锥底面的半径为 10cm，轴截面是直角三角形，则圆锥的全面积是______cm^2.

4. 已知四边形 $ABCD$ 是正方形，PA 垂直于四边形 $ABCD$，若 $PA=BC$，则二面角 $P—BC—A$ 的平面角大小为________.

5. 若平面外的一条斜线段长 4cm，它在这个平面上的射影长为 $2\sqrt{3}$cm，则这条斜线和这个平面所成的角的度数是________.

6. 已知圆柱的底面周长为 8πcm，母线长为 5cm，那么它的体积是________cm^3.

7. 若球的体积为$\frac{32}{3}\pi$，则球的表面积为________.

8. 若正四棱锥的底面边长为 3，体积为$\frac{9\sqrt{3}}{2}$，则它的侧面与底面所成的角大小为________.

三、判断题（正确的打√，错误的打×）.

1. 两两相交的三条直线可以确定一个平面. ( )

2. 如果直线 a 与平面 β 内的一条直线 b 平行，那么 $a \parallel \beta$. ( )

3. 直线 l 是平面 α 的斜线，那么平面 α 内有无数条直线与直线 l 垂直. ( )

4. 过平面 α 外任意一点，有且只有一个平面平行于 α. ( )

5. 空间三条直线 a，b，c，若 $a \parallel b$,$b \parallel c$, 则 $a \parallel c$. ( )

6. 若平面外一条直线平行于已知平面，则这条直线就与这个平面内的无数条直线平行. ( )

7. 一块正方体豆腐，切三刀最多可切出 7 块. ( )

8. 如果一个平面经过另一个平面的一条垂线，那么这两个平面互相垂直. ( )

9. 如果一条直线上有两个点到一个平面距离相等，那么这条直线与这个平面平行. ( )

10. 从直二面角的一个面内的一点作棱的垂线，则该垂线必垂直于另一个平面. ( )

四、解答题

1. 已知四边形 $ABCD$ 是矩形，PA 垂直于平面 $ABCD$，写出图中的所有直角三角形.

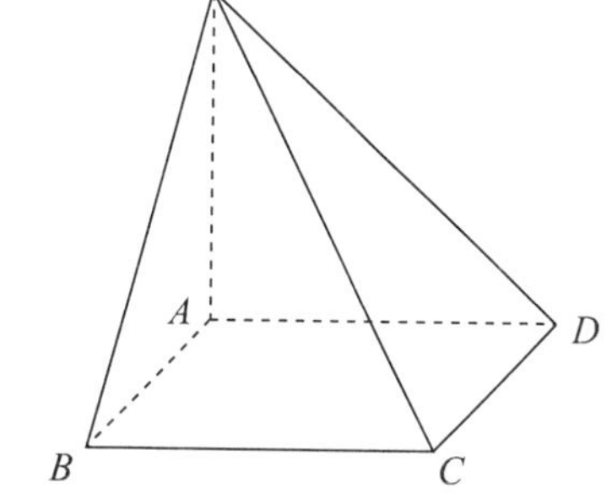

第 1 题图

2. 在正方体 $ABCD—A_1B_1C_1D_1$ 中．求：

（1）A_1B 与底面 $ABCD$ 所成角的大小；

（2）AC_1 与底面 $ABCD$ 所成角的正弦值.

3. 一个半径为 15，圆心角为 216° 的扇形卷成一个圆锥的侧面，求圆锥的高、体积.

4. 在正四棱锥 $P—ABCD$ 中，侧棱与底面边长相等.

求：（1）AP 与 BC 所成的角的大小；

（2）BP 与底面 $ABCD$ 所成的角的大小.

5. 如图，在直三棱柱 $ABC—A_1B_1C_1$ 中，$BC \perp CA$，$AB = 3$，$CA = \sqrt{5}$，$AA_1 = \sqrt{15}$. 求：

（1）三棱锥 $A_1—ABC$ 的体积；

（2）二面角 $A—BC—A_1$ 的度数.

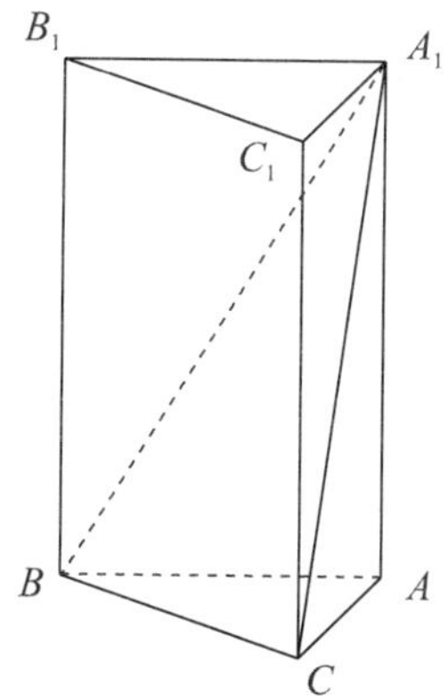

第 5 题图

B 组

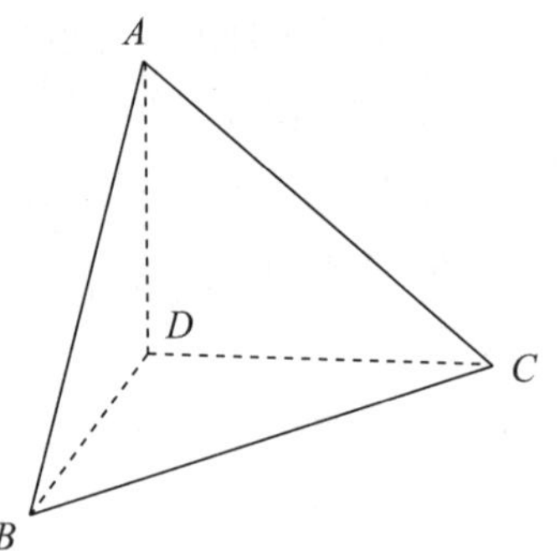

B 组第 1 题图

1. 已知 $\triangle ABC$ 是正三角形，$AD \perp$ 平面 BDC，若 $AD = BD = 1$．求二面角 $A—BC—D$ 的正切值．

2. 在正方体 $ABCD—A_1B_1C_1D_1$ 中，已知棱长为 a，求：

（1）三棱锥 $B_1—ABC$ 的体积；

（2）点 B 到面 AB_1C 的距离.

3. 已知球的两平行截面面积分别为 5π 和 8π，位于球心的同侧，且距离为 1，求此球的面积及体积.

课后自测题

一、选择题

1. 下列图形中不一定是平面图形的是（　　）

A. 三角形；　　B. 平行四边形；

C. 四条线段首尾连接而成的四边形；　　D. 梯形.

2. 点 N 在直线 a 上，而 a 在平面 β 内，则点 N 在平面 β 内，用符号语言表示为（　　）

A. 若 $N \in a$，$a \subsetneqq \beta$，则 $N \subsetneqq \beta$；　　B. 若 $N \in a$，$a \subsetneqq \beta$，则 $N \in \beta$；

C. 若 $N \in a$，$a \in \beta$，则 $N \in \beta$；　　D. 若 $N \in a$，$a \in \beta$，则 $N \subsetneqq \beta$.

3. 若直线 l 是平面 α 的一条斜线，则直线 l（　　）

A. 不可能垂直于 α 内的任何直线；　　B. 只能垂直于 α 内的一条直线；

C. 可以垂直于 α 内的两条相交直线；　　D. 可以垂直于 α 内的无数条直线.

4. 已知 a、b 是空间的两条直线，那么“$a \perp b$”是“a 和 b 相交”的（　　）

A. 充分不必要条件；　　B. 必要不充分条件；

C. 充要条件；　　D. 既不充分也不必要条件.

5. 正方体 $ABCD—A_1B_1C_1D_1$ 中，直线 AC 和 C_1D 所成的角的度数是（　　）

A. 30°；　　B. 45°；　　C. 60°；　　D. 90°.

6. 下列命题中，正确的命题是（　　）

A. 若 a、b 是异面直线，b、c 是相交直线，则 a、c 是异面直线；

B. 若两条直线与同一个平面所成的角相等，则该两条直线平行；

C. 若两平行平面与第三个平面相交，则交线平行；

D. 三个平面两两相交，有三条交线，则三条交线互相平行.

7. 已知球面面积为144π，则球的体积为（　　）

A. 48π；　　B. 192π；　　C. 288π；　　D. 162π

8. 圆锥的轴截面是边长为$2\sqrt{3}$的等边三角形，该圆锥的体积等于（　　）

A. 2π；　　B. 3π；　　C. 4π；　　D. 5π.

9. 棱长都是1的正三棱锥，侧棱与底面所成的角的余弦值等于（　　）

A. $\frac{\sqrt{3}}{2}$；　　B. $\frac{\sqrt{3}}{3}$；　　C. $\frac{1}{2}$；　　D. $\frac{\sqrt{3}}{6}$.

10. 在正方体$ABCD—A_1B_1C_1D_1$中，P是AA_1的中点，则二面角$P—BD—C_1$的大小为（　　）

A. 45°；　　B. 60°；　　C. 75°；　　D. 90°.

二、填空题

1. 异面直线所成角的范围是______________.

2. 三个不重合的平面把空间最多分成____部分，最少分成____部分.

3. $\alpha /\!/ \beta$，$l \perp \alpha$，则直线l与平面β的位置关系是______________.

4. 过平面α外一点，可做______条直线和平面α平行.

5. 若正四棱柱底面边长为3，高为5，则侧面积为________.

6. 若$ABCD$是正方形，空间一点P满足$PA \perp$面$ABCD$，$AB=1$，$PA=\sqrt{2}$，则PC与平面$ABCD$所成角为________.

7. 若正三角形边长为a，则以三角形一边所在的直线为轴旋转一周所成的几何体的体积为________.

8. 若PA垂直于矩形$ABCD$所在的平面，$PA=12$，$AB=3$，$BC=4$，则$PC=$____.

9. 在二面角的一个半平面内有一点，它到棱的距离是它到另一个平面距离的2倍，则此二面角的大小是________.

10. 一个正方体盒子$ABCD—A_1B_1C_1D_1$，边长为2cm，一只蚂蚁从A点爬向C_1点，最短爬行距离是________cm.

三、判断题（正确的打√，错误的打×）.

1. 过一条直线外一点可作无数条直线与这条已知直线垂直.　（　　）

2. 如果两条直线都平行于同一平面，那么这两条直线平行.　（　　）

3. 如果一条直线垂直于一个平面内的两条平行直线，那么这条直线就垂直于这两条平行直线确定的平面.　（　　）

4. 直线a在平面α外，直线b在平面α内，则$a /\!/ \alpha$是$a /\!/ b$成立的充要条件.　（　　）

5. 若直线 a // 平面 α，则直线 a 平行于 α 内的任何一条直线．（　　）

6. $\triangle ABC$ 的顶点到平面 α 的距离都相等，则平面 ABC // α．（　　）

7. 如果一个平面内有两条直线都平行于另一个平面，那么这两个平面平行．（　　）

8. 如果平面 α 和直线 a 都垂直于平面 β，那么直线 a 与平面 α 平行．（　　）

9. 直线 l_1 垂直于另一条直线 l_2 在平面 α 内的射影，则直线 l_1 垂直于 l_2．（　　）

10. 过平面 α 外任意一点，有且只有一个平面垂直于平面 α．（　　）

四、解答题

1. 在正方体 $ABCD—A_1B_1C_1D_1$ 中，写出分别与 AB，BC 异面的直线.

2. 如图所示，已知正方形 $ABCD$，$SA\perp$ 平面 $ABCD$，$AB=2\sqrt{2}$，$SC=5$，求直线 SB 和平面 $ABCD$ 所成角的正切值.

3. 已知圆锥母线长为5，侧面展开图的弧长为 6π，求圆锥的体积.

4. 已知在正四棱柱 $ABCD—A_1B_1C_1D_1$ 中，底面边长为4，侧棱长为8，M 为侧棱 CC_1 的中点，求：

（1）二面角 $M—BD—C$ 的正切值；

（2）V_{M-BCD}．

5. 等腰直角 $\triangle ABC$，$AB=a$，沿斜边 AC 上的高 BD，折成 $120°$ 的二面角，求 A、C 间的距离.

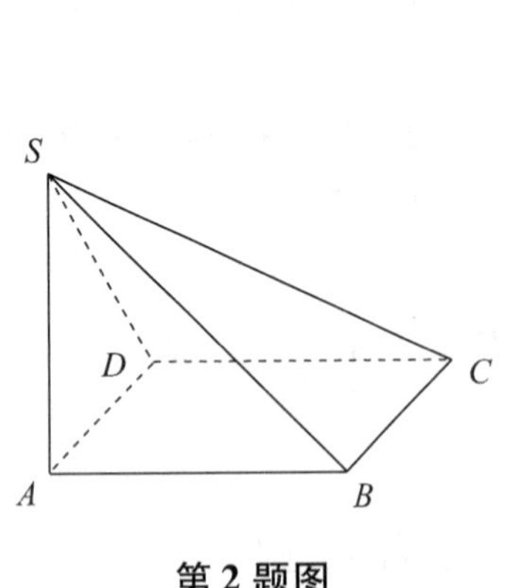

第 2 题图

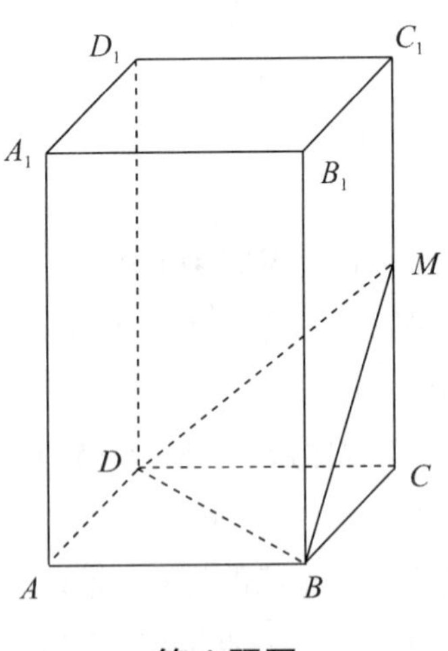

第 4 题图

拓展与提升

建筑设计中的几何学

几何学（Geometry）这个词就来自古埃及的“测地术”，它是为在尼罗河水泛滥后丈量地界而产生的．自然界中常见的简单几何形状是圆、球、圆柱，如太阳、月亮、植物茎干、果实等，而几乎找不到矩形和立方体．矩形和立方体是人类的创造，而这正是与建筑活动有关的，因为方形可以不留间隙地四方连续地延展或划分，立方体可以平稳地堆垒和架设．金字塔在如此巨大的尺度下做到精确的正四棱锥，充分显示了古埃及人的几何能力．希腊人在发展欧几里德几何的同时，写下了建筑史上最辉煌的一页．希腊建筑的美在很大程度上取决于尺度和比例，“帕提农给我们带来确实的真理和高度数学规律的感受”（勒·柯布西埃）．几何学的产生则是和建筑活动密切相关的．

到了文艺复兴时期，人们普遍确信建筑学是一门科学，建筑的每一部分，无论是内部还是外部，都能够被整合到数学比例中．“比例”成为建筑几何学在文艺复兴时期的代名词，而象心形、圆形、穹顶则是文艺复兴时期建筑的基本形式，只要人们用几何化的形式来诠释宇宙和谐概念的话，就无法避免这些形式．在这一时期，建筑师追求绝对的、永恒的、秩序化的逻辑，形式的完美取代了功能的意义．

17 世纪科学革命所揭示的宇宙是一部数学化的机器．这一时期法国最重要的建筑理论家都是科学家，在笛卡尔理性主义精神的引导下，一切问题讨论的基础都以理性为原则，数学被认为是保证“准确性”和“客观性”的唯一方法．笛卡尔通过解析几何沟通了代数与几何，蒙日则将平面上的投影联系起来，在《画法几何》中第一次系统地阐述了平面图式空间形体方法，将画法几何提高到科学的水平．与传统的模拟视觉感受方式不同，画法几何切断了视觉与知识之间的直接联系，赋予建筑以不受个人主观认识影响的客观真实性，时至今日仍然是建筑学交流最重要的媒介．

建筑的几何学价值首先表现在简洁美．几何学的理论基础在于格式塔心理学的视觉简化规律，简洁产生了重复性，重复演绎出高层建筑的节奏和韵律美，最终形成建筑和谐统一的审美感受；同时，简洁的形体易于谐调，使不同的形体组合具有统一美感.

例如上海的东方明珠电视塔，就是几何学中的圆柱与球的结合．三根竖直的圆柱形通天巨柱，是一个球体完美的结合．东方明珠电视塔利用球和圆柱的巧妙结合，将数学的严谨与艺术的浪漫融为一体，创造了纯洁的、充满诗情画意的建筑形象.

1. 理解：直线方程和圆的方程，直线的倾斜角，斜率，直线在y轴的截距，直线与二元一次方程的关系，两直线平行与垂直的条件，直线与圆的位置关系；

2. 掌握：平面直角坐标系内两点间的距离公式和中点公式，直线的点斜式方程，斜截式方程和一般式方程，两条相交直线的交点，圆的标准方程和一般方程；

3. 了解：点到直线的距离公式，直线和圆的方程的应用.

第7章 直线和圆的方程

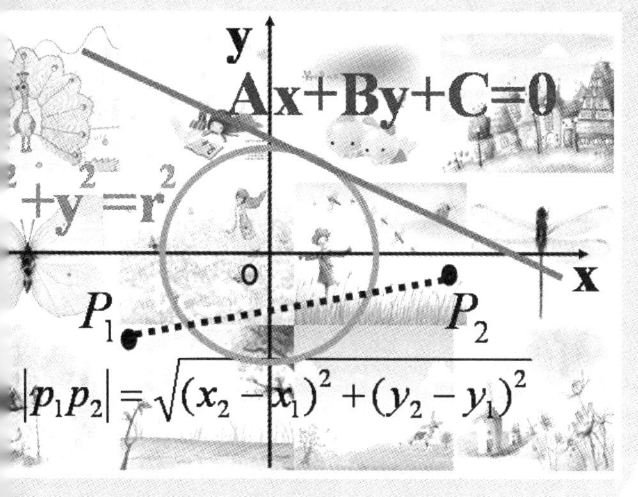

1. 能判断两直线的位置关系，圆与直线的位置关系；

2. 会计算两点间的距离，会求两点的中点，由方程求两曲线的交点，点到直线的距离；

3. 根据条件能求出直线的斜率和倾斜角及方程、圆的方程，能利用直线和圆的方程解决简单的问题.

1. 平面直角坐标系内两点间的距离公式和中点公式；

2. 直线的点斜式，斜截式方程；

3. 圆的标准方程.

1. 平面直角坐标系内两点间的距离公式和中点公式的应用；

2. 直线的点斜式，斜截式方程的推导过程；

3. 圆的标准方程的推导，二元二次方程与圆的一般方程的关系.

请思考：

1. 给定 $A\ (5,\ 4)$，$B\ (-1,\ 1)$，$C\ (3,\ 3)$ 三点，可以用几种方法证明这三点在一条直线上？

对于这种问题，要用到直线的斜率公式、直线方程、两条直线的位置关系、点到直线距离公式等多种证明方法.

2. 考古学家们在考古的时候，经常会遇到一些残缺不全的圆形的玉石或其他半圆形碎片，考古学家在研究它的时候，往往要还原它的形状，那么他们是怎么找出这些圆形碎片的半径的？

对于这种问题，要用到圆的方程.

3. 如何证明一个点在一条直线上？

对于这种问题就用到了点到直线的距离公式.

7.1 两点间距离公式及中点公式

7.1.1 数轴上的距离公式与中点公式

我们知道数轴上的点与实数之间是一一对应的，与数轴上的点 A 对应的实数 x 叫做点 A 在数轴上的坐标，记作 $A\ (x)$，我们可以用数轴上的点所对应的实数（坐标）来求两点间的距离.

如图 7－1　已知数轴上的三点 $A(2)$，$B(-5)$，$C(3)$.

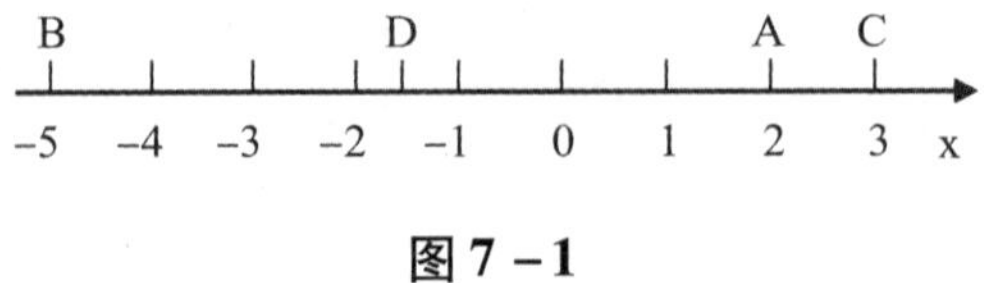

图 7－1

则　$|AB|=|-5-2|=7$，$|AC|=|3-2|=1$，$|BC|=|-5-3|=8$.

一般地，在数轴上，已知点 $A(x_1)$ 和点 $B\ (x_2)$，则 A，B 两点之间的距离为

$$\boxed{|AB|=|x_2-x_1|} \qquad \text{（公式 7－1）}$$

还可以用数轴上两点的坐标，求这两点的中点坐标.

在图 7－1 中，已知点 $A(2)$ 和点 $B(-5)$，则 A，B 两点中点 D 的坐标为

在数轴上，已知点$A(x_1)$和点$B(x_2)$，则A，B两点之间的距离为：

$|AB|=|x_1-x_2|=|x_2-x_1|$

$$\frac{2+(-5)}{2}=-1.5$$

即　$A(2)$，$B(-5)$两点的中点为$D(-1.5)$.

一般地，在数轴上，$A(x_1)$，$B(x_2)$两点中点的坐标x与x_1和x_2满足关系式

$$\boxed{x=\frac{x_1+x_2}{2}}\qquad（公式7-2）$$

例1　已知两点$A(-1)$，$B(1)$，求：

（1）$|AB|$；　　（2）A，B两点的中点.

解　（1）由公式7-1，得

$$|AB|=|1-(-1)|=2;$$

（2）设点$M(x)$是A，B两点的中点，则由公式7-2，得

$$x=\frac{x_1+x_2}{2}=\frac{-1+1}{2}=0$$

即A，B两点的中点为$M(0)$.

请回答：符合下列条件的点$P(x)$，位于数轴上何处？

（1）$|x|=5$；　　（2）$|x|<1$.

试一试

已知点$A(-3)$，$B(-8)$，$C(5)$，$D(4)$，$E(9)$，求：

（1）$|AB|$，$|AD|$，$|BD|$，$|ED|$，$|CE|$；

（2）A，C的中点坐标，B，E的中点坐标.

做一做

1. 在数轴上求点C的坐标，使它到点$A(-9)$的距离是到点$B(-3)$距离的2倍.
2. 已知点$A(5)$，并且线段AB的中点坐标为3，求点B.
3. 求数轴上与原点距离等于4的点的坐标.

7.1.2　平面直角坐标系中的距离公式与中点公式

1. 平面直角坐标系中的距离公式

求平面直角坐标系中两点之间的距离，要用到数轴上的距离公式和勾股定理.

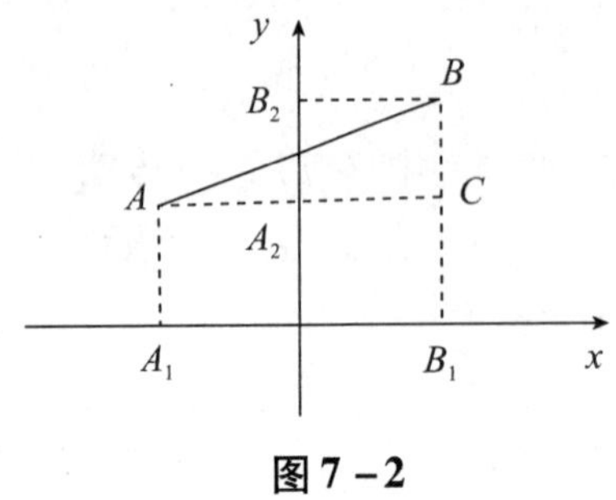

图 7-2

在图 7-2 中，已知点 $A(x_1,y_1)$ 和点 $B(x_2, y_2)$，从 A，B 分别向 x 轴，y 轴做垂线 AA_1，AA_2，BB_1，BB_2，

垂足分别为 $A_1(x_1,0)$，$A_2(0,y_1)$，$B_1(x_2, 0)$，$B_2(0,y_2)$，

其中直线 BB_1 和 AA_2 相交于点 C.

由数轴上的距离公式知：

$$|AC| = |A_1B_1| = |x_2 - x_1|$$

$$|BC| = |A_2B_2| = |y_2 - y_1|$$

在 $Rt\triangle ACB$ 中，由勾股定理得，

$$|AB|^2 = |AC|^2 + |BC|^2 = |x_2 - x_1|^2 + |y_2 - y_1|^2$$

于是 $$|AB| = \sqrt{(x_2 - x_1)^2 + (y_2 - y_1)^2}$$

综上可得：在平面直角坐标系中，任意两点 $A(x_1,y_1)$ 和 $B(x_2,y_2)$ 之间的距离为

$$\boxed{|AB| = \sqrt{(x_2 - x_1)^2 + (y_2 - y_1)^2}} \qquad \text{（公式 7-3）}$$

根据公式 7-3，对于平面上的任意两点，只要给出它们的坐标，就可以算出这两点间的距离.

例 2 已知 $A(2, 5)$，$B(-2, 4)$，求 $|AB|$.

解 因为 $x_1=2$，$y_1=5$，$x_2=-2$，$y_2=4$

所以 根据公式 7-3，可得

$$|AB| = \sqrt{(x_2 - x_1)^2 + (y_2 - y_1)^2} = \sqrt{(-2-2)^2 + (4-5)^2} = \sqrt{17}.$$

请回答：$|AB| = \sqrt{(x_1 - x_2)^2 + (y_1 - y_2)^2}$ 对吗？

2. 平面直角坐标系中的中点公式

如图 7-3，在平面直角坐标系 Oxy 中，已知两点 $P_1(x_1, y_1)$，$P_2(x_2, y_2)$，设线段 P_1P_2 的中点为 $P(x,y)$. 下面利用数轴上两点的中点公式求线段 P_1P_2 中点 P 的坐标.

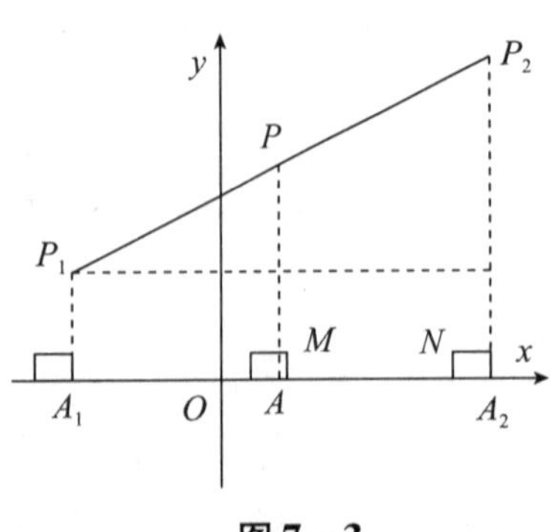

图 7-3

过 P_1，P，P_2 作 x 轴的垂线 P_1A_1，PA，P_2A_2，三个垂足作为数轴（x 轴）上的点，并且坐标分别为 P_1，P，P_2 的横坐标，所以三个垂足可记作 $A_1(x_1)$，$A(x)$，$A_2(x_2)$.

再过点 P_1 作 P_2A_2 的垂线交 PA，P_2A_2 于点 M 和点 N，

因为点 P 是 P_1P_2 的中点

所以点 A 是数轴（x 轴）上 A_1，A_2 两点的中点

由数轴上两点的中点公式可得 $x=\frac{x_1+x_2}{2}$

同理可得 $y=\frac{y_1+y_2}{2}$

综上可得，已知平面直角坐标系上两点 $P_1(x_1,\ y_1)$，$P_2(x_2,\ y_2)$，则线段 P_1P_2 的中点 $P(x,y)$ 坐标为

$$\boxed{x=\frac{x_1+x_2}{2},\quad y=\frac{y_1+y_2}{2}} \qquad (公式7-4)$$

公式7-4就是平面直角坐标系中，两点连线段中点坐标的计算公式，叫做**中点公式**.

例3 已知 $A(-3,\ 8)$，$B(5,\ -6)$ 两点，求线段 AB 的中点坐标.

解 设 AB 的中点为 $C(x,y)$

则 $x=\frac{x_1+x_2}{2}=\frac{-3+5}{2}=1$，$y=\frac{y_1+y_2}{2}=\frac{8+(-6)}{2}=1$

所以 AB 中点坐标为 $(1,\ 1)$.

例4 已知▱$ABCD$ 的三个顶点 $A(-1,-2)$，$B(3,1)$，$C(0,2)$，求顶点 D 的坐标.

解 因为平行四边形的两条对角线相互平分，所以对角线 AC 的中点就是对角线 BD 的中点.

设 D 点的坐标为 $(x,\ y)$，则由 AC 与 BD 中点的横坐标相等，可得

$$\frac{-1+0}{2}=\frac{3+x}{2}$$

又由 AC 与 BD 中点的纵坐标相等，可得

$$\frac{-2+2}{2}=\frac{1+y}{2}$$

解得 $x=-4$，$y=-1$

所以顶点 D 的坐标为 $(-4,\ -1)$.

试一试

1. 求下列各题中两点间的距离：(1) $A(2,6)$，$B(5,-2)$；(2) $A(-4,2)$，$B(2,7)$.

2. 求下列各题中线段 AB 中点的坐标：(1) $A(2,-3)$，$B(4,3)$；(2) $A(-3,-8)$，$B(3,5)$.

3. 求下列各点关于 x 轴，y 轴对称点的坐标：$A(5,-3)$，$B(2,-1)$，$C(-4,-5)$，$D(3,1)$.

做一做

1. 已知点 $A(0,a)$，$B(8,0)$ 的距离等于 17，求 a 的值.

2. 求 y 轴上的点 P，使它到点 $A(3,-2)$ 的距离等于 5.

7.1 习题

A 组

1. 简答题：

(1) 数轴上两点间距离公式和平面直角坐标系中的两点间距离公式分别是什么？

(2) 数轴上两点的中点公式和平面直角坐标系中的两点的中点公式分别是什么？

2. 填空题：

(1) 点 $A(1,-3)$ 关于 y 轴的对称点的坐标为____________；

(2) 已知数轴上的点 $A(4)$，且知线段 AB 的中点坐标为 3，则点 B 的坐标为______；

(3) 若点 $A(a,0)$，$B(0,6)$ 的距离等于 10，则 $a=$____________；

(4) 符合条件 $|x|>5$ 的点 $P(x)$，位于数轴上____________的两侧；

(5) 符合条件 $|x-1|=5$ 的点 $P(x)$，位于数轴上____________两点处.

3. 已知数轴上两点 $A(-8)$，$B(5)$，在数轴上求一点 P，使 $|PA|=2|PB|$.

4. 求下列各题中两点的距离和中点坐标.

(1) $A(4,5)$，　$B(2,3)$；　　(2) $C(2,6)$，　$D(-2,-2)$.

5. 在 x 轴上求一点 P，使它到点 $A(3,\sqrt{7})$ 的距离等于 4.

6. 在 y 轴上求一点 P，使它到点 $C(-6,-4)$ 的距离为 10.

7. 已知 $\triangle ABC$ 的顶点 $A(3,0)$，$B(1,8)$，$C(0,1)$，求线段 AB 的中点坐标和 AB 边上的中线长.

B 组

1. 已知▱$ABCD$ 的三个顶点 $A(-5,6)$，$B(-3,0)$，$C(1,2)$，求顶点 D 的坐标.

2. 已知 $\triangle ABC$ 的顶点为 $A(-1,0)$，$B(3,-2)$，$C(1,2)$，求三条中线的长度.

3. 已知平面上的点 $A(1,1)$，线段 AB 的中点坐标为 $(3,2)$，求点 B 的坐标.

7.2 直线与方程

7.2.1 直线的倾斜角和斜率

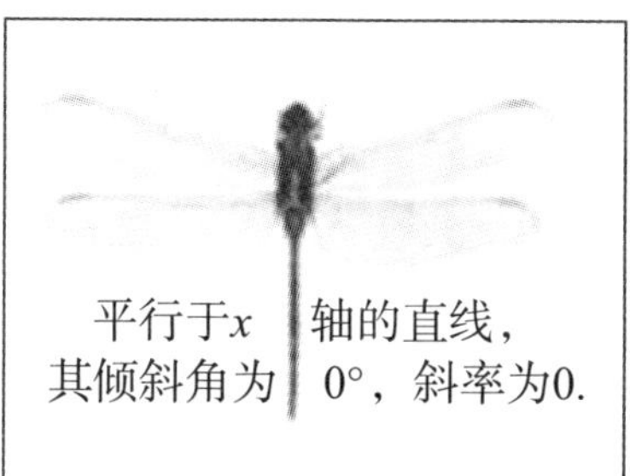

平行于x轴的直线，
其倾斜角为0°，斜率为0.

在平面直角坐标系中会遇到很多倾斜程度不同的直线，为了准确地表达这些直线相对于 x 轴的倾斜程度，我们引入倾斜角和斜率的概念.

如图 7－4，直线 l 在直角坐标系中与 x 轴有两对夹角. 我们规定，平面直角坐标系内，直线 l 向上的方向与 x 轴正方向所成的最小正角 α 叫做这条直线的**倾斜角**.

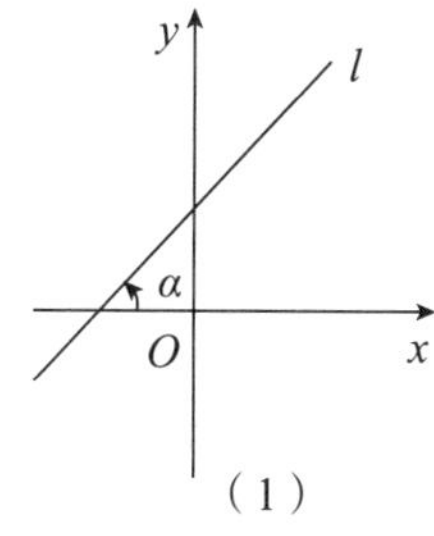

(1)

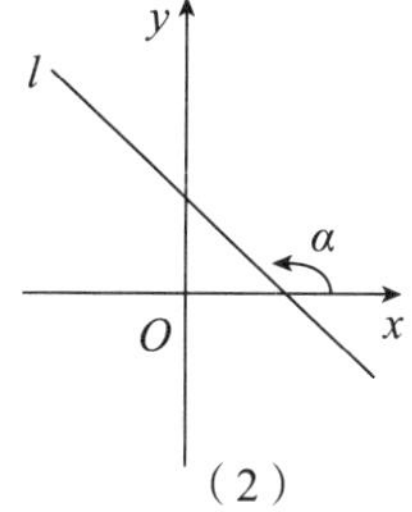

(2)

图 7－4

垂直于x轴的直线，
倾斜角为90°，
斜率不存在.

根据倾斜角的定义不难得出直线倾斜角 α 的取值范围：

$$0° \leqslant \alpha < 180°.$$

倾斜角不是 90° 的直线，它的倾斜角 α 的正切值叫做这条直线的**斜率**，通常用 k 表示，即

$$\boxed{k = \tan\alpha} \qquad （公式 7－5）$$

在平面直角坐标系中，给定两个不同的点 $P_1(x_1, y_1)$，$P_2(x_2, y_2)$. 就确定了一条经过这两点的直线 P_1P_2，下面我们研究点 P_1，P_2 的坐标与直线 P_1P_2 的斜率以及倾斜角之间的关系.

当 $x_1 = x_2$ 时，直线 P_1P_2 垂直于 x 轴，它的倾斜角为

90°，斜率不存在，如图 7－5（1）所示.

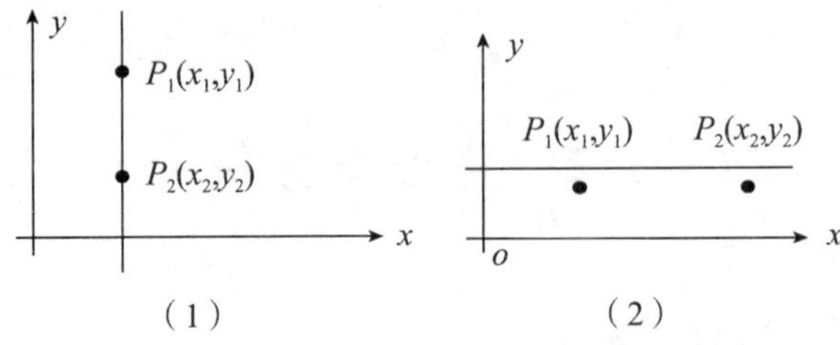

图 7－5

当 $y_1 = y_2$ 时，直线 P_1P_2 平行于 x 轴，此时它的倾斜角为 0°，斜率为

$$k = \tan 0° = 0$$

如图 7－5（2）所示.

当 $x_1 \neq x_2$ 且 $y_1 \neq y_2$ 时，直线 P_1P_2 的倾斜角 $\alpha \neq 90°$ 且 $\alpha \neq 0°$，即 α 或者是锐角（如图 7－6（1）所示），或者是钝角（如图 7－6（2）所示）.

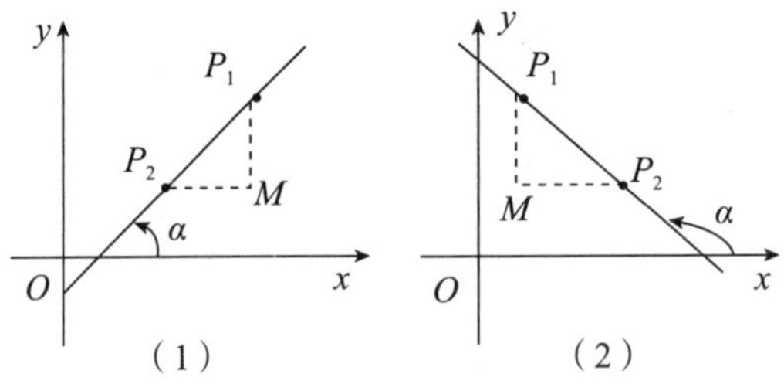

图 7－6

过点 P_1 作 x 轴的垂线，过点 P_2 作 y 轴的垂线，设两条垂线的交点为 M，则 $\triangle P_1MP_2$ 是一个直角三角形，且 M 的坐标为 (x_1, y_2).

在图 7－6（1）中，因为

$$\alpha = \angle P_1P_2M,$$

$$|P_1M| = y_1 - y_2, \qquad |P_2M| = x_1 - x_2$$

所以直线 P_1P_2 的斜率

$$k = \tan\alpha = \tan\angle P_1P_2M = \frac{y_1 - y_2}{x_1 - x_2} = \frac{y_2 - y_1}{x_2 - x_1}$$

在图 7－6（2）中，因为

$$\alpha = 180° - \angle P_1P_2M$$

$$|P_1M| = y_1 - y_2 \qquad |P_2M| = x_2 - x_1$$

所以直线 P_1P_2 的斜率

$$k = \tan\alpha = \tan(180° - \angle P_1P_2M) = -\tan\angle P_1P_2M$$

当 $k=0$ 时，$\alpha=0°$；
当 $k>0$ 时，$0°<\alpha<90°$；
当 $k<0$ 时，$90°<\alpha<180°$；
当 k 不存在时，$\alpha=90°$.

$$= -\frac{y_1 - y_2}{x_2 - x_1} = \frac{y_2 - y_1}{x_2 - x_1}$$

一般地，当 $x_1 \neq x_2$ 时，过点 $P_1(x_1, y_1)$ 和 $P_2(x_2, y_2)$ 直线的斜率为

$$\boxed{k = \frac{y_2 - y_1}{x_2 - x_1}} \qquad (公式7-6)$$

请回答：直线平行或垂直于 y 轴时，直线的倾斜角，斜率各是什么？

例1 在下列各题中，求经过两点的直线的斜率和倾斜角：

(1) $P_1(4,5)$，$P_2(-2,5)$；　　(2) $P_1(0,0)$，$P_2(-1,-\sqrt{3})$；

(3) $P_1(5,8)$，$P_2(5,4)$.

解 (1) 根据直线的斜率公式7-6，得

$$k = \frac{5-5}{-2-4} = 0,$$

因为　$0° \leqslant \alpha < 180°$，

所以　$\alpha = 0°$.

(2) 根据直线的斜率公式7-6，得

$$k = \frac{-\sqrt{3}-0}{-1-0} = \sqrt{3}.$$

因为　$0° \leqslant \alpha < 180°$，　所以　$\alpha = 60°$.

(3) 因为 P_1P_2 的横坐标相同，直线的斜率 k 不存在，

即　$\alpha = 90°$.

想一想

1. 将下列各题中的倾斜角转换成斜率或将斜率转换成倾斜角：

(1) $\alpha = 0°$；　(2) $\alpha = 30°$；　(3) $\alpha = 45°$；　(4) $\alpha = 90°$；

(5) $k = \sqrt{3}$；　(6) $k = -1$；　(7) $k = -\frac{\sqrt{3}}{3}$.

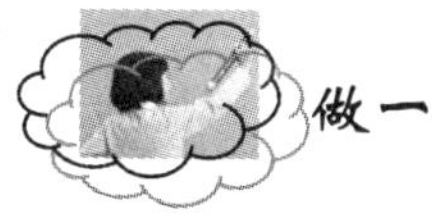

做一做

1. 判断下列各题的直线 P_1P_2 的斜率是否存在，若存在，求出它的值.

(1) $P_1(2,-2)$，$P_2(-4,-3)$；　　(2) $P_1(1,3)$，$P_2(5,3)$；

(3) $P_1(5,4)$，$P_2(5,-1)$；　　(4) $P_1(2,0)$，$P_2(0,\sqrt{2})$.

2. 已知直线通过点 $A(3,0)$，$B(4,1)$，求这条直线的斜率和倾斜角.

7.2.2 直线方程的几种形式

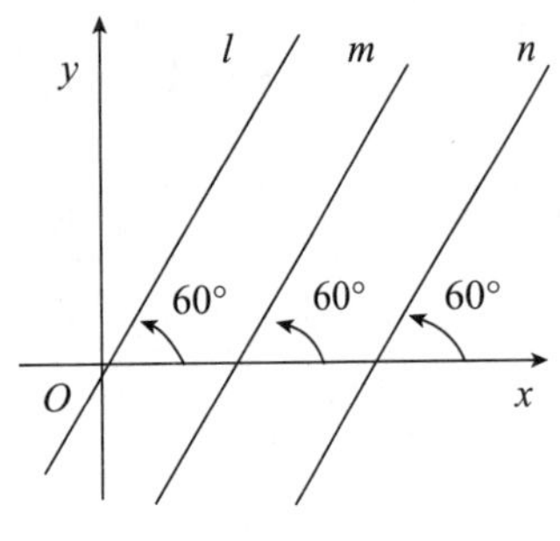

图 7－7

如图 7－7 所示，倾斜角为 60° 的直线有无数条，它们是互相平行的直线，由倾斜角与斜率的关系式 $k = \tan\alpha$ 可知，倾斜角相同的直线，斜率也相同．因此，只给定斜率，不能确定一条直线．

如果直线的倾斜角是 60°（斜率为 $\sqrt{3}$），而且通过点（0，0），那么这样的直线是唯一确定的吗？

由图 7－7 上可看出这样的直线是唯一确定的．

一般地，斜率为 k 且通过点 $P_0(x_0, y_0)$ 的直线 l 是确定的，下面我们来求这条直线 l 的方程．

设　直线 l 上不同于点 P_0 的任意一点 P 的坐标为 (x, y)，

则由直线的斜率公式可得　　$k = \dfrac{y - y_0}{x - x_0}$

整理得　　$\boxed{y - y_0 = k(x - x_0)}$

这个方程叫做**直线的点斜式**方程．

请回答：任意一个直线方程都可以写成点斜式方程吗？

平行于 x 轴直线的方程为 $y=b$；垂直于 x 轴直线的方程为 $x=a$．

如果一条直线与 y 轴的交点为 $(0, b)$，则把 b 叫做直线在 y 轴上的**纵截距**，简称**截距**．

如果直线的斜率为 k，纵截距为 b，则由直线的点斜式方程得

$$y - b = k(x - 0)\text{，即}$$

$$\boxed{y = kx + b}$$

这个方程叫做**直线的斜截式**方程．

请回答：任意一个直线方程都可以写成斜截式方程吗？

当直线的斜率 k 存在时，直线方程可写成 $y = kx + b$ 的形式．当斜率不存在时，它的方程可写成 $x = a$ 的形式，这两个方程都可以表示成 $Ax + By + C = 0$ 的形式，其中 A，B 不同时为 0．

如　直线　$y = 4x + 3$　可表示为　$4x - y + 3 = 0$．

　　直线　$x = -3$　可表示为　$x + 3 = 0$．

所以说，直线的方程都可以表示成

$Ax + By + C = 0$ 的形式，其中 A，B 不同时为 0．

反之，任意一个二元一次方程 $Ax + By + C = 0$（其中 A，B 不同时为 0）都是直线

的方程吗？

当 $B\neq 0$ 时，$Ax+By+C=0$ 可变形为

$$y=-\frac{A}{B}x-\frac{C}{B}$$

这是斜率 $k=-\frac{A}{B}$，纵截距 $b=-\frac{C}{B}$ 的直线.

今后如不特别说明，
求直线方程时，都要转
化成直线
线的一般式方程.

当 $B=0$ 时，由 A，B 不同时为0，可知 $A\neq 0$，则 $Ax+By+C=0$ 可变形为 $x=-\frac{C}{A}$

这是与 y 轴垂直或重合的直线，直线斜率不存在，且与 x 轴交于点 $\left(-\frac{C}{A},0\right)$.

所以又说，二元一次方程 $Ax+By+C=0$（其中 A，B 不同时为0）都是直线的方程．把方程

$$\boxed{Ax+By+C=0}\quad（其中A，B不同时为0）$$

叫做**直线的一般式方程**. 并且当 $B\neq 0$ 时，有

$$\boxed{k=-\frac{A}{B},\qquad b=-\frac{C}{B}}\qquad（公式7-7）$$

请回答：任意一个直线方程都可以写成一般式方程吗？

例2 求下列直线的方程，并化成一般式方程.

（1）过点 $(1,1)$ 斜率为2；（2）过点 $(3,2)$ 斜率为 -1；

（3）过点 $(3,3)$ 倾斜角为 $0°$；（4）纵截距为3，倾斜角为 $135°$.

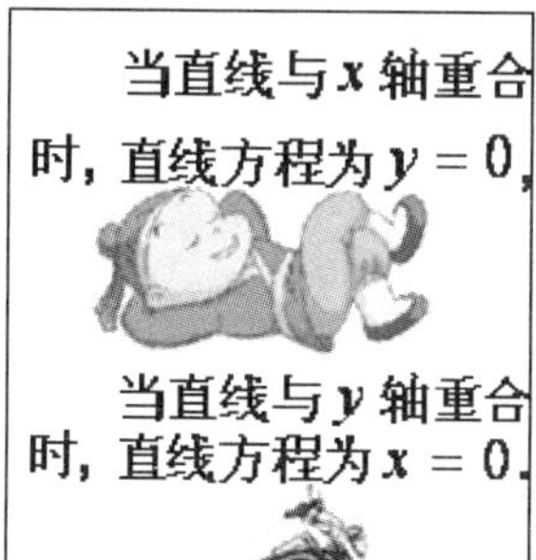

当直线与x轴重合时，直线方程为y = 0，
当直线与y轴重合时，直线方程为x = 0.

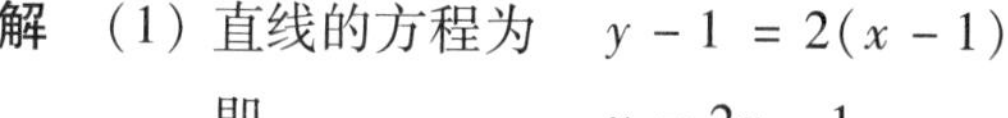

解 （1）直线的方程为 $y-1=2(x-1)$

即 $y=2x-1$

一般式方程为 $2x-y-1=0$.

（2）直线的方程为 $y-2=-(x-3)$

即 $y=-x+5$

一般式方程为 $x+y-5=0$.

（3）直线的斜率 $k=\tan 0°=0$，因此直线方程为

$$y-3=0(x-3)$$

即 $y=3$

一般式方程为 $y-3=0$.

（4）直线的斜率 $k=\tan 135°=-1$，因此直线的方程为

$$y=-x+3$$

一般式方程为 $x+y-3=0$.

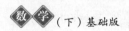

例3 求下列直线的斜率及其在 y 轴上的截距：

(1) $x+2y-1=0$；　(2) $\frac{x}{5}-\frac{y}{4}=1$；　(3) $3x+3=0$；

(4) $5x-6y+3=0$；　(5) $8y-3=0$；　(6) $2x+3y=0$.

◆ **分析** 由直线的一般式方程求直线的斜率 k 和纵截距 b 时，可以把方程转化为斜截式来求 k 和 b. 也可以根据公式7—7，$k=-\frac{A}{B}$，$b=-\frac{C}{B}$，直接求 k 和 b. 下面把 (1)，(2)，(3) 转化为斜截式来求 k 和 b，而在 (4)，(5)，(6) 中，直接用公式求 k 和 b.

解 (1) 将直线的方程转化为斜截式，得

$$y=-\frac{1}{2}x+\frac{1}{2}$$

所以　直线的斜率 $k=-\frac{1}{2}$，纵截距 $b=\frac{1}{2}$.

(2) 将直线的方程转化为斜截式，得

$$y=\frac{4}{5}x-4$$

所以　直线的斜率 $k=\frac{4}{5}$，纵截距 $b=-4$.

(3) 将直线的方程转化为　$x=-1$

这是一条垂直于 x 轴的直线，与 y 轴没有交点，所以斜率不存在，也没有纵截距.

(4) 根据公式 7－7，得

$$k=\frac{5}{6},\qquad b=\frac{1}{2}.$$

(5) 根据公式 7－7，得

$$k=0,\qquad b=\frac{3}{8}.$$

(6) 根据公式 7－7，得

$$k=-\frac{2}{3},\ b=0.$$

可见两种方法都可求出直线的斜率和截距.

想一想

在下列各题中，求满足条件的直线的方程：

(1) 直线过点 (3，－2)，且斜率为 －3；

（2）直线过点（2,0），且倾斜角为135°；

（3）直线过两点（-2,2）和（-4,3）；

（4）直线过点（-1,3）且平行于 x 轴；

（5）直线的纵截距为 -1，倾斜角为120°.

做一做

1. 求下列直线的斜率及其在 y 轴上的截距：

(1) $2x-6y+1=0$；(2) $x-2y=0$；(3) $x-3=0$；(4) $4y-1=0$.

2. 求过两点 $A(x_1,y_1)$，$B(x_2,y_2)$ 的直线的方程.

习题 7.2

A 组

1. 简答题：

（1）如何用直线上点的坐标来求直线的斜率 k？

（2）直线方程有几种形式，分别是什么？

2. 填空题：

（1）直线 $5x-2y+1=0$ 的斜率是________，在 y 轴的截距是________，在 x 轴上的截距是________；

（2）已知直线的倾斜角为150°，则直线的斜率 $k=$________；

（3）直线方程 $y-6=3(x-1)$ 的斜截式方程是________，一般式方程是______.

3. 已知直线的倾斜角为120°，且过点（7,2），求直线的方程.

4. 已知直线过点（2，-2）和（3,4），求直线的方程.

5. 已知点（a，-1）在直线 $3x+y-2=0$ 上，求 a 的值.

6. 已知直线的斜率为 -3，且直线过点（-5,0）和（t,$t+1$），求 t 的值.

7. 求过点（2，-3），且倾斜角比直线 $y=\sqrt{3}x+1$ 的倾斜角小15°的直线的方程.

B 组

1. 求过点（1，-2）且倾斜角是直线 $y=\frac{\sqrt{3}}{3}x+1$ 的倾斜角的 2 倍的直线的方程.

2. 若 $A\left(\frac{1}{2},m\right)$，$B(-2,3)$，$C(3,-2)$ 三点共线，求 m 的值.

7.3 两条直线垂直和平行的条件

请回答：平面内的两条直线有哪些位置关系？

我们知道，在同一平面内两条直线的位置关系有：重合、平行、相交（垂直是相交的特殊情形），怎样通过直线的方程来判断平面直角坐标系中两条直线的位置关系呢？

7.3.1 两条直线垂直的条件

对于平面内两条相交的直线，当它们的夹角为 90° 时，我们说这两条直线互相垂直，“夹角为 90°”是直线垂直的几何特征，两条直线垂直在代数上又会表现出怎样的特征呢？

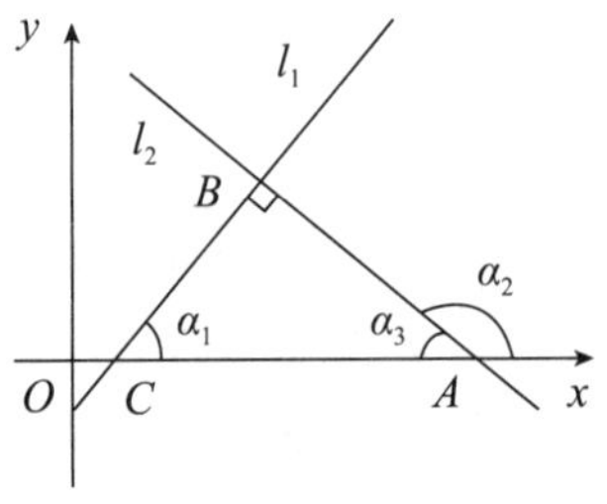

图 7-8

设两条直线 l_1 和 l_2 的斜截式方程为

$$l_1: y=k_1x+b_1,\qquad l_2: y=k_2x+b_2,$$

假设它们的斜率 k_1 和 k_2 都存在且都不为零，即它们的倾斜角 α_1 和 α_2 都不等于 90° 且都不等于 0°.

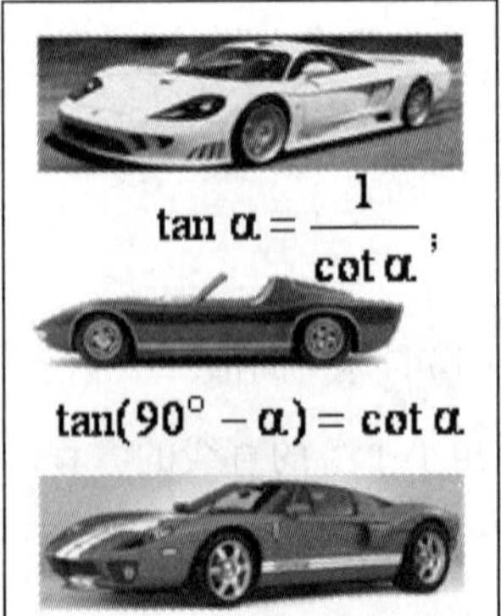

如果 $l_1\perp l_2$，如图 7-8，则

$$k_1=\tan\alpha_1=\frac{AB}{BC}$$

$$k_2=\tan\alpha_2=\tan(180°-\alpha_3)=-\tan\alpha_3$$

$$=-\frac{BC}{AB}=-\frac{1}{\frac{AB}{BC}}$$

由此可得 $k_2=-\frac{1}{k_1}$，即 $k_1k_2=-1$

反之：若 $k_1k_2=-1$，即 $k_1=-\frac{1}{k_2}$

则 $\tan\alpha_1=-\frac{1}{\tan\alpha_2}=-\frac{1}{\tan(180^\circ-\alpha_3)}$

$=\frac{1}{\tan\alpha_3}=\cot\alpha_3=\tan(90^\circ-\alpha_3)$

由此可得 $\alpha_1=90^\circ-\alpha_3$

即 $\alpha_1+\alpha_3=90^\circ$

所以 $\angle ABC=90^\circ$

故 $l_1\perp l_2$.

综上可得，两条直线垂直的条件：

如果直线 l_1 与直线 l_2 的斜率都存在且都不等于0，则

$$\boxed{l_1\perp l_2\Leftrightarrow k_1k_2=-1}\quad（两直线垂直条件1）$$

对于特殊情形，即当 $k_1=0$，而 k_2 不存在时（或 $k_2=0$，而 k_1 不存在时），如图7-9，显然，这两条直线垂直.

由此可见，由两条直线的方程，就能判断这条两直线是否垂直.

例1 判断下列各对直线是否垂直：

（1）$l_1:y=-3x+1$，　$l_2:y=\frac{1}{3}x-1$；

（2）$l_1:y=2x+1$，　$l_2:y=\frac{1}{2}x-3$.

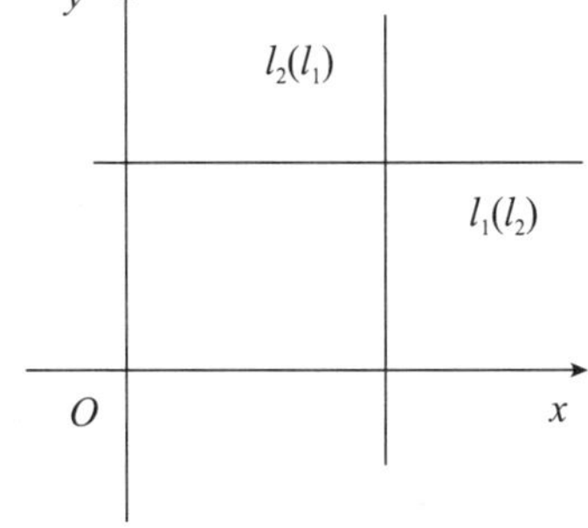

图7-9

解 （1）因为 $k_1k_2=(-3)\times\frac{1}{3}=-1$，

所以 $l_1\perp l_2$.

（2）因为 $k_1k_2=2\times\frac{1}{2}=1\neq-1$，

所以 l_1 与 l_2 不垂直.

请回答：已知 l_1 与 l_2，其中 l_1 的斜率为0，那么 l_1 与 l_2 何时垂直？

如果给出的是两条直线的一般式方程

$l_1:A_1x+B_1y+C_1=0$，　$l_2:A_2x+B_2y+C_2=0$

又该怎样判断它们的垂直呢？（这里假设直线 l_1 与直线 l_2 的斜率都存在且都不等于0）

由已知直线的一般式方程，可得

$$k_1=-\frac{A_1}{B_1},\qquad k_2=-\frac{A_2}{B_2}$$

代入 $k_1k_2=-1$ 中，得 $-\frac{A_1}{B_1}\times\left(-\frac{A_2}{B_2}\right)=-1$

即 $A_1A_2+B_1B_2=0$

于是

$$\boxed{l_1\perp l_2 \Leftrightarrow A_1A_2+B_1B_2=0} \quad \text{（两直线垂直条件2）}$$

两直线垂直的充要条件 2：对应的未知数系数乘积之和为 0。

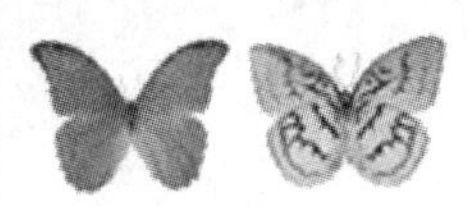

例 2 判断下列各对直线是否垂直：

(1) $l_1:2x+3y+1=0$，　　$l_2:3x-2y+3=0$；

(2) $l_1:3x+5y+11=0$，　　$l_2:4x-3y+5=0$.

解 (1) 因为 $A_1A_2+B_1B_2=2\times3+3\times(-2)=0$

所以 $l_1\perp l_2$.

(2) 因为 $A_1A_2+B_1B_2=3\times4+5\times(-3)=-3\neq0$

所以 l_1 与 l_2 不垂直.

试一试

判断下列各对直线是否垂直：

(1) $l_1: y=5$；$l_2: x=3$；

(2) $l_1: y=3x$；$l_2: y=-\frac{1}{3}x+1$；

(3) $l_1: y=x-3$；$l_2: y=\frac{1}{2}x+1$；

(4) $l_1: x-3y+5=0$；$l_2: 3x+y-3=0$；

(5) $l_1: 3x-2y+7=0$；$l_2: 2x-3y+5=0$.

做一做

1. 求过点 (2,3) 且与直线 $y=-2x+1$ 垂直的直线的方程.

2. 求过点 (4，−5) 且与直线 $2x+3y+5=0$ 垂直的直线的方程.

3. 已知 $\triangle ABC$ 三个顶点的坐标为 $A(-3,0)$，$B(1,4)$，$C(3,-2)$，求 AB 边上高的直线的方程.

7.3.2 两条直线平行的条件

设两条直线 l_1 和 l_2 的斜截式方程为：

$$l_1: y=k_1x+b_1,\qquad l_2: y=k_2x+b_2,$$

假设它们的斜率 k_1 和 k_2 都存在，即它们的倾斜角 α_1 和 α_2 都不等于 $90°$.

如果 $l_1 // l_2$，如图 7－10，那么 $\alpha_1 = \alpha_2$ 且 $b_1 \neq b_2$.

从而 $\tan\alpha_1 = \tan\alpha_2$ 且 $b_1 \neq b_2$.

即 $k_1 = k_2$ 且 $b_1 \neq b_2$.

反之，如果 $k_1 = k_2$ 且 $b_1 \neq b_2$，

即 $\tan\alpha_1 = \tan\alpha_2$ 且 $b_1 \neq b_2$，

由倾斜角取值范围 $[0°,180°)$，可得

$$\alpha_1 = \alpha_2 \text{ 且 } b_1 \neq b_2,$$

于是 $l_1 // l_2$.

两条直线平行的充要条件1：斜率相等，截距不相等.

综上可得，两条直线平行的条件：

如果 $l_1: y = k_1x + b_1$，$l_2: y = k_2x + b_2$，那么

$$\boxed{l_1 // l_2 \Leftrightarrow k_1 = k_2 \text{ 且 } b_1 \neq b_2} \quad \text{（两直线平行条件 1）}$$

对于特殊情形，斜率 k_1 和 k_2 都不存在，即它们的倾斜角 α_1 和 α_2 都等于 $90°$ 时，如图 7－11 所示，显然，这两条直线平行.

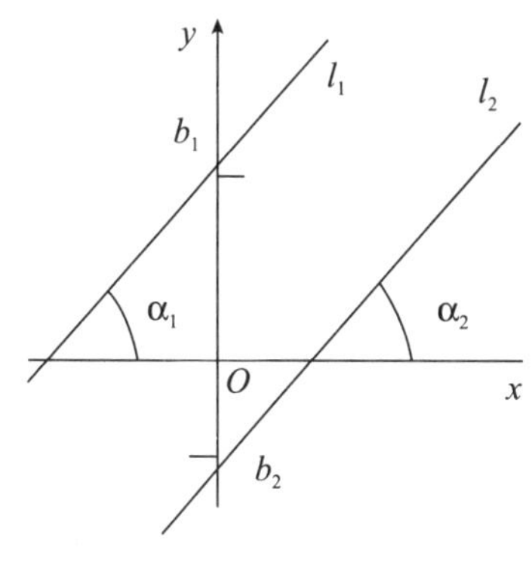

图 7－10

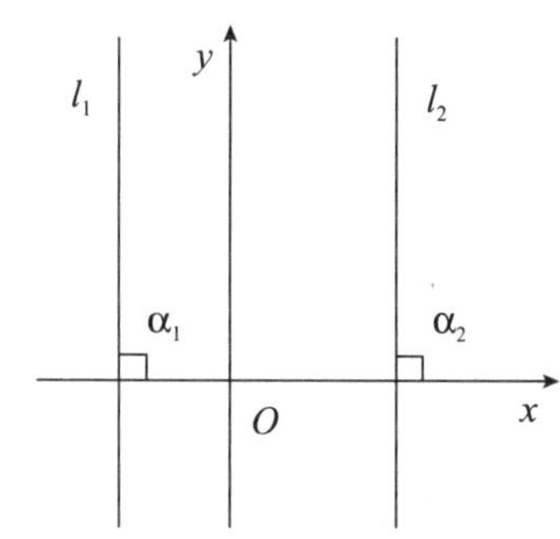

图 7－11

请回答：（1）如果 $l_1: y = k_1x + b_1$，$l_2: y = k_2x + b_2$，那么 l_1 与 l_2 重合的条件是什么？

（2）如果 $l_1: y = k_1x + b_1$，$l_2: y = k_2x + b_2$，那么 l_1 与 l_2 相交的条件是什么？

l_1 与 l_2 重合 $\Leftrightarrow$ $k_1 = k_2$ 且 $b_1 = b_2$.

l_1 与 l_2 相交 $\Leftrightarrow$ $k_1 \neq k_2$.

可见，由两条直线的方程，也能判断两直线是否平行（含重合）.

例 3 判断下列各对直线的位置关系（平行、重合、相交不垂直、垂直）：

（1）$l_1: y = 4x + 3$，　　$l_2: y = 4x - 3$；

（2）$l_1: x = 3$，　　$l_2: x = -1$；

（3）$l_1: y = -3x + 8$，　　$l_2: y = x - 4$；

(4) $l_1: x+y+3=0$，　　$l_2: x-y-1=0$

解 (1) 因为 $k_1=k_2$，$b_1\neq b_2$，

所以 $l_1 /\!/ l_2$.

(2) 因为 l_1，l_2 斜率都不存在，

即 $\alpha_1=\alpha_2=90°$

所以 $l_1 /\!/ l_2$.

(3) 因为 $k_1\neq k_2$，且 $k_1\cdot k_2=-3\times 1\neq -1$

所以 l_1 与 l_2 相交不垂直.

(4) 因为 $k_1\neq k_2$，且 $k_1\cdot k_2=-1\times 1=-1$

所以 l_1 与 l_2 垂直.

例 4 求过点 $A(-2,3)$ 且与直线 $4x-3y+5=0$ 平行的直线方程.

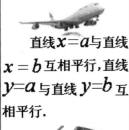

直线$x=a$与直线$x=b$互相平行，直线$y=a$与直线$y=b$互相平行.

◆ **分析** 求直线的方程关键是确定直线的斜率．因所求直线与已知直线平行，故两直线的斜率相等.

解 因为所求直线与已知直线平行，所以斜率均为 $k=\dfrac{4}{3}$，

由点斜式得所求直线的方程为 $y-3=\dfrac{4}{3}(x+2)$

即 $4x-3y+17=0$.

如果已知两条直线的一般式方程：

$l_1: A_1x+B_1y+C_1=0$，$l_2: A_2x+B_2y+C_2=0$，$(A_1\cdot B_1\neq 0$，$A_2\cdot B_2\neq 0)$，

则 $k_1=-\dfrac{A_1}{B_1}$，$k_2=-\dfrac{A_2}{B_2}$；　$b_1=-\dfrac{C_1}{B_1}$，$b_2=-\dfrac{C_2}{B_2}$

由 $k_1=k_2$ 且 $b_1\neq b_2$，

可得 $-\dfrac{A_1}{B_1}=-\dfrac{A_2}{B_2}$ 且 $-\dfrac{C_1}{B_1}\neq-\dfrac{C_2}{B_2}$

即 $\dfrac{A_1}{A_2}=\dfrac{B_1}{B_2}$ 且 $\dfrac{B_1}{B_2}\neq\dfrac{C_1}{C_2}$

两条直线平行的充要条件2：未知数的系数成比例而与常数不成比例

则两直线平行的条件为：

$$\boxed{l_1 /\!/ l_2 \Leftrightarrow \frac{A_1}{A_2}=\frac{B_1}{B_2}\neq\frac{C_1}{C_2}}$$　（两直线平行条件 2）

请回答：(1) 如果 $l_1: A_1x+B_1y+C_1=0$，$l_2: A_2x+B_2y+C_2=0$，$(A_1\cdot B_1\neq 0$，$A_2\cdot B_2\neq 0)$，则 l_1 与 l_2 重合的条件是什么？

(2) 如果 $l_1: A_1x+B_1y+C_1=0$，$l_2: A_2x+B_2y+C_2=0$，$(A_1\cdot B_1\neq 0$，$A_2\cdot B_2\neq 0)$，则 l_1 与 l_2 相交的条件是什么？

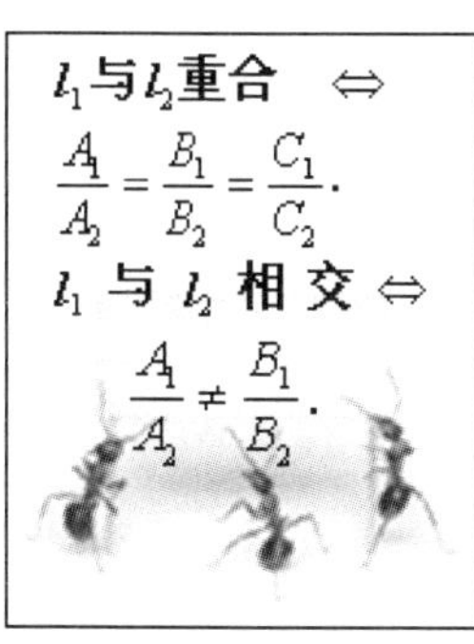

l_1与l_2重合 ⇔
$\frac{A_1}{A_2}=\frac{B_1}{B_2}=\frac{C_1}{C_2}$.
l_1与l_2相交 ⇔
$\frac{A_1}{A_2}\neq\frac{B_1}{B_2}$.

例 5 判断直线 $2x+3y-8=0$ 与直线 $-2x-3y+5=0$ 的位置关系.

◆ **分析** 判断两条直线的位置关系，既可依据斜截式方程，用第 1 组条件；也可依据一般式方程，用第 2 组条件，本题用第 2 组条件来判断.

解 因为 $\frac{2}{-2}=\frac{3}{-3}\neq\frac{-8}{5}$,

所以 这两条直线平行.

请回答：如果直线 $x-3y+1=0$ 与直线 $x-3y+m=0$ 平行，那么 m 的取值范围是什么？

试一试

判断下列各对直线的位置关系（平行、重合、相交不垂直、垂直）：

(1) $l_1: y=\sqrt{2}x+1$; $l_2: y=\sqrt{2}x-1$;

(2) $l_1: y=\frac{\sqrt{3}x}{3}+3$; $l_2: y=-\sqrt{3}x+4$;

(3) $l_1: 3x-y+1=0$; $l_2: x-3y+1=0$;

(4) $l_1: \frac{x}{4}-\frac{y}{3}+1=0$; $l_2: 3x-4y+12=0$.

做一做

1. 求与直线 $y=-2x+1$ 平行，且过点 $(3, -2)$ 的直线的方程.
2. 求与直线 $x-y+3=0$ 平行，且纵截距为 -3 的直线的方程.

习题 7.3

A 组

1. 简答题：

（1）两条直线垂直的条件是什么？

（2）两条直线平行的条件是什么？

2. 填空题：

（1）垂直于 y 轴，且过点 $\left(-3,\frac{1}{4}\right)$ 的直线方程为____________；

（2）垂直于 x 轴，且过点 (a,b) 的直线方程为____________；

（3）直线 $y=\sqrt{2}x+1$ 与直线 $y=-\frac{\sqrt{2}}{2}x-1$ 的位置关系（平行、重合、相交不垂直、垂直）是____________；

（4）直线 $l_1:3x-\frac{2}{3}y+1=0$ 与直线 $l_2:-\frac{3}{2}x+\frac{1}{3}y+1=0$ 的位置关系（平行、重合、相交不垂直、垂直）是____________；

（5）直线 $l_1:3x-y+1=0$ 与直线 $l_2:x+2y+1=0$ 的位置关系（平行、重合、相交不垂直、垂直）是____________；

3. 求过点 $(5,-3)$ 且与直线 $2x+y-1=0$ 平行的直线方程.

4. 求过点 $(-4,2)$ 且与直线 $12x-5y+4=0$ 垂直的直线方程.

5. 已知 $\triangle ABC$ 三个顶点的坐标为 $A(3,0)$，$B(-1,2)$，$C(4,5)$，求 AB 边上的高的直线方程.

6. 已知直线 $L_1:y=2x+1$ 与直线 $L_2:ax+y=1$，若 $L_1\perp L_2$，求 a 的值.

7. 已知直线 $mx+9y+n=0$ 与 $4x+my-2=0$ 重合，求 m，n 的值.

B 组

1. 过点 $A(m,1)$，$B(-2,m)$ 的直线与直线 $x-2y+1=0$ 垂直，求 m 的值.

2. 已知 $\triangle ABC$ 三个顶点的坐标为 $A(2,2)$，$B(-1,-2)$，$C(-4,5)$，求 AB、AC 边上的中位线所在直线的方程.

3. 已知直线 l_1：$(m+3)x+(m+1)y-4=0$，和直线 $l_2:(m+1)x+(2m-1)y+3m=0$，

求 m 为何值时，直线 l_1 与 l_2 相交？平行？重合？

7.4 两条直线的交点及点到直线的距离

7.4.1 两条直线的交点

请回答：对于两条直线 l_1 与 l_2，如果 $k_1 \neq k_2$，则 l_1 与 l_2 的关系如何？

如果$\frac{A_1}{A_2} \neq \frac{B_1}{B_2}$，则 l_1 与 l_2 的关系如何？

已知两条直线 l_1 和 l_2 的斜截式方程：

$$l_1: y = k_1x + b_1, \qquad l_2: y = k_2x + b_2.$$

或已知两直线 l_1 和 l_2 的一般式方程：

$l_1: A_1x + B_1y + C_1 = 0$，$l_2: A_2x + B_2y + C_2 = 0$，$(A_1 \cdot B_1 \neq 0,\ A_2 \cdot B_2 \neq 0)$，

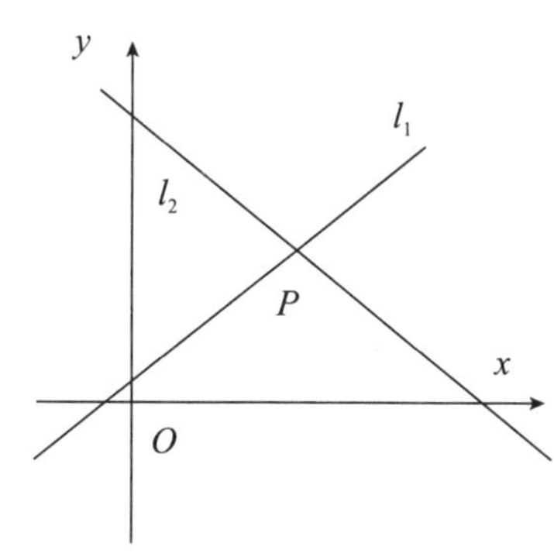

图 7－12

当 $k_1 \neq k_2$，或 $\frac{A_1}{A_2} \neq \frac{B_1}{B_2}$ 时，两条直线 l_1 和 l_2 相交于一点 $P(x, y)$，这个交点 P 既在直线 l_1 上，又在直线 l_2 上．也就是说交点 P 的坐标 (x, y)，既能满足 l_1 的方程，又能满足 l_2 的方程，如图 7－12，因此，要求两条相交直线 l_1 和 l_2 的交点，只需解方程组：

$$\begin{cases} y = k_1x + b_1 \\ y = k_2x + b_2 \end{cases} \quad 或 \quad \begin{cases} A_1x + B_1y + C_1 = 0 \\ A_2x + B_2y + C_2 = 0 \end{cases}$$

方程组的解就是两条直线 l_1 和 l_2 的交点坐标.

例 1 求下列两条直线的交点：

$$l_1: 3x + 4y - 1 = 0, \qquad l_2: x - 2y + 3 = 0.$$

解 由已知可列方程组

$$\begin{cases} 3x + 4y - 1 = 0 \\ x - 2y + 3 = 0 \end{cases}, \quad 解得 \quad \begin{cases} x = -1 \\ y = 1 \end{cases}$$

所以 直线 l_1 与 l_2 的交点为 $(-1, 1)$.

例 2 求过直线 $3x - 4y + 3 = 0$ 与 $2x - y - 3 = 0$ 的交点，且

（1）与直线 $l: x + 2y - 1 = 0$ 平行的直线的方程；

（2）与直线 $l: x + 2y - 1 = 0$ 垂直的直线的方程.

◆ **分析** 解此类问题分三个步骤：首先列方程组求出两直线的交点坐标，然后根

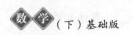

据两直线平行或垂直的关系，求出直线的斜率，最后写出直线的点斜式方程，并将其转化为一般式方程.

解 列出方程组 $\begin{cases}3x-4y+3=0\\2x-y-3=0\end{cases}$，解得 $\begin{cases}x=3\\y=3\end{cases}$

即 两直线的交点为（3，3），

（1）因为 所求直线与直线 $l: x+2y-1=0$ 平行，

所以 $k=-\dfrac{1}{2}$

于是 由点斜式方程可得所求直线的方程

$$y-3=-\frac{1}{2}(x-3)$$

即 $x+2y-9=0$

（2）因为 所求直线与直线 $l: x+2y-1=0$ 垂直，

所以 $k=2$

于是 由点斜式方程可得所求直线的方程

$$y-3=2(x-3)$$

即 $2x-y-3=0$

例 3 已知 $\triangle ABC$ 三边所在的直线方程分别为：$AB: x-y-1=0$；$AC: 2x+y-1=0$；$BC: 5x-3y-30=0$，求 BC 边上的高所在直线的方程.

◆ **分析** BC 边上的高所在的直线是过点 A 且与 BC 垂直的直线，所以此题首先要求出 AB 与 AC 的交点 A 的坐标，然后根据垂直的条件求出 BC 边上的高所在直线的斜率，最后由点斜式写出 BC 边上的高所在直线的方程.

垂心：三角形三条高的交点；
内心：三条角平分线的交点；
重心：三条中线的交点.

解 列出方程组 $\begin{cases}x-y-1=0\\2x+y-1=0\end{cases}$，解得 $\begin{cases}x=\dfrac{2}{3}\\y=-\dfrac{1}{3}\end{cases}$

即 点 A 的坐标为 $\left(\dfrac{2}{3}, -\dfrac{1}{3}\right)$

由 $k_{BC}=\dfrac{5}{3}$ 得 $k_{高}=-\dfrac{3}{5}$

所以 BC 边上的高所在直线的方程为

$$y+\frac{1}{3}=-\frac{3}{5}\times\left(x-\frac{2}{3}\right)$$

即 $9x+15y-1=0$.

练一练

1. 判断下列各对直线的位置关系，如果相交，求出交点坐标：

(1) l_1：$-4x+2y+6=0$　　l_2：$2x-y-3=0$；

(2) l_1：$x-y+3=0$　　l_2：$x+2y-1=0$；

2. 已知 $\triangle ABC$ 三边所在的直线方程分别为：AB：$x-y-1=0$；AC：$2x+y-1=0$；BC：$5x-3y-30=0$，求 AB 边上的高所在直线的方程.

7.4.2　点到直线的距离

如图 7－13 所示，过直线外一点 A 作直线 l 的垂线 AB，垂足为 B，把垂线段 AB 的长度叫做**点 A 到直线 l 的距离**. 记作 d.

如图 7－14，已知直角坐标系 Oxy 上一条直线 l：$Ax+By+C=0$（$A^2+B^2\neq 0$），以及直线 l 外一点 $P(x_0,y_0)$，下面来求点 P 到直线 l 的距离 d：

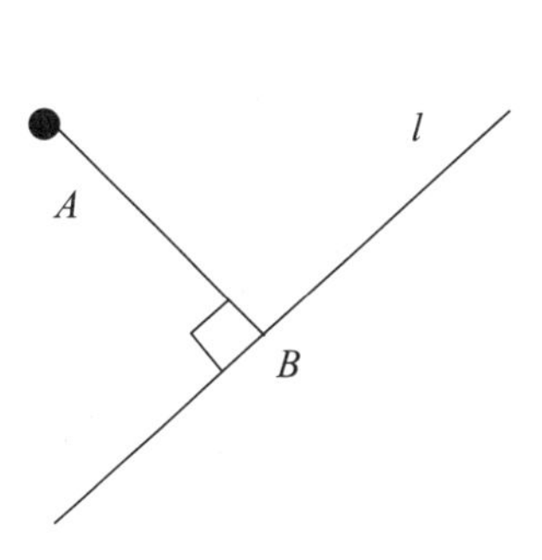

图 7－13

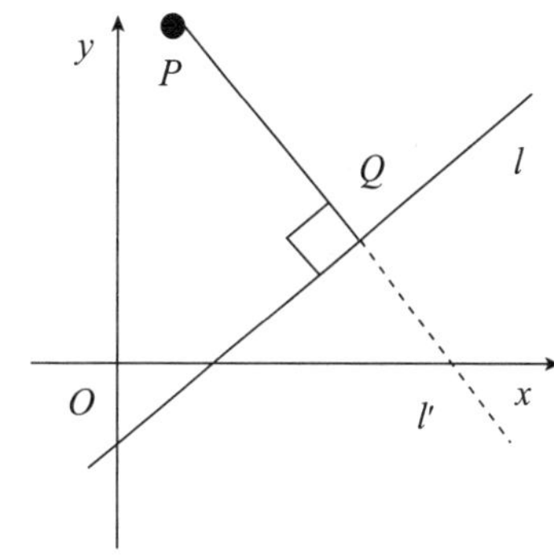

图 7－14

过点 P 作直线 l 的垂线 l'，垂足为 Q，

因为　l 的斜率为 $-\dfrac{A}{B}$，且 $l'\perp l$，

所以　l' 的斜率为 $\dfrac{B}{A}$，

于是　l' 的方程为　$y-y_0=\dfrac{B}{A}(x-x_0)$

与 l 的方程联立得方程组

$$\begin{cases} y-y_0=\dfrac{B}{A}(x-x_0) \\ Ax+By+C=0 \end{cases}$$

解方程组得交点 $Q\left(\dfrac{B^2x_0-ABy_0-AC}{A^2+B^2},\ \dfrac{A^2y_0-ABx_0-BC}{A^2+B^2}\right)$

$$|PQ|^2=\left(\frac{B^2x_0-ABy_0-AC}{A^2+B^2}-x_0\right)^2+\left(\frac{A^2y_0-ABx_0-BC}{A^2+B^2}-y_0\right)^2$$

$$=\left(\frac{-A^2x_0-ABy_0-AC}{A^2+B^2}\right)^2+\left(\frac{-B^2y_0-ABx_0-BC}{A^2+B^2}\right)^2$$

$$=\frac{A^2(Ax_0+By_0+C)^2}{(A^2+B^2)^2}+\frac{B^2(Ax_0+By_0+C)^2}{(A^2+B^2)^2}$$

$$=\frac{(Ax_0+By_0+C)^2}{A^2+B^2}$$

所以 $$|PQ|=\frac{|Ax_0+By_0+C|}{\sqrt{A^2+B^2}}.$$

于是可得**点到直线的距离公式**：

$$\boxed{d=\frac{|Ax_0+By_0+C|}{\sqrt{A^2+B^2}}} \qquad \text{（公式 7－8）}$$

如果 $A=0$ 或 $B=0$，可直接求出点 P 到直线 l 的距离 d

使用公式 7－8，已知点 P 的坐标（x_0, y_0）和直线 l 的一般式方程 $Ax+By+C=0$ 就可求点到直线的距离.

例 4 求点 $P(2, -3)$ 分别到直线 $l_1: y=2x+3$，$l_2: 2x=1$ 的距离 d_1 和 d_2.

解 将直线方程转化成一般式方程：

$$2x-y+3=0; \qquad 2x-1=0$$

由公式 7－8，得

$$d_1=\frac{|2\times2+(-1)\times(-3)+3|}{\sqrt{2^2+(-1)^2}}=\frac{10}{\sqrt5}=2\sqrt5$$

$$d_2=\frac{|2\times2-1|}{\sqrt{2^2}}=\frac{3}{2}.$$

请回答：不用公式 7－8，怎样求 d_2？

两条平行直线间的距离，等于一条直线上任意一点到另一条直线的距离.

例 5 求两条平行线 $l_1: 2x+y-5=0$ 和 $l_2: 2x+y+5=0$ 之间的距离.

解 在直线 l_1 上取一点 A，令 $x=0$，则 A 的坐标为（0，5），点 A 到直线 l_2 的距离 d 就是两平行直线的距离，

由公式7－8，得

$$d=\frac{|2\times0+5+5|}{\sqrt{2^2+1^2}}=\frac{10}{\sqrt{5}}=\frac{10\sqrt{5}}{5}=2\sqrt{5},$$

即　两平行线之间的距离为 $2\sqrt{5}$.

请回答：如果 $d=0$，那么这个点在直线上吗？

试一试

根据下列条件求点 P_0 到直线 l 的距离：

（1）$P_0(0,0)$，直线 l：$-4x+3y-1=0$；

（2）$P_0(2,-3)$，直线 l:$2x-3y=0$；

（3）$P_0(1,0)$，直线 l:$y=\frac{1}{2}x-\frac{3}{2}$；

（4）$P_0(5,7)$，直线 l:$x+y-1=0$.

做一做

1. 求 x 轴上到直线 $x-2y+1=0$ 的距离为 $\sqrt{5}$ 的点的坐标.
2. 求两条平行线 $3x+4y-1=0$ 与 $3x+4y+5=0$ 之间的距离.

习题 7.4

A 组

1. 简答题：

（1）两条直线在什么情况下相交？　　（2）点到直线的距离公式是什么？

2. 填空题：

（1）直线 $y-1=0$ 与直线 $x+1=0$ 的交点坐标为____________；

（2）点 $P_0(1,2)$ 到直线 $y-7=0$ 的距离是____________；

（3）直线 $y-1=0$ 与直线 $y+1=0$ 的距离为____________；

（4）点（4，-1）到直线 $3x+4y+5=0$ 的距离为__________；

（5）直线 L_1：$3x-2y+1=0$ 与直线 L_2：$3x-2y-5=0$ 的距离为__________.

3. 一条直线平行于直线 $4x-3y+6=0$，并且原点到其距离是9，求该直线的方程.

4. 已知直线 l：$x-2y=0$ 和两点 $M(3,0)$、$N(2,5)$，求 l 上与 M、N 距离相等的点的坐标.

5. 求过两条直线 $3x-y-4=0$，$x-y+8=0$ 的交点，且垂直于直线 $2x+y-1=0$ 的直线的方程.

6. 求与直线 $12x-5y+4=0$ 平行且距离为2的直线的方程.

B组

1. 在 y 轴上有一点 P，它到直线 $3x-4y+1=0$ 的距离为1，求点 P 的坐标.

2. 已知 $\triangle ABC$ 三边所在的直线方程分别为：AB：$x+y-2=0$；AC：$2x+y-1=0$；BC：$x-3y-6=0$，求 $\triangle ABC$ 垂心的坐标.

7.5 圆的方程

7.5.1 圆的标准方程

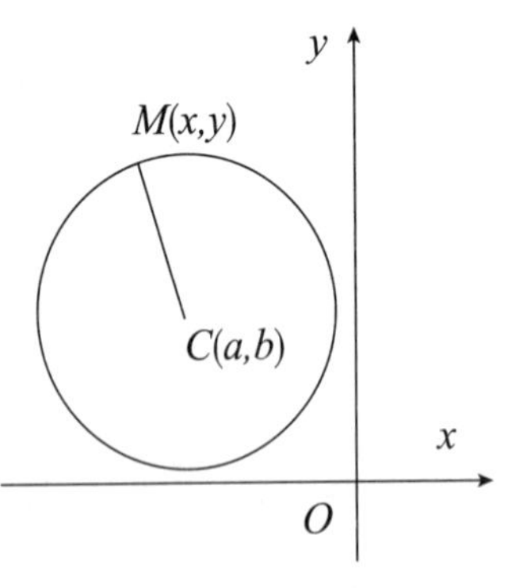

图7-15

我们知道，平面内到定点的距离为定长的点的轨迹叫做**圆**，定点叫做**圆心**，定长叫做**半径**.

下面我们在直角坐标系中，推导圆的方程.

如图7-15，设圆心的坐标为 $C(a,b)$，半径为 r，点 $M(x,y)$ 为圆上的任意一点．则 $|MC|=r$

根据两点间距离公式得 $\sqrt{(x-a)^2+(y-b)^2}=r$

将上式两边平方得

$$\boxed{(x-a)^2+(y-b)^2=r^2}$$

这个方程叫做以点 $C(a,b)$ 为圆心，以 r 为半径的**圆的标准方程**.

特别地，圆心坐标为原点 $O(0,0)$，半径为 r 的圆的标准方程为
$x^2+y^2=r^2$

例 1 求以点 $C(2,1)$ 为圆心，半径 $r=2$ 的圆的标准方程.

解 因为 $a=2$，$b=1$，$r=2$，

所以 所求圆的方程为

$$(x-2)^2+(y-1)^2=4.$$

例 2 写出圆 $(x-5)^2+(y+3)^2=2$ 的圆心坐标及半径.

解 方程 $(x-5)^2+(y+3)^2=2$ 可转化为

$$(x-5)^2+[y-(-3)]^2=(\sqrt{2})^2$$

由此可得 $a=5$，$b=-3$，$r=\sqrt{2}$.

所以 圆心坐标为 $C(5,-3)$，半径 $r=\sqrt{2}$.

例 3 已知两点 $A(8,-3)$，$B(4,9)$，求以 AB 为直径的圆的标准方程.

解 设圆心为 $C(a,b)$，则圆心 C 是直径 AB 的中点，于是由已知条件可得其坐标

$$a=\frac{8+4}{2}=6,\quad b=\frac{-3+9}{2}=3.$$

根据两点的距离公式，可得圆的半径

$$r=|AC|=\sqrt{(8-6)^2+(-3-3)^2}=2\sqrt{10}.$$

所以 所求圆的标准方程为

$$(x-6)^2+(y-3)^2=40.$$

例 4 求圆 $x^2+y^2=1$ 上到直线 $4x-3y+25=0$ 的最大距离.

◆ **分析** 由圆心 O 向直线 $4x-3y+25=0$ 作垂线，垂足为 A，反向延长线 AO 与圆交于点 B，则由圆心 O 到直线的距离加半径得最大距离，即 $|AB|=d+r$ 的距离为最大.

解 圆心 $O(0,0)$ 到直线 $4x-3y+25=0$ 的距离

$$d=\frac{|4\times0-3\times0+25|}{\sqrt{4^2+(-3)^2}}=5,$$

所以 最大距离为 $d+r=5+1=6$.

请回答： 若求圆 $x^2+y^2=1$ 上到直线 $4x-3y+25=0$ 的最小距离，需注意什么？

试一试

根据下列条件，求出圆的标准方程，并画出图形.

1. 圆心为点 $C(-2,0)$，半径为$\sqrt{2}$；

2. 圆心在原点，半径为1.

做一做

1. 根据下列圆的标准方程，写出圆的圆心坐标和半径：

(1) $x^2+(y+3)^2=3$；　　(2) $(x+3)^2+(y+2)^2=4$.

2. 已知两点 $A(4,-3)$，$B(6,-3)$，求以 AB 为直径的圆的标准方程.

7.5.2 圆的一般方程

将圆的标准方程 $(x-a)^2+(y-b)^2=r^2$ 展开并整理，得

$$x^2+y^2+(-2a)x+(-2b)y+(a^2+b^2-r^2)=0$$

令 $D=-2a$，$E=-2b$，$F=a^2+b^2-r^2$ 则圆的方程可表示为

$$x^2+y^2+Dx+Ey+F=0 \qquad ①$$

这是一个二元二次方程，观察方程①可发现以下特点：

(1) 二次项系数都是1；

(2) 方程不含 xy 项.

反之，具有上述特点的二元二次方程一定是圆的方程吗？

将方程①配方，得

$$\left(x+\frac{D}{2}\right)^2+\left(x+\frac{E}{2}\right)^2=\frac{D^2+E^2-4F}{4} \qquad ②$$

当 $D^2+E^2-4F>0$ 时，方程②是圆的标准方程，其圆心为$\left(-\frac{D}{2},-\frac{E}{2}\right)$，半径为$\frac{\sqrt{D^2+E^2-4F}}{2}$.

当时 $D^2+E^2-4F>0$，方程

$$\boxed{x^2+y^2+Dx+Ey+F=0}$$

叫做**圆的一般方程**，其中 D，E，F 均为常数.

当 $D^2+E^2-4F>0$ 时，有

$$\boxed{a=-\frac{D}{2},b=-\frac{E}{2},r=\frac{\sqrt{D^2+E^2-4F}}{2}} \qquad \text{（公式 7-9）}$$

请回答：当方程 $x^2+y^2+Dx+Ey+F=0$ 为圆的一般方程时，为什么必须有 $D^2+E^2-4F>0$ 的条件？

求圆的一般方程，只需求出方程的三个系数D, E, F.

例 5 判断方程 $2x^2+2y^2-4x+8y+5=0$ 是否为圆的方程，如果是，求出圆心坐标和半径.

解 首先要把二次项系数转化为1，即原方程为

$$x^2+y^2-2x+4y+\frac{5}{2}=0$$

其次判断 D^2+E^2-4F 是否大于0.

即 $D^2+F^2-4F=4+16-10=10>0$

所以方程为圆的一般方程.

把圆的一般方程转化为标准方程，得

$$(x-1)^2+(y+2)^2=\frac{5}{2}$$

所以圆心坐标为（1，-2），半径为$\frac{\sqrt{10}}{2}$.

此题也可利用公式7-9，求圆的圆心坐标和半径：

$$a=-\frac{D}{2}=1,\ b=-\frac{E}{2}=-2,\ r=\frac{\sqrt{D^2+E^2-4F}}{2}=\frac{\sqrt{10}}{2}.$$

请回答：由圆的一般方程求圆心坐标和半径的两种方法，各有什么优点？

已知圆的圆心坐标、半径，求圆的方程，用圆的标准方程；已知圆上点的坐标，求圆的方程，用圆的一般方程

例 6 求过三点 $O(0,0)$，$M(1,1)$，$N(4,2)$ 的圆的方程，并求出这个圆的圆心坐标和半径.

解 设所求圆的方程为

$$x^2+y^2+Dx+Ey+F=0$$

因为 O，M，N 三点在圆上，所以将其坐标代入方程，得

$$\begin{cases}F=0\\D+E+F+2=0\\4D+2E+F+20=0\end{cases}，解之得\begin{cases}D=-8\\E=6\\F=0\end{cases}$$

所以，所求圆的方程为

$$x^2+y^2-8x+6y=0$$

由公式7-9得

$$a=-\frac{D}{2}=4,\ b=-\frac{E}{2}=-3,\ r=\frac{\sqrt{D^2+E^2-4F}}{2}=5$$

所以所求圆的圆心坐标是（4，-3），半径是5.

请回答：圆的标准方程与一般方程中各有几个待定系数，分别是什么？

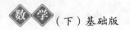

试一试

求下列圆的圆心坐标和半径：

（1）$x^2+y^2-4y=0$；（2）$x^2+y^2-8x=0$；（3）$x^2+y^2-6x+4y-3=0$.

做一做

求经过三点 $P(0,0)$，$Q(2,0)$，$R(0,4)$ 的圆的方程，并求圆心坐标和半径.

习题 7.5

A 组

1. 简答题：

（1）圆的标准方程是什么，并写出它的圆心坐标和半径；

（2）圆的一般方程是什么，并写出它的圆心坐标和半径.

2. 填空题：

（1）圆心为坐标原点，半径为 3 的圆的标准方程是__________；

（2）圆 $(x-3)^2+(y+3)^2=2$ 的圆心坐标为________，半径为________；

（3）圆 $x^2+y^2-4x+y=0$ 的圆心坐标为__________，半径 r __________；

（4）圆 $x^2+y^2-4x-6y+8=0$ 的标准方程为______________；

（5）若圆 $x^2+y^2=a$ 经过点（2,1），则圆的半径 $r=$__________；

（6）圆 $(x-5)^2+(y+3)^2=1$ 的一般方程为________________.

3. 求以直线 $2x-3y+1=0$ 和 $2x+3y-1=0$ 的交点为圆心，半径为 3 的圆的方程.

4. 求过点（0,1）和（0,3）且半径为 2 的圆的方程.

5. 求经过三点（0,0），（−3,2），（−4,0）的圆的方程.

6. 已知点 $A(4,1)$，$B(6,-1)$，求以线段 AB 为直径的圆的方程.

B 组

1. 求圆心在直线 $x+y+1=0$ 上，且过点 $A(6,0)$，$B(1,5)$ 的圆的方程.

2. 求经过直线 $x+2y+1=0$ 与直线 $2x+y-1=0$ 的交点，圆心为 $C(4,3)$ 的圆的方程.

3. 求过点 $A(0,1)$ 和 $B(2,1)$，圆心在 x 轴上的圆的方程.

7.6 直线与圆的位置关系及直线和圆的方程的应用

7.6.1 直线与圆的位置关系

请回答：如何判断直线与圆的位置关系？

我们知道，直线与圆的位置关系有三种，如图 7－16 所示.

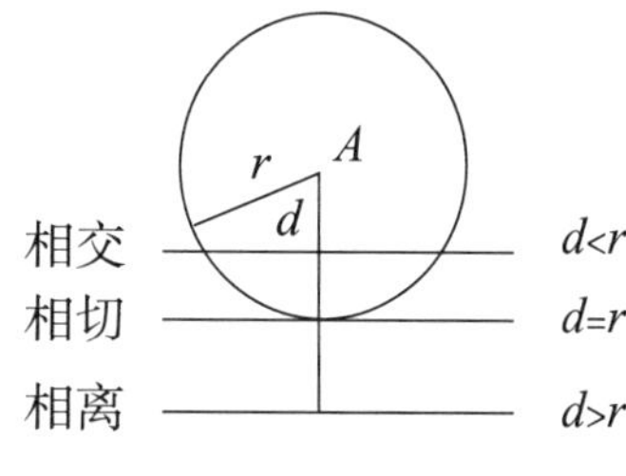

图 7－16

设圆心到直线的距离为 d，圆的半径为 r 则

当 $d>r$ 时，直线和圆相离；
当 $d=r$ 时，直线和圆相切；
当 $d<r$ 时，直线和圆相交.

即直线和圆的位置关系可以通过圆心到直线的距离与圆的半径的大小关系来判断.

例 1 已知直线 l：$x+y+C=0$ 和圆 M：$(x+2)^2+(y-2)^2=2$，当 C 为何值时，直线 l 和圆 M 相离？相切？相交？

解 圆 M 的圆心为 $M(-2,2)$，半径 $r=\sqrt{2}$，设圆心 M 到直线 l 的距离为 d，则

$$d=\frac{|1\times(-2)+1\times 2+C|}{\sqrt{1^2+1^2}}=\frac{|-2+2+C|}{\sqrt{2}}=\frac{|C|}{2}$$

当 $d>r$ 时，有 $\frac{|C|}{\sqrt{2}}>\sqrt{2}$，

解得 $C>2$ 或 $C<-2$，

即 当 $C>2$ 或 $C<-2$ 时，直线 l 与圆 M 相离.

当 $d=r$ 时，有 $\frac{|C|}{\sqrt{2}}=\sqrt{2}$；

解得　$C=2$　或 $C=-2$，

即　当 $C=2$ 或 $C=-2$ 时，直线 l 与圆 M 相切.

当　$d<r$ 时，有 $\frac{|C|}{\sqrt{2}}<\sqrt{2}$；

解得　$-2<C<2$，

即　当 $-2<C<2$ 时，直线 l 与圆 M 相交.

请回答：除了用 d 与 r 比较大小来判断圆与直线的位置关系外，还可以用其他方法吗？

从图 7－16 中还可看出直线与圆相离时无交点，相切时有一个交点，相交时有两个交点.

所以通过直线与圆的交点的个数，也能判断直线与圆的位置关系．即把直线和圆的方程联立组成方程组，通过解方程组来判断它们的位置关系.

例 2　已知直线方程是 $x-y+c=0$，圆的方程是 $x^2+y^2=1$，当 C 为何值时，圆与直线相交？相切？相离？

解　联立方程组

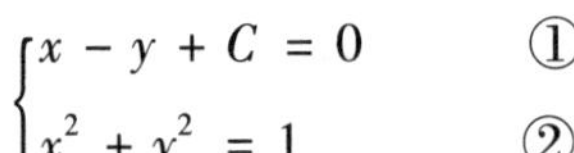

$$\begin{cases} x-y+C=0 & ① \\ x^2+y^2=1 & ② \end{cases}$$

把①代入②得

$$x^2+(x+C)^2=1$$

整理得　$2x^2+2Cx+C^2-1=0$　　③

方程③的根的判别式

$$\Delta=(2C)^2-4\times2\times(C^2-1)=-4(C^2-2)=4(2-C^2)$$

当Δ>0时，圆与直线相交；当Δ=0时，圆与直线相切；当Δ<0时，圆与直线相离.

当 $\Delta>0$ 时，有 $C^2-2<0$，

解得　$-\sqrt{2}<C<\sqrt{2}$

即　当 $-\sqrt{2}<C<\sqrt{2}$ 时，方程③有两个不相等的实数根，

于是　方程组有两组不同的实数解，

所以　直线与圆有两个交点，

即　圆与直线相交.

当 $\Delta=0$ 时，有 $C^2-2=0$，

解得　$C=\pm\sqrt{2}$

即　当 $C=\pm\sqrt{2}$ 时，方程③有一个实根，

于是　方程组有一组实数解，

所以　直线与圆只有一个交点，

即　圆与直线相切.

当$\Delta<0$时，有$C^2-2>0$,

解得　$C<-\sqrt{2}$或$C>\sqrt{2}$

即　当$C<-\sqrt{2}$或$C>\sqrt{2}$时，方程③没有实数根，

于是方程组没有实数解，

所以　直线与圆没有交点，

即　圆与直线相离.

请回答：在例1与例2两种判断直线与圆位置关系的方法中，各有何优点？

例3　求过圆O：$x^2+y^2=10$上一点$M(3,1)$的切线l的方程.

解　由于直线l与圆相切，所以直线OM与直线l垂直.

因为$k_{OM}=\dfrac{1}{3}$

所以$k_l=-\dfrac{1}{k_{OM}}=-\dfrac{1}{\frac{1}{3}}=-3$

由直线的点斜式方程得　$y-1=-3(x-3)$

即　$3x+y-10=0$

所以直线l的方程为$3x+y-10=0$.

试一试

求过圆$(x-1)^2+(y-1)^2=5$上一点$(2,3)$的切线方程.

做一做

已知圆$x^2+y^2-4y+2x=0$与直线$2x+y+C=0$，当C为何值时，直线与圆相切？相交？相离？

7.6.2　直线和圆的方程的应用

例4　某圆拱桥的水面跨度为16m，拱高为4m，现有一船，宽12m，水面以上高3m，问：这条船能否从桥下通过？

解　如图7-17（1）所示，设圆拱桥所在圆的圆心M在y轴上，并且圆心坐标为$(0,b)$，圆的半径为r，则圆的方程为$x^2+(y-b)^2=r^2$,

点 A，B，C 的坐标分别为 $A(-8,0)$，$B(0,4)$，$C(8,0)$，

把 B，C 的坐标代入圆的方程，得

$$\begin{cases}(4-b)^2=r^2\\64+(-b)^2=r^2\end{cases}$$

解得　$b=-6$，$r=10$，

所以圆的方程为　$x^2+(y+6)^2=100$.

由于船宽 12m，把 $x=6$ 代入圆的方程得

$$y=2，或 y=-14$$

取 y =2，得圆上的点 $D(6,2)$，如图 7 – 17（2）所示，

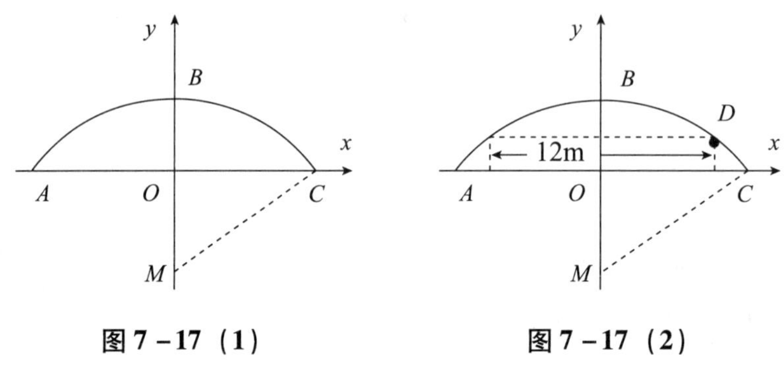

图 7 –17（1）　　　**图 7 –17（2）**

由于船的水面以上的高度为 3m，而点 D 的水面以上的高度为 2m，所以船不能从桥下通过.

例 5　图 7 – 18 是一个工件的截面在平面直角坐标中的图示，求⊙M 和直线 AF 的方程.

解　根据图示，可知⊙M 的半径 $r=50$，圆心 M 在 y 轴上并且坐标为 $M(0,150)$.

所以　⊙M 的方程为 $x^2+(y-150)^2=2500$

根据图示，还可知点 A,F 的坐标分别为

$A(-110,0)$，$F(-110,150)$

并且　AF 与 y 轴平行，

所以　直线 AF 的方程为 $x=-110$.

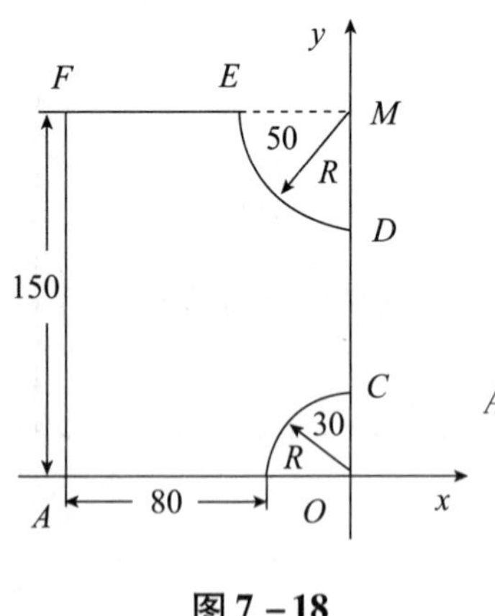

图 7 –18

例 6　如图 7 – 19 所示，光线从点 $P(6,2)$ 射出，并且经过 x 轴反射后过点 $Q(-2,2)$，求反射点 N 的坐标.

解　设点 N 的坐标为（x,0），直线 PN 的倾斜角为 α，

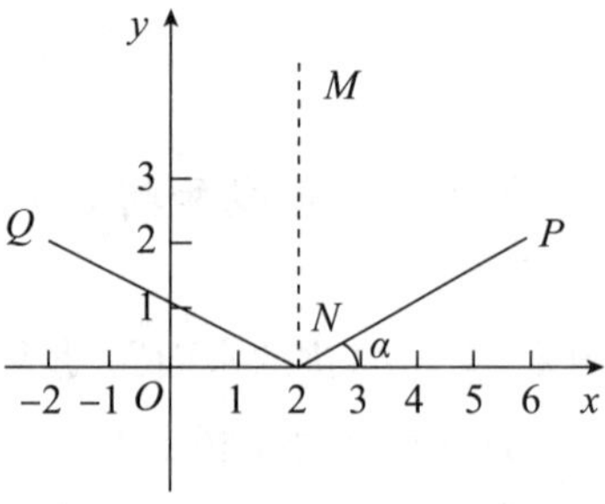

图 7 –19

因为　入射角等于反射角，即 $\angle PNM = \angle QNM$，

所以　直线 QN 的倾斜角为 $\pi - \alpha$，

于是　$k_{PN} = \tan\alpha = -\tan(\pi - \alpha) = -k_{NQ}$

即　$\frac{2-0}{6-x} = -\frac{2-0}{-2-x}$

解得　$x = 2$

所以　反射点 N 的坐标为 $(2,0)$.

试一试

赵州桥圆拱的跨度是 37.02m，圆拱高约为 7.2m，在图（1）所示的坐标系中，求出圆拱所在圆的方程.（精确到 0.01m）.

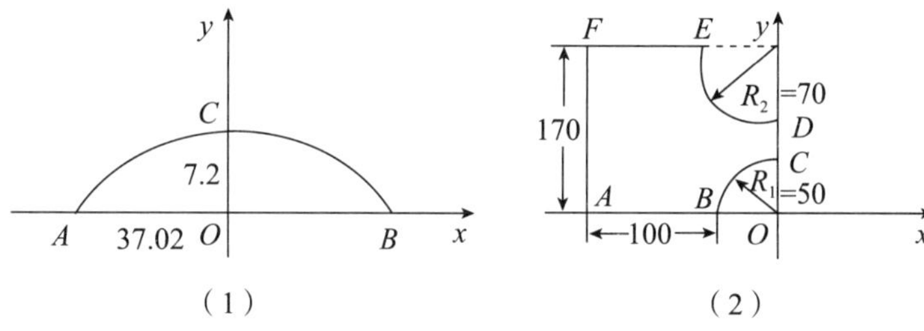

（1）　　（2）

做一做

一个工件的截面如图（2）所示，在图（2）所示的坐标系中，分别标出点 A，B，C，D，E，F 的坐标.

习题 7.6

A 组

1. 简答题：

（1）直线与圆的位置关系有几种，分别是什么？（2）如何判别直线与圆的位置关系？

2. 填空题：

（1）若直线 $y=x-a$ 与圆 $x^2+y^2=1$ 相离，则 a 的取值范围是____________；

（2）若圆 $x^2+(y-3)^2=9$ 与直线 $x=m$ 相交，则 m 的取值范围是____________；

（3）以 $C(7,4)$ 为圆心，并且与直线 $4x-3y-1=0$ 相切的圆的方程是____________；

（4）圆 $x^2+y^2-2x+2y+2=0$ 的圆心到直线 $y=x-4$ 的距离是____________；

（5）直线 $4x+3y-5=0$ 与圆 $(x-2)^2+(y-1)^2=81$ 的位置关系是____________；

（6）一个车轮损坏后，只剩下如图所示的一部分，现测得 $AB=8\text{m}$，$MN=2\text{m}$，M 为 AB 中点，则该圆的方程是____________，半径是____________.

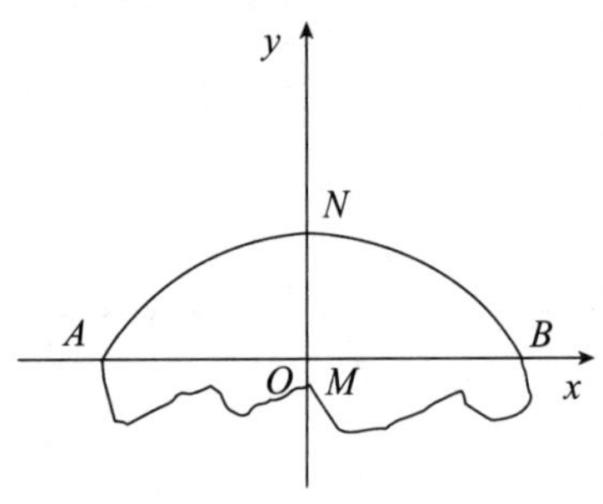

第 2（6）题图

3. 求过圆 $x^2+(y-2)^2=2$ 上一点（1,3）的切线方程.

4. 求过点（6,3）且与两坐标轴相切的圆的方程.

5. 求直线 $3x-4y-24=0$ 到圆 $(x-1)^2+(y-1)^2=1$ 上所有点中最短的距离.

6. 如图所示，光线从点 $M(-5,2)$ 射到点 $P(-2,0)$，然后被 x 轴反射，求反射光线所在直线的方程.

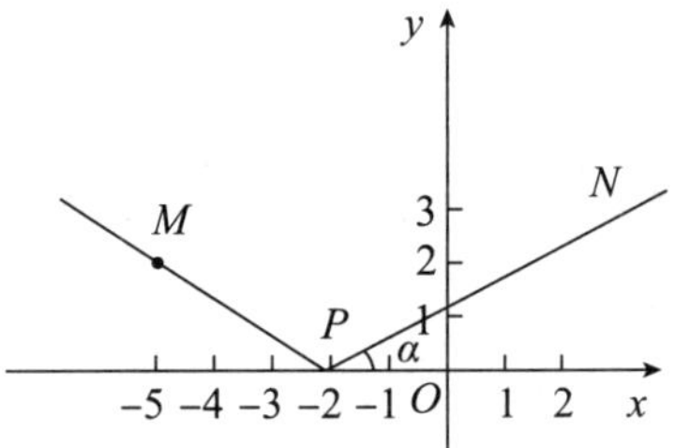

第 6 题图

B 组

1. 过圆 $x^2+y^2=16$ 外一点 $P(8,-6)$ 引圆的一条切线 PM，M 为切点.

（1）画出圆和切线；　　（2）求 PM 的长.

2. 当 b 为何值时，直线 $y=2x+b$ 与圆 $(x-1)^2+(y-2)^2=10$，相切？相离？相交？

3. 一个零件的尺寸如图所示，

（1）指出点 C 的坐标；

（2）求点 D 到直线 AC 的距离.

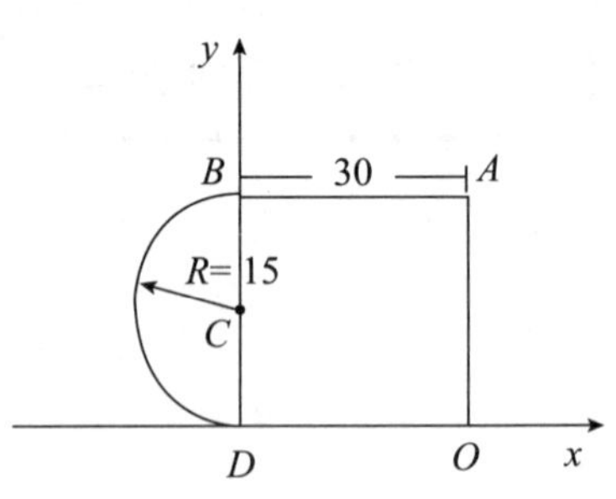

第 3 题图

归纳与总结

一、知识结构

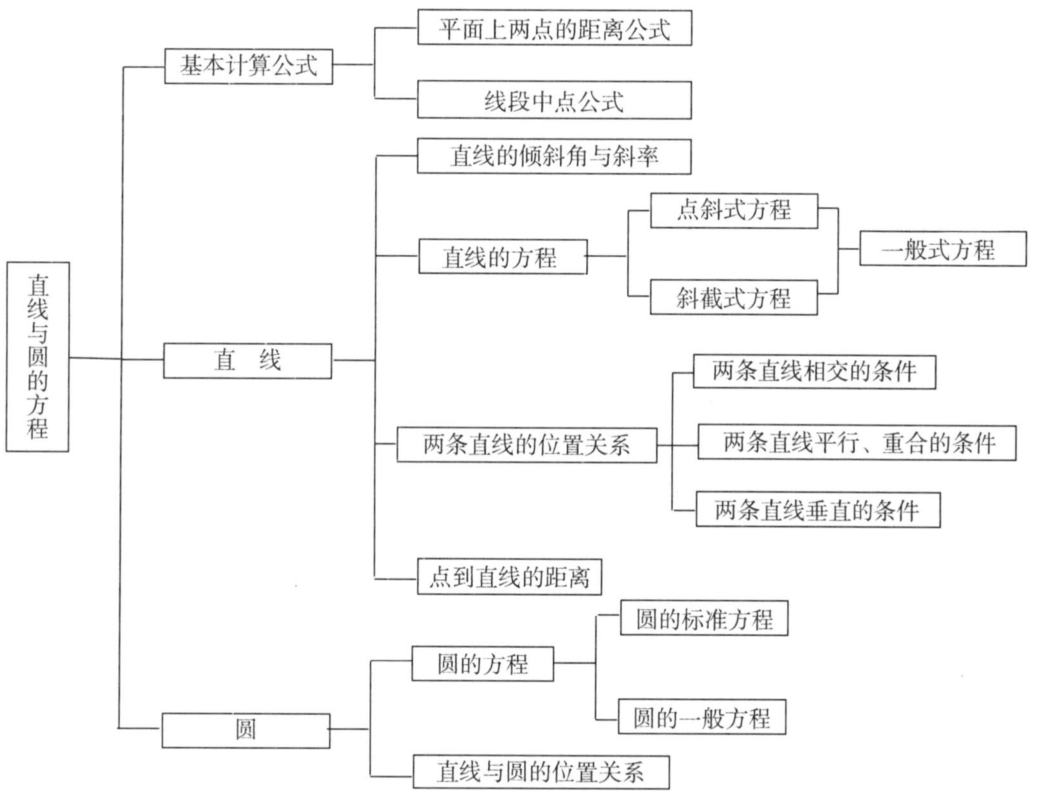

二、应注意的问题

1. 斜率的公式 $\tan\alpha = k = \dfrac{y_2 - y_1}{x_2 - x_1}$中，使用的条件是 $x_1 \neq x_2$，当 $x_1 = x_2$ 时，斜率不存在，此时 $\alpha = 90°\left(或\dfrac{\pi}{2}\right)$.

2. 运用斜率判断两条直线位置关系时，要注意：当两条直线的斜率都不存在时，这两条直线平行（或重合）；若只有一条直线的斜率不存在，则两条直线相交；若一条直线的斜率不存在，而另一条直线的斜率为0，则两条直线垂直.

3. 使用公式 $d = \dfrac{|Ax_0 + By_0 + C|}{\sqrt{A^2 + B^2}}$时，要把直线方程转化为一般式方程.

4. 确定一个圆，即求圆的方程一般需要三个独立的条件，若所给条件是关于圆心坐标或半径的，通常用标准方程；若所给条件是圆上的点，通常用一般式方程.

5. 在一个具体的圆的标准方程，如 $(x+3)^2+(y-2)^2=4$ 中，圆心为 $(-3,2)$，而不是 $(3,-2)$；半径为2，而不是4.

复　习　题

A 组

一、选择题

1. 已知点 $A(3,4)$ 和点 $B(2,5)$，则 AB 的距离为（　　）.

A. $\sqrt{2}$；　B. $\sqrt{3}$；　C. $2\sqrt{2}$；　D. 2.

2. 已知直线过点 $(0,0)$ 和 $(5,1)$，则直线的方程为（　　）.

A. $y=5x$；　B. $y=\frac{1}{5}x$；　C. $y=-3x-6$；　D. $y=-2x+15$.

3. 直线 $\frac{1}{2}x+\frac{1}{6}y+1=0$ 的斜截式方程为（　　）.

A. $y=-2x+5$；　B. $y=\frac{1}{2}x+30$；　C. $y=-3x-6$；　D. $y=-2x+15$.

4. 已知直线 $l_1: y=-3x+1$ 和 $l_2: y=x-5$，则 l_1 与 l_2 的位置关系是（　　）.

A. 相交不垂直；　B. 平行；　C. 重合；　D. 垂直.

5. 圆 $(x+3)^2+(y-2)^2=2$ 的圆心和半径分别为（　　）.

A. $(-3,2)$，2；　B. $(-3,2)$，$\sqrt{2}$；

C. $(3,-2)$，2；　D. $(-3,-2)$，$\sqrt{2}$.

6. 直线 $3x-4y+15=0$ 与圆 $(x-1)^2+(y-2)^2=2$ 的位置关系是（　　）.

A. 相交但不过圆心；　B. 相切；

C. 相离；　D. 相交且过圆心.

7. 直线 $x-3y+1=0$ 的斜率为（　　）.

A. $\frac{1}{3}$；　B. $-\frac{1}{3}$；　C. 3；　D. -3.

8. 点 $P(2,5)$ 到直线 $y=3x+1$ 的距离为（　　）.

A. $\frac{\sqrt{10}}{5}$；　B. $\frac{6\sqrt{10}}{5}$；　C. $\frac{3\sqrt{10}}{5}$；　D. $-\frac{3\sqrt{10}}{5}$.

9. 设直线方程为 $x=3+2(y-4)$，则此直线在 y 轴上的截距是（　　）.

A. $-\frac{5}{2}$；　　B. 5；　　C. $\frac{5}{2}$；　　D. -5.

10. 如果 $AC<0$，且 $BC<0$，那么直线 $Ax+By+C=0$ 过（　　）.

A. 第一、二、四象限；　　B. 第一、三、四象限；

C. 第二、三、四象限；　　D. 第一、二、三象限.

11. 点 $P(x,y)$ 关于坐标原点的对称点是（　　）.

A. $(x,-y)$　　B. $(0,y)$　　C. $(-x,y)$　　D. $(-x,-y)$

12. 过点（1,2）且斜率为 5 的直线的点斜式方程是（　　）.

A. $y-2=5(x-1)$；　　B. $y+2=5(x+1)$；

C. $y-1=5(x-2)$；　　D. $y-2=x-1$.

13. 直线 $y-1=0$ 与直线 $y+8=0$ 间的距离是（　　）.

A. 8；　　B. 9；　　C. 7；　　D. 1.

14. 若圆 $x^2+y^2-m=0$ 过点（-5，12），则圆的半径为（　　）.

A. 5；　　B. 12；　　C. 169；　　D. 13.

二、填空题

1. 点（2,5）关于 y 轴的对称点的坐标为____________；

2. 已知直线的倾斜角为 135°，则直线的斜率 = ____________；

3. 已知直线 $l_1:3x-4y-5=0$ 和 $l_2:8x+6y+1=0$，则直线 l_1 与 l_2 互相________；

4. 若直线 $3x+4y+a=0$ 与圆 $x^2+y^2=1$ 相切，则 a 的值是____________；

5. 经过点（-3,4）且与直线 $5x+12y-16=0$ 平行的直线方程为____________；

6. 直线 $3x-4y=25$ 到圆 $x^2+y^2=1$ 距离的最大值为____________；

7. 直线 $2x-3y=0$ 与圆 $x^2+y^2=1$ 的交点坐标是____________；

8. 直线 $4x-3y=25$ 与圆 $(x-3)^2+(y-4)^2=16$ 的位置关系是____________；

9. 点 $A(2,-1)$ 与点 $B(9,4)$ 之间的距离为____________；

10. 圆 $C_1:x^2+y^2-8x+4y+7=0$ 与圆 $C_2:x^2+y^2+6x-2y+6=0$ 的圆心距是______.

三、判断题（正确的打√，错误的打×）.

1. 互相垂直的两条直线的斜率一定互为负倒数.　（　　）

2. 如果两条直线平行，那么它们的斜率一定相等.　（　　）

3. 斜率互为负倒数的两条直线一定互相垂直.　（　　）

4. 点（-1,3）在圆 $x^2+y^2=16$ 的内部.　（　　）

5. 直线倾斜角的取值范围是 $0°<\alpha\leqslant180°$.　（　　）

6. 当 $d>r$ 时，直线与圆相交.　（　　）

7. 直线 $3x-4y+5=0$ 与直线 $6x-8y+5=0$ 平行.　（　　）

8. 直线 l 与 y 轴平行或重合时，则规定它的倾斜角为 $0°$. （　　）

9. 当斜率不存在时，不能用点斜式表示直线方程. （　　）

10. 方程 $Ax+By+C=0$ 一定表示直线的方程. （　　）

11. 方程 $x^2+y^2+Dx+Ey+F=0$ 一定表示圆的方程. （　　）

12. 只要给定圆的半径和圆心坐标就能写出圆的标准方程. （　　）

四、解答题

1. 求平行直线 $l_1:3x+y+5=0$ 与 $l_2:3x+y+8=0$ 之间的距离.

2. 当 b 为何值时，直线 $y=3x+b$ 与圆 $x^2+y^2=10$ 相离？相切？相交？

3. 已知平行四边形 $ABCD$ 的三个顶点 $A(-3,4)$，$B(-1,0)$，$C(1,2)$，求顶点 D 的坐标.

4. 求圆心在直线 $x-2y-3=0$ 上，且过两点 $A(3,6)$，$B(7,-4)$ 的圆的方程.

5. 已知 $\triangle ABC$ 的顶点分别是 $A(-7,4)$，$B(0,5)$，$C(1,-2)$，求 AC 边上高所在直线的方程.

B 组

1. 已知直线 $2kx-y-k=0$ 与直线 $2kx-2y+3=0$ 的交点在 x 轴上，求常数 k 及交点的坐标.

2. 如图是某圆拱桥的示意图，该圆拱跨度 $AB=20$ 米，拱高 $OP=4$ 米，在建造时，每隔 4 米需用一个支柱支撑，求支柱 A_2P_2 的长度（精确到 0.01 米）.

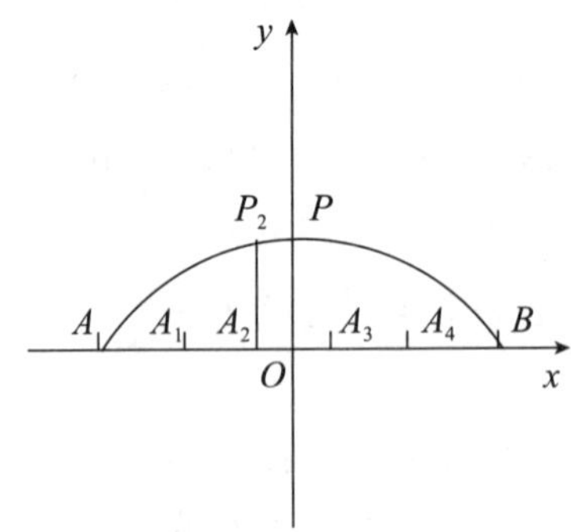

课后自测题

一、选择题

1. 已知点 $A(3,-4)$ 和点 $B(5,-2)$，则 AB 的中点坐标为（　　）.

A. (1，-1)；　B. (-4,3)；　C. (4,3)；　D. (4，-3).

2. 直线 $3x-4y+5=0$ 与圆 $(x-1)^2+(y-2)^2=1$ 的位置关系是（　　）.

A. 相交但不过圆心；B. 相切；　C. 相离；　D. 相交且过圆心.

3. 已知直线 l_1：$y=-3x+1$ 和 l_2：$3y=x-6$，则 l_1 与 l_2 的位置关系是（　　）.

A. 相交；　B. 平行；　C. 重合；　D. 垂直.

4. 直线 $\frac{1}{6}x+\frac{1}{3}y+1=0$ 的斜率为（　　）.

A. $k=-\frac{1}{2}$；　B. $k=\frac{1}{2}$；　C. $k=\frac{1}{3}$；　D. $k=\frac{1}{6}$.

5. 点 (5,1) 到直线 $y=-2x+15$ 的距离为（　　）.

A. $\frac{3\sqrt{5}}{5}$；　B. $\frac{4\sqrt{5}}{5}$；　C. $\frac{5\sqrt{5}}{4}$；　D. $\frac{\sqrt{5}}{5}$.

6. 若过点 $A(-2,m)$ 和点 $B(m,4)$ 的直线与直线 $4x+2y-1=0$ 平行，则 m 的值为（　　）.

A. -8；　B. 2；　C. 0；　D. 10.

7. 已知直线 l 的斜率为 1，且过点 $A(4,3)$，$B(m,0)$，则 m 的值为（　　）.

A. -1；　B. 1；　C. 2；　D. -2.

8. 圆 $x^2+y^2-4x+6y-3=0$ 的标准方程为（　　）.

A. $(x-2)^2+(y+3)^2=16$；　B. $(x+2)^2+(y-3)^2=16$；

C. $(x-2)^2+(y-3)^2=16$；　D. $(x+2)^2+(y+3)^2=16$.

9. 直线 $3x-4y-12=0$ 与两坐标轴的交点间的距离是（　　）.

A. 5；　B. 12；　C. 25；　D. 3.

10. 若直线 $x=a$ 与圆 $x^2+y^2=16$ 没有交点，则 a 的取值范围是（　　）.

A. $[-4,4]$；　B. $\{-4,4\}$；

C. $(-\infty,-4)\cup(4,+\infty)$；　D. $(-4,4)$.

二. 填空题

1. 点 $A(3,5)$ 关于原点的对称点是__________；

2. 以点 (3,1) 和 (-1,5) 为端点的线段的垂直平分线的方程为________；

3. 两平行直线 $3x+5y+19=0$ 和 $3x+5y-15=0$ 的距离是__________；

4. 若圆 $(x-3)^2+(y-2)^2=r^2$ 经过点 (5,1)，则圆的一般方程为__________；

5. 若点 $(a+1,2a+1)$，在直线 $x-2y-8=0$ 上，则 a 的值为__________；

6. 过两点 $M(2,3)$，$N(-4,6)$ 的直线的斜率为__________；

7. 若直线 $2x+y=a$ 与圆 $x^2+y^2=9$ 相离，则 a 的取值范围是__________；

8. 过点 (-3,2) 且与直线 $x-3y+6=0$ 垂直的直线方程是__________；

9. 圆 $x^2+y^2-2x+4y-20=0$ 与直线 $x-y+2=0$ 有______个交点，圆心到该直线

的距离是____________；

10. 过点 $A(3, -1)$ 且倾斜角为30°的直线的斜截式方程为____________.

三、判断题（正确的打√，错误的打×）.

1. 数轴上任意两点的距离公式是 $AB = x_1 - x_2$. （　）
2. 直线 $y=1$ 的斜率为0. （　）
3. $l_1 \parallel l_2 \Leftrightarrow k_1k_2 = -1$. （　）
4. $l_1 \perp l_2 \Leftrightarrow k_1k_2 = -1$. （　）
5. 直线与圆相切，有且只有一个交点. （　）
6. 点 $A(2,4)$ 与点 $A'(-2, -4)$ 关于 x 轴对称. （　）
7. 直线 $3x-4y-9=0$ 与直线 $6x-8y+3=0$ 相交. （　）
8. 直线的斜截式方程为 $y=kx+b$. （　）
9. 当 $d>r$ 时，直线与圆相离. （　）
10. 方程 $x^2+y^2+Dx+Ey+F=0$ 是圆的方程. （　）

四、解答题

1. 已知点（0，m）在直线 $x-2y+8=0$ 上，直线 $x=n$ 与 y 轴的距离等于6，求 mn 的值.

2. 如果直线 $y=ax+2$ 与直线 $y=3x-b$ 关于直线 $y=x$ 对称，求 a 和 b 的值.

3. 求 x 轴上到直线 $2x-2y+1=0$ 的距离为$\sqrt{2}$的点的坐标.

4. 如图所示，求反射光线的方程.

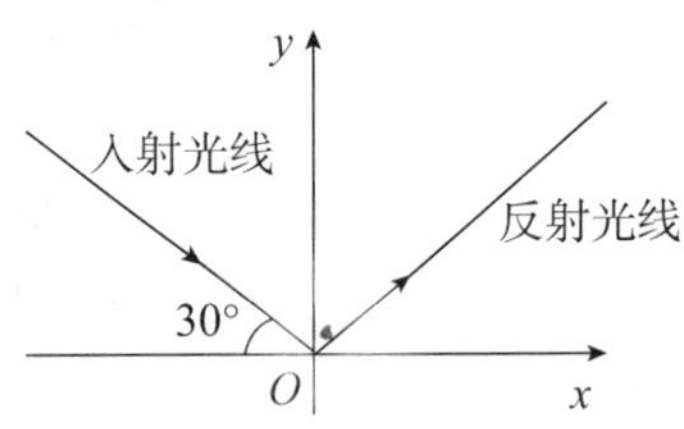

拓展与提升

笛卡尔

勒奈·笛卡尔（Rene Descartes，1596—1650），是法国伟大的哲学家，物理学家，数学家，他对现代数学的发展做出了重要的贡献，因将几何坐标体系公式化而被认为是解析几何之父.

1596年3月31日，笛卡尔出生在法国的一个地位较低的贵族家庭，父亲是雷恩的布列塔尼议会的议员，同时也是地方法院的法官，一岁多时母亲患肺结核去世，而他也受到传染，造成体弱多病.

1606 或 1607 年，父亲希望笛卡尔将来能够成为一名神学家，于是将其送入欧洲最有名的贵族学校，校方为照顾他孱弱的身体，特许他不必受校规的约束，早晨不必到学校上课，可以在床上读书. 因此，他从小养成了喜欢安静，善于思考的习惯. 他在该校学习八年，接受了传统的文化教育，学习了古典文学、历史、神学、哲学、法学，医学、数学及其他自然科学，但他对所学的东西颇感失望，唯一给他安慰的是数学.

1618 年 11 月 10 日，他偶然在路旁公告栏上看到用佛莱芒语提出的数学问题征答，这引起了他的兴趣，并且让身旁的人将他不懂的佛莱芒语翻译成拉丁语，这位身旁的人就是大他八岁的以撒 · 贝克曼，贝克曼在数学和物理方面有很高造诣，很快成为他的导师，四个月后，他写信给贝克曼："你是将我从冷漠中唤醒的人……" 并告诉他，自己在数学上有了四个重大发现.

1621 年笛卡尔退伍回国，当时法国正处于内乱时期，于是他去荷兰、瑞士、意大利等地旅行，1625 年返回巴黎. 1628 年移居荷兰，在那里住了 20 年. 在此期间，笛卡尔对哲学、数学、天文学、物理学、化学和生物学等领域进行了深入的研究，且致力于哲学研究，发表了多部重要的文集，并通过数学家梅森神父与欧洲主要学者保持密切联系.

他的主要著作几乎都是在荷兰完成的.

1628 年，写出《指导哲理之原则》.

1634 年，完成了以尼古拉 · 哥白尼学说为基础的《论世界》.

1637 年，用法文写成三篇论文《屈光学》、《气象学》和《几何学》，并为此写了一篇序言《科学中正确运用理性和追求真理的方法论》，哲学史上简称为《方法论》.

在他的著作《几何》中，笛卡尔将逻辑、几何、代数方法结合起来，通过讨论作图问题，勾勒出解析几何的新方法，从此，数和形就走到了一起，数轴是数和形的第一次接触，并向世人证明，几何问题可以归结为代数问题，也可以通过代数转换来发现，证明几何性质. 笛卡尔引入了坐标系以及线段的运算概念，他创新地将几何图形"转译"代数方程式，从而将几何问题以代数方法求解，这就是今日的"解析几何".

解析几何的创立是数学史上一次划时代的转折.

正如恩格斯所说："数学中的转折点是笛卡尔的变数，有了变数，运动进入了数学；有了变数，辩证法进入了数学；有了变数，微分和积分也就立刻成为必要了".

笛卡尔堪称 17 世纪及其后的欧洲哲学界和科学界最有影响的巨匠之一，被誉为"近代科学的始祖".

第 8 章

平面向量

1. 理解：平面向量及其相关的概念（模、负向量、零向量、位置向量、共线、相等）、平面向量的内积、向量的线性运算；
2. 掌握：向量求和的三角形法则、平行四边形法则和多边形法则,向量的线性运算的运算律及用坐标表示的向量的线性运算,向量平行或垂直的条件，两点间的距离公式；
3. 了解：两向量和与差的内积公式、夹角公式、两向量内积的绝对值与这两个向量模的乘积之间的关系.

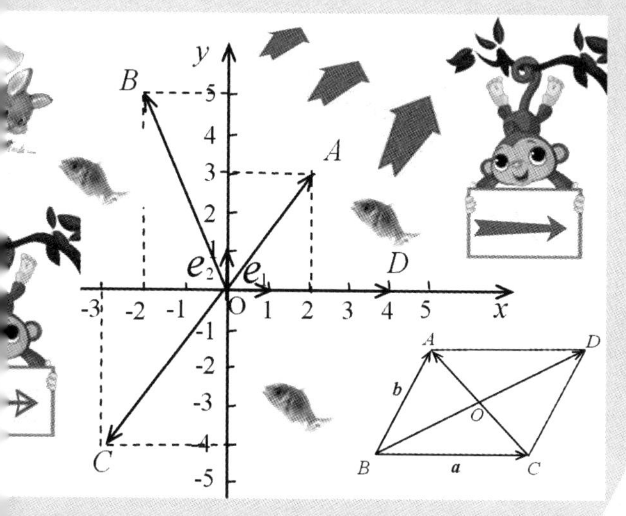

1. 能用向量求和的三种法则及向量求差的法则画出和向量或差向量，能用两组条件判断向量的平行与垂直；
2. 会计算坐标表示的向量的和、差、数乘、向量的内积、向量的模、两向量的夹角.

1. 平面向量的线性运算；
2. 向量平行垂直的条件,向量的内积；
3. 平面向量的坐标表示.

1. 平面向量的减法法则；
2. 向量的坐标表示.

请思考：

1．一货轮以3m/s垂直于水流方向向南横渡，河水从西向东流，流速为3m/s，如何求轮船实际航行的航速和方向？

2. 当你迷路时，你如何走向目的地？

对于这些问题，要用到向量的加减运算.

3. 人在拉车时，所用的力与水平方向前进的位移有怎样的关系？

对于这个问题，要用到向量内积的运算.

8.1 向量的概念及其线性运算

8.1.1 向量的概念及其表示

终点B

始点A

图 8－1

我们经常接触这样一些量，诸如质量、面积、距离、时间、长度等，在选定某一度量单位后，这些量都可用确切的实数来表示，很明显这些量只有大小，像这种只有大小的量叫做**数量（标量）**. 但还有一些量不但有大小而且还有方向，如甲由南向北走了10m，乙由北向南也走了10m，虽然两人走了同样的距离，但方向不同，因而这是两个不同的位移；又如，水平桌面上的物体同时受到两个力的作用，一个是向下的地球引力，另一个是向上的桌面支撑力，引力和支撑力是大小相同方向相反的两个不同的力，…….

把位移、力、速度这种既有大小又有方向的量叫做**向量（矢量）**.

请回答：“向量”和“数量”的区别是什么？

始点的字
母一定要写在
终点字母的
前面.

为了直观起见，我们用几何的方法来描述向量：

一个质点从始点A位移到终点B，用线段AB的长度表示位移的大小，并在终点B处画上箭头表示A到B的方向（如图8－1），像这样具有方向的线段，叫做**有向线段**. 有向线段就是向量的几何表示.

把A为始点，B为终点的有向线段表示的向量记作$\overrightarrow{AB}$，读作“**向量**AB”. 点A叫做向量$\overrightarrow{AB}$的**始点**，点B叫做向量$\overrightarrow{AB}$**终点**. 有向线段AB的方向叫做向量的**方向**，线段AB的

长度叫做向量的**长度**．$\overrightarrow{AB}$ 的长度又叫做 $\overrightarrow{AB}$ 的**模**，记作 $|\overrightarrow{AB}|$.

始点和终点重合的向量叫做**零向量**，记作0，零向量方向不确定．长度为1的向量叫做**单位向量**.

请回答：向量的模是实数吗？

向量除了用始点到终点的字母表示外，在印刷时，也常用黑体小写字母 $\boldsymbol{a}$，$\boldsymbol{b}$，$\boldsymbol{c}$，……，表示向量，手写时，用带箭头的小写字母 $\vec{a}$，$\vec{b}$，$\vec{c}$，……，表示向量.

由于向量只含有大小和方向两个要素，故用有向线段表示向量时，与它的始点位置无关.

即如果两个向量同向并且大小相等，叫做**相等向量**.

在图8－2中，有向线段 $\overrightarrow{AA'}$，$\overrightarrow{BB'}$，$\overrightarrow{CC'}$，……，都表示同一个向量 a，可记作 $\overrightarrow{AA'} = \overrightarrow{BB'} = \overrightarrow{CC'} = \overrightarrow{DD'} = \boldsymbol{a}$.

与非零向量 $\boldsymbol{a}$ 的模相等且方向相反的向量叫做**向量 $\boldsymbol{a}$ 的反向量**（**$\boldsymbol{a}$ 的负向量**），记作 $-\boldsymbol{a}$，如图8－3所示.

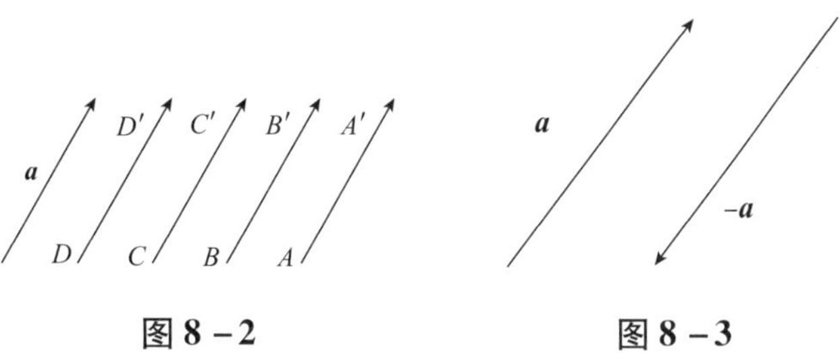

图8－2　　**图8－3**

规定：**零向量的反向量（负向量）仍为零向量**.

如果表示几个向量的有向线段所在的直线互相平行或重合，则称这些向量**平行或共线**，平行向量的方向相同或相反（如图8－4），向量 $\boldsymbol{a}$ 与 $\boldsymbol{b}$ 平行或共线，记作 $\boldsymbol{a}/\!/\boldsymbol{b}$.

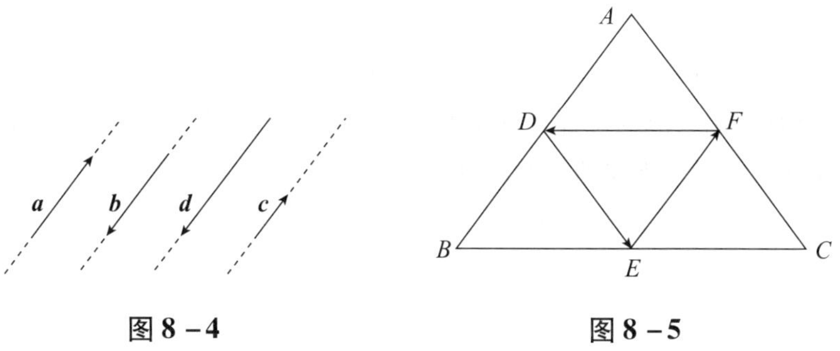

图8－4　　**图8－5**

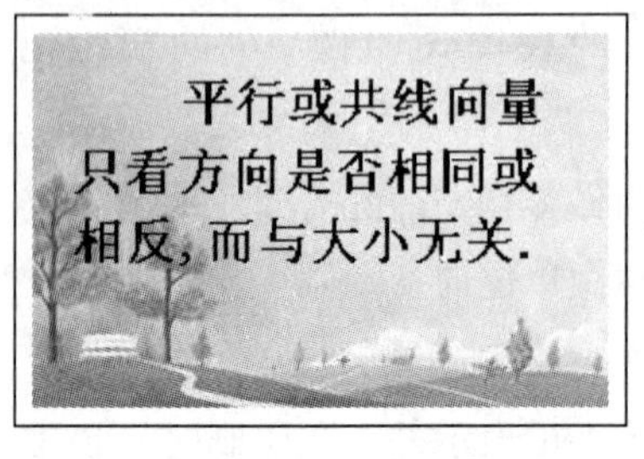

平行或共线向量只看方向是否相同或相反，而与大小无关.

请回答：**0** 与 0 表示的是同一意思吗？

例1 如图8－5，已知 DE，EF，FD 分别是 $\triangle ABC$ 三边的中位线，分别写出图中与：（1）$\overrightarrow{DE}$ 相等的向量；（2）$\overrightarrow{FD}$ 相反的向量；（3）$\overrightarrow{EF}$ 平行或共线的向量.

◆ **分析** 对于非零向量来说，向量的相等必须方向相同，模相等，向量的相反必须是方向相反，模相等，向量的平行只要它们的方向相反或相同就行.

解 （1）$\overrightarrow{DE}=\overrightarrow{AF}=\overrightarrow{FC}$；

（2）$\overrightarrow{FD}=-\overrightarrow{DF}=-\overrightarrow{BE}=-\overrightarrow{EC}$；

（3）$\overrightarrow{EF}/\!/\overrightarrow{FE}$；$\overrightarrow{EF}/\!/\overrightarrow{BD}$；$\overrightarrow{EF}/\!/\overrightarrow{DB}$；$\overrightarrow{EF}/\!/\overrightarrow{DA}$；

$\overrightarrow{EF}/\!/\overrightarrow{AD}$；　$\overrightarrow{EF}/\!/\overrightarrow{AB}$；$\overrightarrow{EF}/\!/\overrightarrow{BA}$.

请回答：相等向量和相反向量的区别与联系是什么？

用向量可以表示平面内任意一点的位置：

任给一定点 O 和向量 $\boldsymbol{a}$（如图8－6），过点 O 作有向线段

$$\overrightarrow{OA}=\boldsymbol{a}$$

则点 A 相对于点 O 的位置被向量 $\boldsymbol{a}$ 所唯一确定，这时向量 $\overrightarrow{OA}$ 叫做点 A 相对于点 O 的**位置向量**.

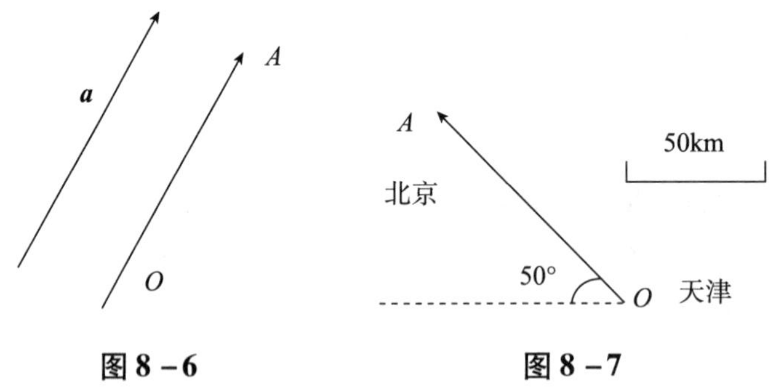

图8－6　　**图8－7**

例如　在问北京相对于天津的位置时，往往说，北京位于天津西偏北50°，114km，如图8－7，点 O 表示天津的位置，点 A 表示北京的位置，那么向量 $\overrightarrow{OA}$ = “西偏北50°，114km” 就是北京相对于天津的位置向量.

请回答：有了位置向量能否确定一点相对于另一点的位置？

对于平行的两个向量，它们的大小方向一定相等吗？

如图 8－8 所示，设 O 是正六边形 $ABCDEF$ 的中心，分别写出与：

（1）$\overrightarrow{OA}$，$\overrightarrow{OF}$ 相等的向量；

（2）$\overrightarrow{OA}$，$\overrightarrow{OF}$ 相反的向量；

（3）$\overrightarrow{OA}$ 平行或共线的向量.

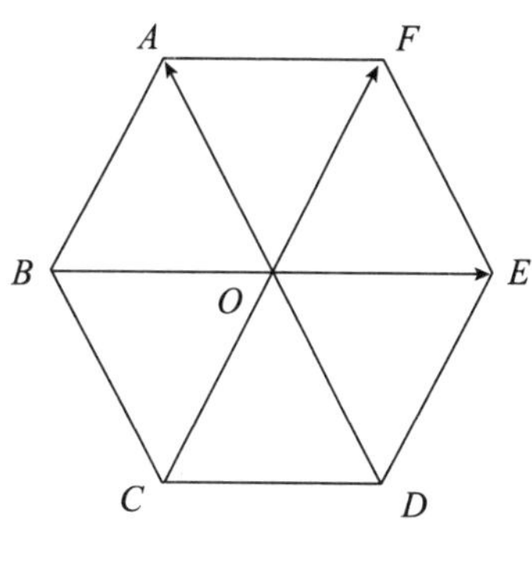

图 8－8

选择适当的比例尺，用有向线段表示下列位移：

（1）轮船 A 向东北方向航行 100km；（2）轮船 B 向西航行 100km.

试问两船的位移是否相等？所运行的距离是否相等？

8.1.2 向量的加法

我们学习了向量，那么向量之间又有怎样的运算呢？它将遵循什么样的运算法则呢？

如图 8－9，某人从甲地向正北方向行走 1 km 到达乙地，又从乙地向东南方向行走 0.6 km 到达丙地，此人的位移相当于从甲地直接到丙地，也就是说，此人从甲地到丙地与两次连续位移的效果相同.

即此人由甲地到丙地的位移与从甲地到乙地再到丙地位移的和相等. 受此启发，可得向量的加法法则.

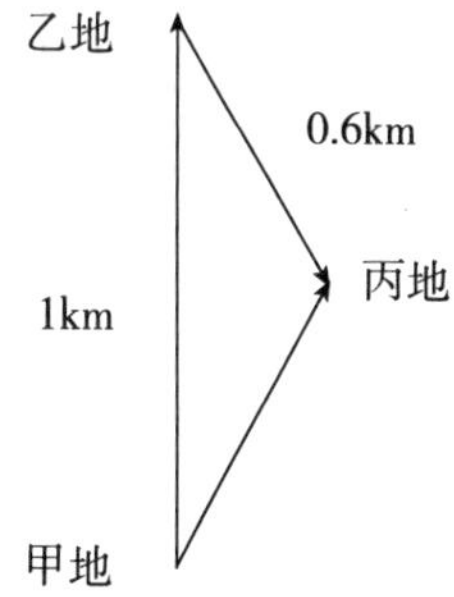

图 8－9

设向量 $\boldsymbol{a}$，$\boldsymbol{b}$（图 8－10），在平面上任取一点 A，首尾顺次相连地作 $\overrightarrow{AB}=\boldsymbol{a}$，$\overrightarrow{BC}=\boldsymbol{b}$，则向量 $\overrightarrow{AC}$ 叫做向量 $\boldsymbol{a}$ 与向量 $\boldsymbol{b}$ 的和或和向量，记作 $\boldsymbol{a}+\boldsymbol{b}$，即

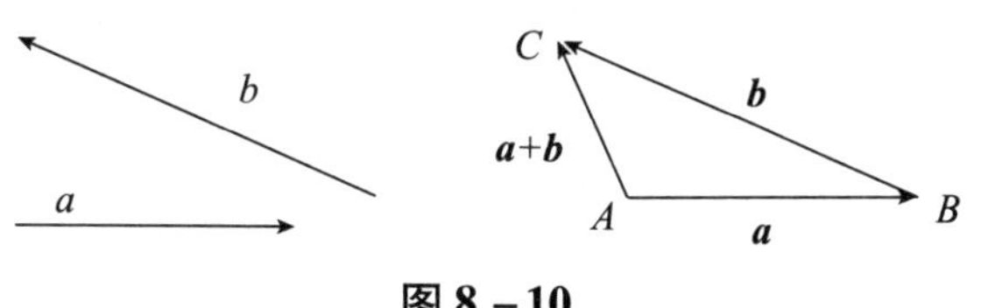

图 8－10

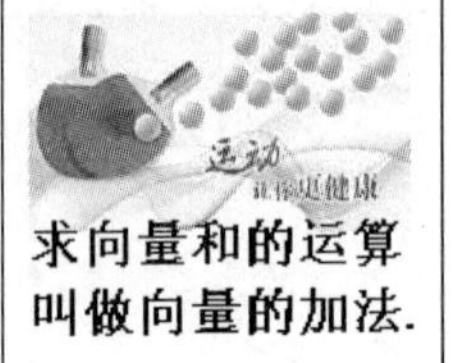

求向量和的运算叫做向量的加法.

$$\boxed{\boldsymbol{a}+\boldsymbol{b}=\overrightarrow{AB}+\overrightarrow{BC}=\overrightarrow{AC}}\qquad\text{（加法法则 1）}$$

法则 1 叫做向量求和的**三角形法则**.

请回答：和向量仍然是一个向量吗?

如果两个向量平行该如何求和?

如图 8－11（1）表示 $\boldsymbol{a}$，$\boldsymbol{b}$ 向量同向的情形；（2）表示向量 $\boldsymbol{a}$，$\boldsymbol{b}$ 方向相反的情形.

$$\boldsymbol{a}+\boldsymbol{b}=\overrightarrow{AB}+\overrightarrow{BC}=\overrightarrow{AC}\qquad\boldsymbol{a}+\boldsymbol{b}=\overrightarrow{AB}+\overrightarrow{BC}=\overrightarrow{AC}$$

显然，有

$\boldsymbol{a}+(-\boldsymbol{a})=\boldsymbol{0}$

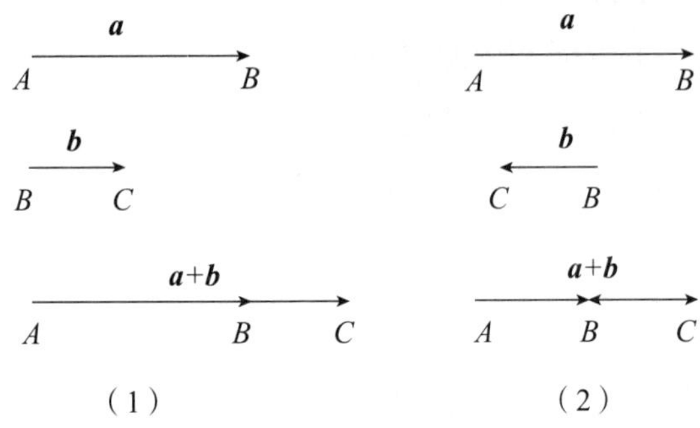

图 8－11

向量运算能否像数的加法运算那样具有交换律和结合律呢?

已知向量 $\boldsymbol{a}$，$\boldsymbol{b}$ 不共线，如图 8－12，作 $\overrightarrow{AB}=\boldsymbol{a}$，$\overrightarrow{BC}=\boldsymbol{b}$.

根据三角形法则，有 $\overrightarrow{AC}=\boldsymbol{a}+\boldsymbol{b}$，那 $b+a$ 是否等于 $\overrightarrow{AC}$?

以 A 为起点作 $\overrightarrow{AD}=\boldsymbol{b}$，连接 CD，

因为　$\overrightarrow{AD}=\overrightarrow{BC}$，

所以　$AD\underline{\mathbin{/\!/}}BC$，即　四边形 $ABCD$ 为平行四边形，

于是　$\overrightarrow{DC}=\boldsymbol{a}$，

故　$\overrightarrow{AC}=\overrightarrow{AD}+\overrightarrow{DC}=\boldsymbol{b}+\boldsymbol{a}$

所以　$\boldsymbol{a}+\boldsymbol{b}=\boldsymbol{b}+\boldsymbol{a}$

即　加法的交换律成立

可以验证，向量加法有如下运算律：

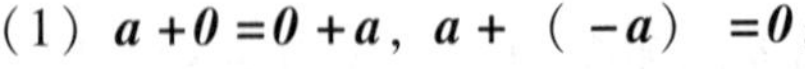

（1）$\boldsymbol{a}+\boldsymbol{0}=\boldsymbol{0}+\boldsymbol{a}$，$\boldsymbol{a}+(-\boldsymbol{a})=\boldsymbol{0}$；

（2）$\boldsymbol{a}+\boldsymbol{b}=\boldsymbol{b}+\boldsymbol{a}$；　　（加法交换律）

（3）$(\boldsymbol{a}+\boldsymbol{b})+\boldsymbol{c}=\boldsymbol{a}+(\boldsymbol{b}+\boldsymbol{c})$　　（加法的结合律）

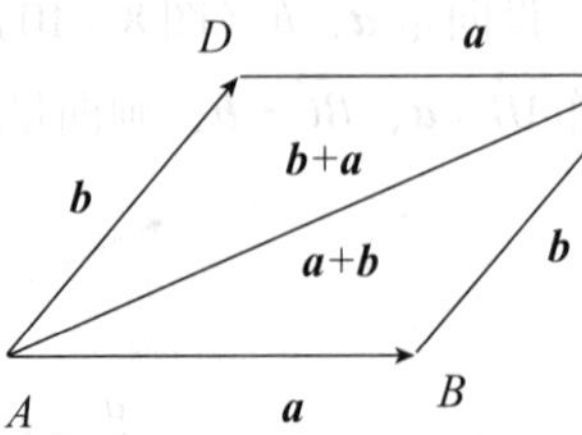

图 8－12

如图 8－12 所示，在以 $\overrightarrow{AB}$，$\overrightarrow{AD}$ 为邻边所作的 ▱ $ABCD$ 中，

因为 $\overrightarrow{DC}=\overrightarrow{AB}$ （或 $\overrightarrow{BC}=\overrightarrow{AD}$）

所以 $\overrightarrow{AC}=\overrightarrow{AD}+\overrightarrow{DC}=\overrightarrow{AD}+\overrightarrow{AB}$（或 $\overrightarrow{AC}=\overrightarrow{AB}+\overrightarrow{BC}=\overrightarrow{AB}+\overrightarrow{AD}$）

即

$$\boxed{\overrightarrow{AC}=\overrightarrow{AB}+\overrightarrow{AD}} \qquad \text{（加法法则 2）}$$

法则 2 叫做**向量求和的平行四边形法则**.

请回答：向量求和的三角形法则和平行四边形法则的区别与联系是什么？

如何求两个以上向量的和？

已知向量 $\boldsymbol{a}$，$\boldsymbol{b}$，$\boldsymbol{c}$，$\boldsymbol{d}$，$\boldsymbol{e}$，在平面上任选一点 O，

作 $\overrightarrow{OA}=\boldsymbol{a}$，$\overrightarrow{AB}=\boldsymbol{b}$，$\overrightarrow{BC}=\boldsymbol{c}$，$\overrightarrow{CD}=\boldsymbol{d}$，$\overrightarrow{DE}=\boldsymbol{e}$，如图 8－13.

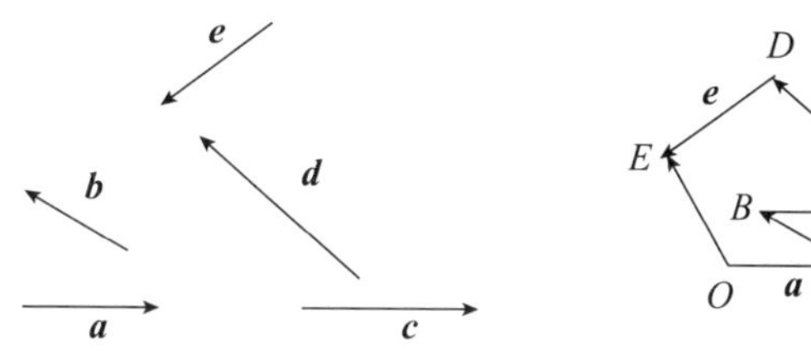

图 8－13

则有

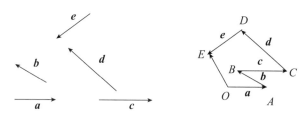

$$\boxed{\overrightarrow{OE}=\overrightarrow{OA}+\overrightarrow{AB}+\overrightarrow{BC}+\overrightarrow{CD}+\overrightarrow{DE}=\boldsymbol{a}+\boldsymbol{b}+\boldsymbol{c}+\boldsymbol{d}+\boldsymbol{e}} \qquad \text{（加法法则 3）}$$

法则 3 叫做向量求和的**多边形法则**.

即，对于几个向量的求和来说，以第一个向量的始点为始点，首尾顺次连接，最后一个向量的终点为终点的向量等于这**几个向量的和向量**.

请回答：如果再增加几个向量该怎样求和？

例 2 某人先位移向量 $\boldsymbol{a}$："向东 1km"，接着再位移向量 $\boldsymbol{b}$："向北 1km"，求 $\boldsymbol{a}+\boldsymbol{b}$.

解 如图 8－14，选取比例尺作

$\overrightarrow{OA}=\boldsymbol{a}$ 表示"向东走 1km"；$\overrightarrow{AB}=\boldsymbol{b}$ 表示"向北走 1km"

则 $\overrightarrow{OB}=\overrightarrow{OA}+\overrightarrow{AB}=\boldsymbol{a}+\boldsymbol{b}$，$|\overrightarrow{OB}|=\sqrt{1^2+1^2}=\sqrt{2}$ (km)

又因为 $\overrightarrow{OA}$ 与 $\overrightarrow{OB}$ 的夹角为 45°，

所以 $\boldsymbol{a}+\boldsymbol{b}$ 表示向东北走 $\sqrt{2}$km.

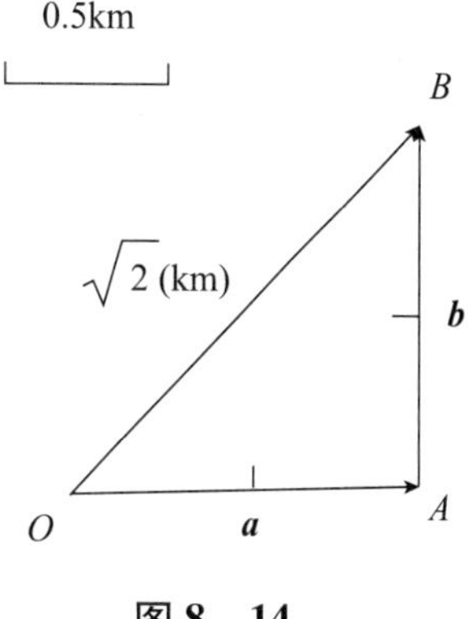

图 8－14

例 3 在如图 8－15 所示的▱ABCD 中，求：

(1) $\overrightarrow{AB}+\overrightarrow{OD}$；(2) $\overrightarrow{AB}+\overrightarrow{BC}+\overrightarrow{CO}+\overrightarrow{OD}$；(3) $\overrightarrow{AD}+\overrightarrow{DC}$.

解 (1) 因为 $\overrightarrow{OD}=\overrightarrow{BO}$

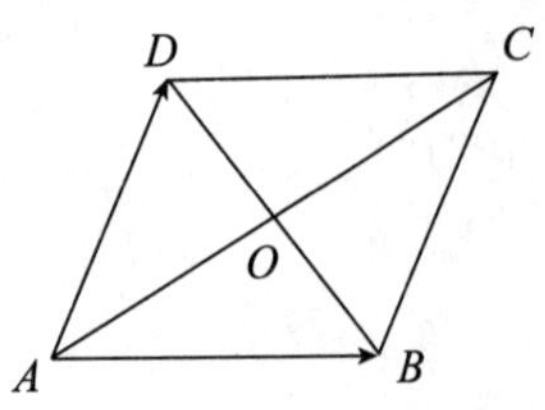

图 8－15

所以 $\overrightarrow{AB}+\overrightarrow{OD}=\overrightarrow{AB}+\overrightarrow{BO}=\overrightarrow{AO}$

(2) $\overrightarrow{AB}+\overrightarrow{BC}+\overrightarrow{CO}+\overrightarrow{OD}=\overrightarrow{AD}$

(3) $\overrightarrow{AD}+\overrightarrow{DC}=\overrightarrow{AC}$

可见，首尾顺次连接的和向量等于始点指向终点的向量.

想一想

平行四边形法则适用于共线向量吗?

试一试

化简：(1) $\overrightarrow{AB}+\overrightarrow{BC}$；

(2) $\overrightarrow{AD}+\overrightarrow{DE}+\overrightarrow{EF}$；

(3) $\overrightarrow{AB}+\overrightarrow{CD}+\overrightarrow{DE}+\overrightarrow{BC}$；

(4) $(\overrightarrow{AB}+\overrightarrow{MB})+(\overrightarrow{BC}+\overrightarrow{BO})+\overrightarrow{OM}$.

做一做

某人从点 A 向西位移 1km 到达 B，又从点 B 向北位移$\sqrt{3}$km 到达 C，选用适当的比例尺，求点 C 相对于点 A 的位置.

8.1.3 向量的减法

$\boldsymbol{a}-\boldsymbol{b}=\boldsymbol{a}+(-\boldsymbol{b})$，减去一个向量等于加上该向量的负向量.

向量的减法能否作为向量加法的逆运算?

已知向量 $\boldsymbol{a}$，$\boldsymbol{b}$（图 8－16），作 $\overrightarrow{OA}=\boldsymbol{a}$，$\overrightarrow{OB}=\boldsymbol{b}$，则由三角形法则，有

$$\overrightarrow{OB}+\overrightarrow{BA}=\overrightarrow{OA}$$

可得

$$\overrightarrow{BA}=\overrightarrow{OA}-\overrightarrow{OB}=\boldsymbol{a}-\boldsymbol{b}$$

向量 $\overrightarrow{BA}$ 叫做向量 a 与 b 的差，又叫**做差向量**，记作 $\boldsymbol{a}-\boldsymbol{b}$. 即

$\boxed{\boldsymbol{a}-\boldsymbol{b}=\overrightarrow{OA}-\overrightarrow{OB}=\overrightarrow{BA}}$ （减法法则）

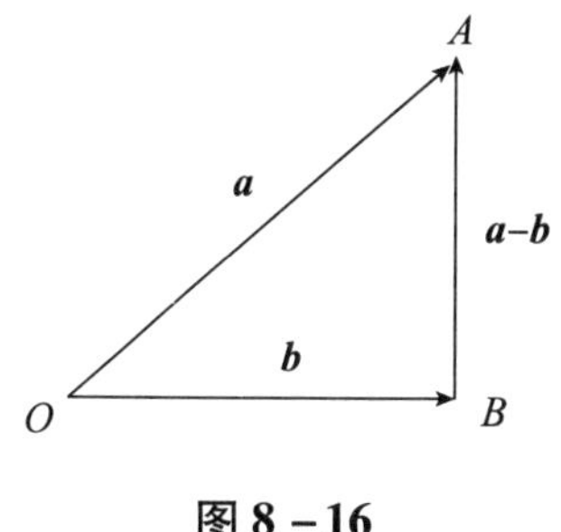

图 8－16

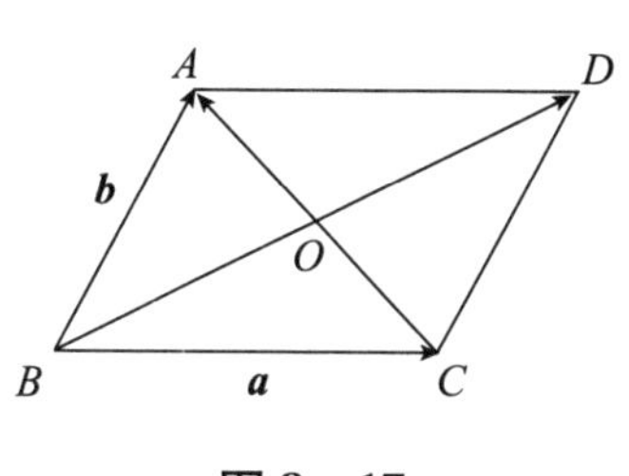

图 8－17

如果把两个向量的起点放在一起，则差向量的始点是减向量 $\boldsymbol{b}$ 的终点，差向量的终点是被减向量 $\boldsymbol{a}$ 的终点.

请回答：差向量是否仍是一个向量?

例 4 如图 8－17，已知▱ $ABCD$，$\overrightarrow{BC}=\boldsymbol{a}$，$\overrightarrow{BA}=\boldsymbol{b}$，试用 $\boldsymbol{a}$，$\boldsymbol{b}$ 分别表示向量 $\overrightarrow{BD}$，$\overrightarrow{CA}$，$\overrightarrow{AC}$.

解 连接对角线 AC，BD. 根据向量求和的平行四边形法则，

得 $\overrightarrow{BD}=\overrightarrow{BC}+\overrightarrow{BA}=\boldsymbol{a}+\boldsymbol{b}$

由向量的减法法则，

得 $\overrightarrow{CA}=\overrightarrow{BA}-\overrightarrow{BC}=\boldsymbol{b}-\boldsymbol{a}$，

$\overrightarrow{AC}=-\overrightarrow{CA}=-(\boldsymbol{b}-\boldsymbol{a})=\boldsymbol{a}-\boldsymbol{b}$.

例 5 已知向量 $\boldsymbol{a}$，$\boldsymbol{b}$（如图 8－18 所示），试画出向量 $\boldsymbol{a}-\boldsymbol{b}$.

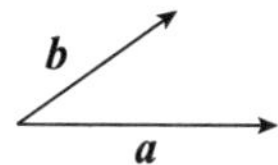

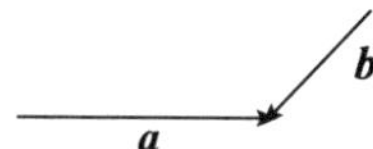

图 8－18

和向量是首尾顺次连接，差向量是同一始点出发，由减向量的终点指向被减向量的终点.

◆ **分析** 画两个向量的差向量时，要把两个向量的起点放在一起，则差向量的始点是减向量 $\boldsymbol{b}$ 的终点，差向量的终点是被减向量 $\boldsymbol{a}$ 的终点.

解 如图 8－19，以 O 作为起点，作 $\overrightarrow{OA}=\boldsymbol{a}$，$\overrightarrow{OB}=\boldsymbol{b}$，

则 $\overrightarrow{BA}$ 为所求的差向量，即 $\overrightarrow{BA}=\boldsymbol{a}-\boldsymbol{b}$.

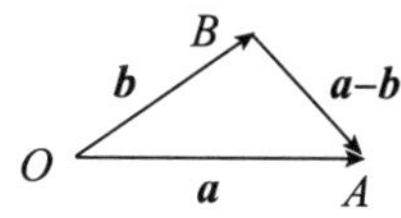

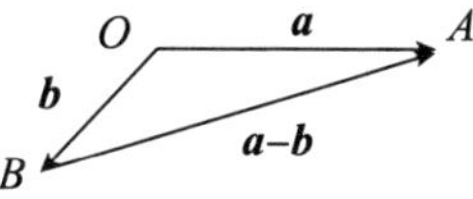

图 8－19

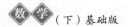

试一试

在▱$ABCD$中，设$\overrightarrow{AB}=\boldsymbol{a}$，$\overrightarrow{AD}=\boldsymbol{b}$（如图8－20），试用$\boldsymbol{a}$，$\boldsymbol{b}$表示下列各向量：

(1) $\overrightarrow{BC}$ = ________；(2) $\overrightarrow{CD}$ = ________；(3) $\overrightarrow{AC}$ = ________；

(4) $\overrightarrow{DB}$ = ________；(5) $\overrightarrow{BD}$ = ________；(6) $\overrightarrow{CA}$ = ________.

做一做

已知向量$\boldsymbol{a}$，$\boldsymbol{b}$（如图8－21），试画出向量$\boldsymbol{a}-\boldsymbol{b}$.

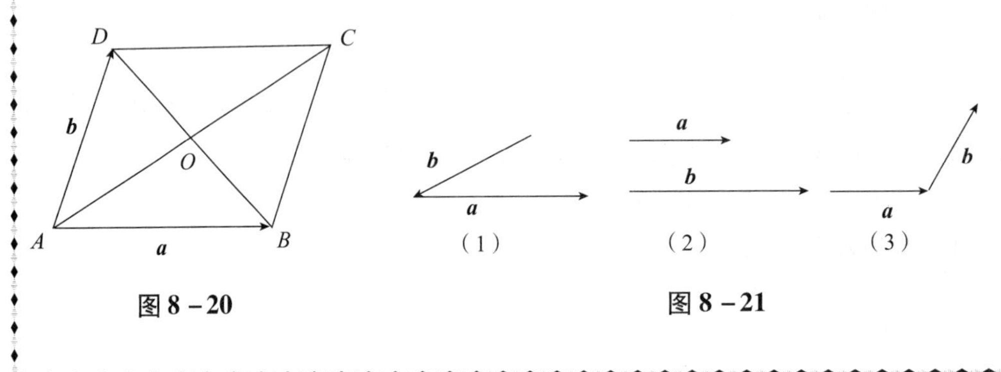

图8－20

图8－21

8.1.4 数乘向量

如图8－22，以向量$\boldsymbol{a}$为单位向量，作向量$\overrightarrow{AP}$，使得$|\overrightarrow{AP}|=3|\boldsymbol{a}|=3$，再把向量$\overrightarrow{AP}$三等分，分点为$B,C$.

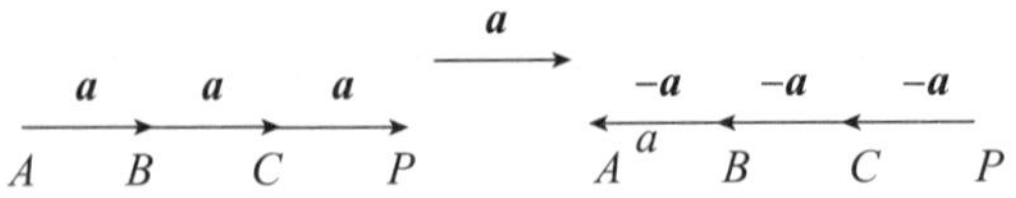

图8－22

则 $\overrightarrow{AP}=\overrightarrow{AB}+\overrightarrow{BC}+\overrightarrow{CP}=\boldsymbol{a}+\boldsymbol{a}+\boldsymbol{a}=3\boldsymbol{a}$，

$\overrightarrow{PA}=-\boldsymbol{a}+(-\boldsymbol{a})+(-\boldsymbol{a})=-3\boldsymbol{a}$

由此可得$3\boldsymbol{a}$，$-3\boldsymbol{a}$都是向量，长度都等于$3|\boldsymbol{a}|$，

并且 $3\boldsymbol{a}$与$\boldsymbol{a}$的方向相同，$-3\boldsymbol{a}$与$\boldsymbol{a}$的方向相反.

一般地，实数λ与向量$\boldsymbol{a}$的乘积是一个向量，记作$\lambda\boldsymbol{a}$. 它的模为

$$|\lambda\boldsymbol{a}|=|\lambda||\boldsymbol{a}|$$

若 $|\lambda\boldsymbol{a}|\neq 0$，则　当 $\lambda>0$ 时，$\lambda\boldsymbol{a}$ 与 $\boldsymbol{a}$ 方向相同；

当 $\lambda<0$ 时，$\lambda\boldsymbol{a}$ 与 $\boldsymbol{a}$ 方向相反，如图 8－23 所示.

数乘向量的几何意义是把向量 $\boldsymbol{a}$ 沿着 $\boldsymbol{a}$ 的方向(或反方向)放大(或缩小).

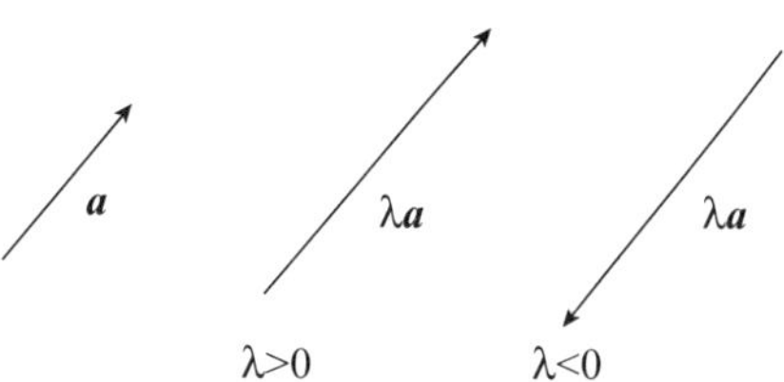

图 8－23

数与向量的乘法运算叫做**向量的数乘运算**.

设 λ，μ 为实数，则不难验证数乘向量有如下运算律：

(1) $(\lambda\mu)\boldsymbol{a}=\lambda(\mu\boldsymbol{a})=\mu(\lambda\boldsymbol{a})$；

(2) $\lambda(\boldsymbol{a}+\boldsymbol{b})=\lambda\boldsymbol{a}+\lambda\boldsymbol{b}$；

(3) $(\lambda+\mu)\boldsymbol{a}=\lambda\boldsymbol{a}+\mu\boldsymbol{a}$.

由数乘向量可知：向量 $\lambda\boldsymbol{a}$ 与向量 $\boldsymbol{a}$ 的方向相同或相反，由此可知，$\lambda\boldsymbol{a}$ 与 $\boldsymbol{a}$ 是平行或共线向量.

向量平行的基本定理：

对于非零向量 $\boldsymbol{a}$，$\boldsymbol{b}$，当 $\lambda\neq 0$ 时，有

$$\boxed{\boldsymbol{a}/\!/\boldsymbol{b}\Leftrightarrow\boldsymbol{a}=\lambda\boldsymbol{b}}\qquad\text{（平行条件 1）}$$

例 6　化简下列各式：

向量的
加法、减法
和数乘向量
都叫做向量的
线性运算

(1) $(-3)\times(\boldsymbol{a}+\boldsymbol{b})$；

(2) $3(\boldsymbol{a}+\boldsymbol{b})+5(\boldsymbol{a}-\boldsymbol{b})$；

(3) $(\lambda+\mu)(\boldsymbol{a}+\boldsymbol{b})+(\lambda-\mu)(\boldsymbol{a}-\boldsymbol{b})$.

解　(1) $(-3)\times(\boldsymbol{a}+\boldsymbol{b})=-3\boldsymbol{a}-3\boldsymbol{b}$

(2) $3(\boldsymbol{a}+\boldsymbol{b})+5(\boldsymbol{a}-\boldsymbol{b})=3\boldsymbol{a}+3\boldsymbol{b}+5\boldsymbol{a}-5\boldsymbol{b}=8\boldsymbol{a}-2\boldsymbol{b}$

(3) $(\lambda+\mu)(\boldsymbol{a}+\boldsymbol{b})+(\lambda-\mu)(\boldsymbol{a}-\boldsymbol{b})$

$=\lambda\boldsymbol{a}+\lambda\boldsymbol{b}+\mu\boldsymbol{a}+\mu\boldsymbol{b}+\lambda\boldsymbol{a}-\lambda\boldsymbol{b}-\mu\boldsymbol{a}+\mu\boldsymbol{b}$

$=2\lambda\boldsymbol{a}+2\mu\boldsymbol{b}$

例 7　已知 $\triangle ABC$，D，E 分别是 AB，BC 的中点，

求证：$DE=\dfrac{1}{2}AC$　且　$DE/\!/AC$.

证明 如图 8－24 因为 D，E 是 AB，BC 边上的中点，

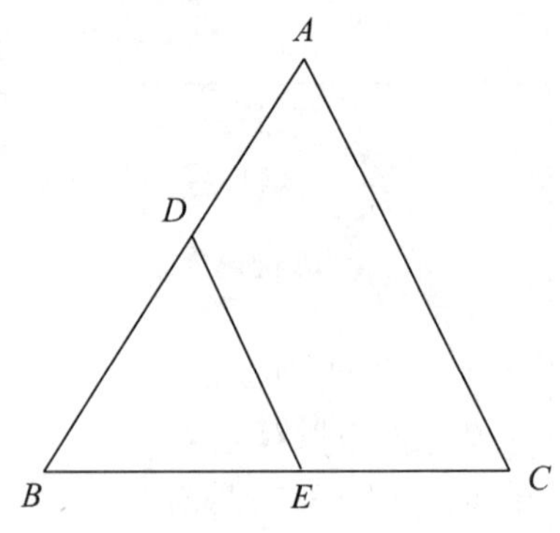

图 8－24

所以 $\overrightarrow{BE}=\frac{1}{2}\overrightarrow{BC}$， $\overrightarrow{BD}=\frac{1}{2}\overrightarrow{BA}$

于是 $\overrightarrow{DE}=\overrightarrow{BE}-\overrightarrow{BD}=\frac{1}{2}\overrightarrow{BC}-\frac{1}{2}\overrightarrow{BA}$

$$=\frac{1}{2}(\overrightarrow{BC}-\overrightarrow{BA})=\frac{1}{2}\overrightarrow{AC}$$

所以 $DE=\frac{1}{2}AC$ 且 $DE\parallel AC$

试一试

化简下列各式：

(1) $\frac{1}{2}(\boldsymbol{a}+\boldsymbol{b})-\frac{1}{2}(\boldsymbol{a}-\boldsymbol{b})$； (2) $3(\boldsymbol{a}+\boldsymbol{b})-2(\boldsymbol{b}+\boldsymbol{a})$；

(3) $4(3\boldsymbol{a}+2\boldsymbol{b})+5(3\boldsymbol{b}-2\boldsymbol{a})$； (4) $3(2\boldsymbol{a}-\boldsymbol{b}+\boldsymbol{c})-4(3\boldsymbol{b}+2\boldsymbol{a}+\boldsymbol{c})$.

做一做

根据下列条件，判断四边形 $ABCD$ 的形状.

(1) $\overrightarrow{AB}=\overrightarrow{DC}$；

(2) $\overrightarrow{AB}\parallel\overrightarrow{DC}$ 且 $\overrightarrow{BC}$ 与 $\overrightarrow{AD}$ 不平行；

(3) $\overrightarrow{AB}=\overrightarrow{DC}$ 且 $|\overrightarrow{BC}|=|\overrightarrow{CD}|$.

习题 8.1

A 组

1. 简答题：

(1) 什么是向量？什么是相等向量？

（2）两个向量的和向量及差向量的箭头指向是怎样的？

2. 填空题：

（1）$\overrightarrow{AB}+\overrightarrow{BC}+\overrightarrow{CD}+\overrightarrow{DE}=$________；

（2）$\overrightarrow{AB}+\overrightarrow{DE}+\overrightarrow{CD}+\overrightarrow{EF}+\overrightarrow{BC}=$________；

（3）$\overrightarrow{AB}-\overrightarrow{AC}+\overrightarrow{BD}-\overrightarrow{CD}=$________；

（4）$\overrightarrow{OP}-\overrightarrow{QP}-\overrightarrow{PS}-\overrightarrow{SP}=$________；

（5）在四边形 $ABCD$ 中，若 $\overrightarrow{AD}=2\overrightarrow{BC}$，则四边形 $ABCD$ 是________形；

（6）已知 $\boldsymbol{a}=-3\boldsymbol{e}$，$\boldsymbol{b}=-2\boldsymbol{e}$，则向量 $\boldsymbol{a}$ 与 $\boldsymbol{b}$ 的位置关系是________，$|\boldsymbol{a}|:|\boldsymbol{b}|=$________；

（7）已知 $\boldsymbol{a}/\!/\boldsymbol{b}$ 且方向相反，且 $|\boldsymbol{a}|=\frac{1}{3}\boldsymbol{b}$，则 $\boldsymbol{a}=$________$\boldsymbol{b}$.

3. 化简：

（1）$\frac{1}{2}(2\boldsymbol{b}-\boldsymbol{a})+\frac{1}{4}(3\boldsymbol{a}+2\boldsymbol{b})+\frac{1}{2}(\boldsymbol{a}+\boldsymbol{b})$；

（2）$3(5\boldsymbol{a}-2\boldsymbol{b})-3(4\boldsymbol{a}-\boldsymbol{b})$.

4. 已知 $\frac{1}{2}(4\boldsymbol{x}+4\boldsymbol{b})-\frac{1}{3}(2\boldsymbol{x}-\boldsymbol{a})=\boldsymbol{a}$，求向量 $\boldsymbol{x}$.

5. 甲乙两人同时从 A 地出发，甲向南走 3km，乙向西走 3km.

（1）画出乙相对于甲的位置向量；

（2）求出该位置向量的大小和方向.

6. 如图 8－25，E，F 分别是长方形 $ABCD$ 的边 AB，CD 的中点，试写出：

（1）与 $\overrightarrow{BE}$ 相等的向量；

（2）与 $\overrightarrow{BE}$ 相反的向量.

7. 如图 8－26，EF，EM，FM 分别是 $\triangle ABC$ 的中位线，并且连接 BF，求：

（1）$\overrightarrow{BM}+\overrightarrow{BE}$；（2）$\overrightarrow{BM}-\overrightarrow{BE}$；（3）$\overrightarrow{EF}-\overrightarrow{BE}$；（4）$\overrightarrow{MF}+\overrightarrow{AF}$；

（5）$\overrightarrow{OM}+\overrightarrow{MF}+\overrightarrow{FE}$.

8. 如图 8－26，如果已知 $\overrightarrow{BE}=2\boldsymbol{a}$，$\overrightarrow{EF}=3\boldsymbol{b}$，试用 $\boldsymbol{a}$，$\boldsymbol{b}$ 分别表示向量 $\overrightarrow{BF}$，$\overrightarrow{EM}$，$\overrightarrow{MO}$，$\overrightarrow{OF}$.

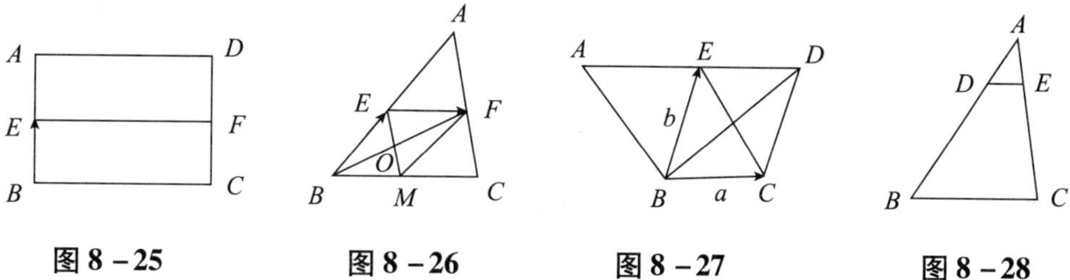

图 8－25　图 8－26　图 8－27　图 8－28

B 组

1. 一架飞机从 A 处出发，向东偏南 30° 方向飞行了 30km，到达 B 处，再向南偏西 30° 方向飞行 40km，到达了 C 处，求位移 $\overrightarrow{AC}$ 的大小和方向.

2. 在 $\triangle ABC$ 中，设 D 为边 BC 的中点，求证：$\overrightarrow{AB}+\overrightarrow{AC}=2\overrightarrow{AD}$.

3. 如图 8－27，在梯形 $ABCD$ 中，$AD // BC$，$AD=2BC$，E 是 AD 的中点，设 $\overrightarrow{BE}=b$，$\overrightarrow{BC}=\boldsymbol{a}$，试用 $\boldsymbol{a}$、$\boldsymbol{b}$ 表示下列各向量：(1) $\overrightarrow{BD}$，$\overrightarrow{EC}$；(2) $\overrightarrow{AD}$，$\overrightarrow{EA}$；(3) $\overrightarrow{BA}$，$\overrightarrow{DC}$.

4. 已知 $\triangle ABC$ 中，$\overrightarrow{AD}=\frac{1}{4}\overrightarrow{AB}$，$\overrightarrow{AE}=\frac{1}{4}\overrightarrow{AC}$，求证：$DE=\frac{1}{4}BC$ 且 $DE // BC$（图 8－28）.

8.2　平面向量的坐标表示

8.2.1　平面向量的直角坐标

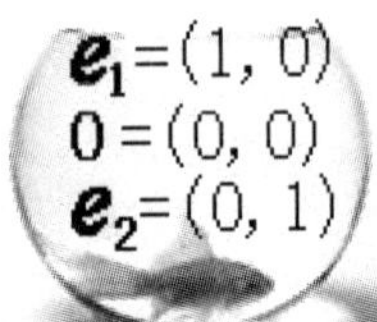

如图 8－29 所示，对于平面直角坐标系 Oxy 中的任一向量 $\boldsymbol{a}$，都有唯一确定的点 A，使得向量 $\overrightarrow{OA}=\boldsymbol{a}$.

设点 A 的坐标为（x,y），过点 A 向 x 轴引垂线，垂足为 B，分别取与 x 轴和 y 轴方向相同的两个单位向量 $\boldsymbol{e}_1$，$\boldsymbol{e}_2$，则

$$\overrightarrow{OB}=x\boldsymbol{e}_1,\ \overrightarrow{BA}=y\boldsymbol{e}_2.$$

根据向量加法的三角形法则，有

$$\boldsymbol{a}=\overrightarrow{OA}=\overrightarrow{OB}+\overrightarrow{BA}$$

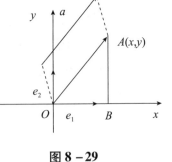

即　$\boldsymbol{a}=x\boldsymbol{e}_1+y\boldsymbol{e}_2$

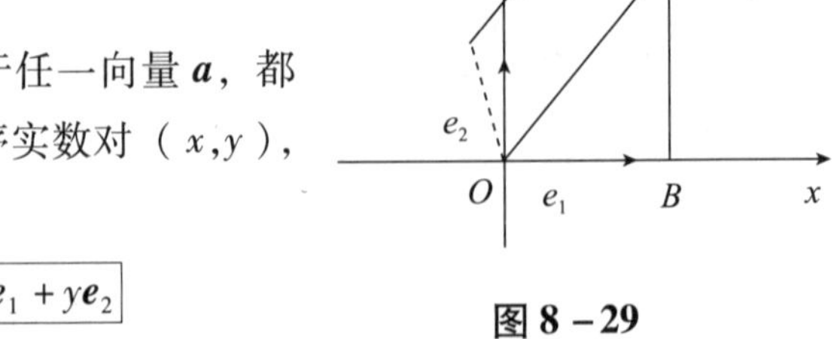

图 8－29

可见，对于任一向量 $\boldsymbol{a}$，都存在唯一的有序实数对（x,y），使得

$$\boxed{\boldsymbol{a}=x\boldsymbol{e}_1+y\boldsymbol{e}_2}$$

设向量
$\boldsymbol{a}=x_1\boldsymbol{e}_1+y_1\boldsymbol{e}_2$
$\boldsymbol{b}=x_2\boldsymbol{e}_1+y_2\boldsymbol{e}_2$，
则　$\boldsymbol{a}=\boldsymbol{b}\Leftrightarrow$
$x_1=x_2$ 且 $y_1=y_2$

这时，把（x,y）叫做**向量 a 在平面直角坐标系 Oxy 中的坐标**，也叫做**向量 a 的直角坐标**，简称**向量 $\boldsymbol{a}$ 的坐标**，记作 $\boldsymbol{a}=(x,y)$.

即　向量 a 的直角坐标等于直角坐标系 Oxy 中，与向量 a

相等的、相对于原点 O 的位置向量 $\overrightarrow{OA}$ 的终点 A 的坐标.

显然，对于起点为原点，终点为 $M(x,y)$ 的向量的坐标为

$$\overrightarrow{OM}=(x,y).$$

请回答：平面直角坐标系中点的坐标与向量的坐标，在书写上有何不同？

例 1 根据图 8 – 30 所示，试用单位向量 $\boldsymbol{e}_1$，$\boldsymbol{e}_2$ 表示向量 $\boldsymbol{a}$，$\boldsymbol{b}$，$\boldsymbol{c}$，并写出其坐标.

解 $\boldsymbol{a}=4\boldsymbol{e}_1+4\boldsymbol{e}_2=(4,4)$；

$\boldsymbol{b}=5\boldsymbol{e}_1-3\boldsymbol{e}_2=(5,-3)$；

$\boldsymbol{c}=-3\boldsymbol{e}_1+2\boldsymbol{e}_2=(-3,2)$.

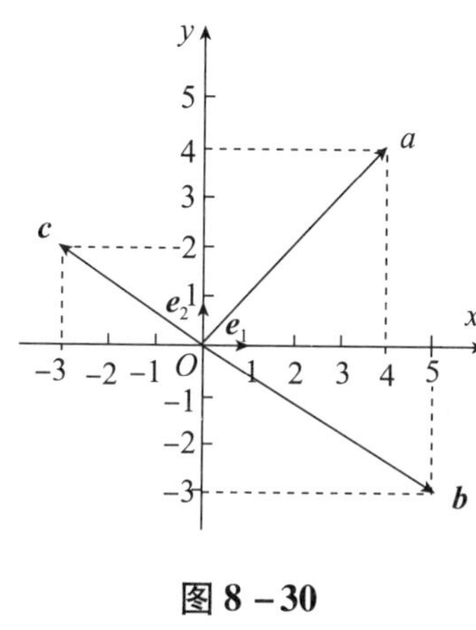

图 8 – 30

图 8 – 31

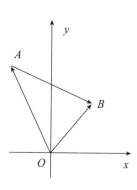

请回答：平面直角坐标系中的任一向量都能写成 $x\boldsymbol{e}_1+y\boldsymbol{e}_2$ 的形式吗？

现在让我们来看，始点为点 $A(x_1,y_1)$，终点为点 $B(x_2,y_2)$ 的向量 $\overrightarrow{AB}$ 的坐标与点 A 和点 B 的坐标之间的关系.

在图 8 – 31 中，设 $\boldsymbol{e}_1$，$\boldsymbol{e}_2$ 分别为 x 轴和 y 轴上的单位向量，

则 $\overrightarrow{OB}=x_2\boldsymbol{e}_1+y_2\boldsymbol{e}_2$，$\overrightarrow{OA}=x_1\boldsymbol{e}_1+y_1\boldsymbol{e}_2$

于是 $\overrightarrow{AB}=\overrightarrow{OB}-\overrightarrow{OA}=(x_2\boldsymbol{e}_1+y_2\boldsymbol{e}_2)-(x_1\boldsymbol{e}_1+y_1\boldsymbol{e}_2)$

$=(x_2-x_1)\boldsymbol{e}_1+(y_2-y_1)\boldsymbol{e}_2$

所以 $\overrightarrow{AB}$ 的坐标为 (x_2-x_1,y_2-y_1)，

即

$$\boxed{\overrightarrow{AB}=(x_2-x_1,y_2-y_1)} \qquad (公式 8-1)$$

一个向量的坐标等于向量终点与起点对应坐标的差.

例 2 已知点 $C(3,2)$，$D(5,-3)$，求 $\overrightarrow{CD}$，$\overrightarrow{DC}$ 的坐标.

解 $\overrightarrow{CD}=(5,-3)-(3,2)=(2,-5)$；

$\overrightarrow{DC}=(3,2)-(5,-3)=(-2,5)$.

8.2.2 向量的直角坐标运算

设 $\boldsymbol{a}=(x_1,y_1)$，$\boldsymbol{b}=(x_2,y_2)$，单位向量为 $\boldsymbol{e}_1$，$\boldsymbol{e}_2$.

则 $\boldsymbol{a}=x_1\boldsymbol{e}_1+y_1\boldsymbol{e}_2$　　　$b=x_2\boldsymbol{e}_1+y_2\boldsymbol{e}_2$

于是

$$\begin{aligned}\boldsymbol{a}+\boldsymbol{b}&=(x_1\boldsymbol{e}_1+y_1\boldsymbol{e}_2)+(x_2\boldsymbol{e}_1+y_2\boldsymbol{e}_2)\\&=(x_1\boldsymbol{e}_1+x_2\boldsymbol{e}_1)+(y_1\boldsymbol{e}_2+y_2\boldsymbol{e}_2)\\&=(x_1+x_2)\boldsymbol{e}_1+(y_1+y_2)\boldsymbol{e}_2\\&=(x_1+x_2,y_1+y_2)\end{aligned}$$

$$\begin{aligned}\boldsymbol{a}-\boldsymbol{b}&=(x_1\boldsymbol{e}_1+y_1\boldsymbol{e}_2)-(x_2\boldsymbol{e}_1+y_2\boldsymbol{e}_2)\\&=(x_1\boldsymbol{e}_1-x_2\boldsymbol{e}_1)+(y_1\boldsymbol{e}_2-y_2\boldsymbol{e}_2)\\&=(x_1-x_2)\boldsymbol{e}_1+(y_1-y_2)\boldsymbol{e}_2\\&=(x_1-x_2,y_1-y_2)\end{aligned}$$

$$\begin{aligned}\lambda\boldsymbol{a}&=\lambda(x_1\boldsymbol{e}_1+y_1\boldsymbol{e}_2)=\lambda x_1\boldsymbol{e}_1+\lambda y_1\boldsymbol{e}_2\\&=(\lambda x_1,\lambda y_1)\end{aligned}$$

两个向量的和与差的坐标等于这两个向量对应坐标的和与差，数乘向量积的坐标等于数乘上向量对应坐标的积.

综上可得，用坐标表示的向量的线性运算法则：

对于向量 $a=(x_1,y_1)$，$\boldsymbol{b}=(x_2,y_2)$，和实数 λ，有

$$\boxed{\boldsymbol{a}+\boldsymbol{b}=(x_1+x_2,y_1+y_2)}\qquad（公式 8-2）$$

$$\boxed{\boldsymbol{a}-\boldsymbol{b}=(x_1-x_2,y_1-y_2)}\qquad（公式 8-3）$$

$$\boxed{\lambda\boldsymbol{a}=(\lambda x_1,\lambda y_1)}\qquad（公式 8-4）$$

例 3 已知向量 $\boldsymbol{a}=(2,-1)$，$\boldsymbol{b}=(-3,4)$，求 $\boldsymbol{a}+\boldsymbol{b}$，$-2\boldsymbol{b}$，$3\boldsymbol{a}-4\boldsymbol{b}$.

解 $\boldsymbol{a}+\boldsymbol{b}=(2,-1)+(-3,4)=(-1,3)$；

$-2\boldsymbol{b}=-2(-3,4)=(6,-8)$；

$3\boldsymbol{a}-4\boldsymbol{b}=3(2,-1)-4(-3,4)=(6,-3)-(-12,16)=(18,-19)$

8.2.3 用向量的坐标表示向量平行的条件

我们前面学了向量平行的基本定理，即

对于非零向量 $\boldsymbol{a}$，$\boldsymbol{b}$，当 $\lambda\neq 0$ 时，有

$$\boldsymbol{a}/\!/\boldsymbol{b}\Leftrightarrow\boldsymbol{a}=\lambda\boldsymbol{b}.$$

如果 $\boldsymbol{a}=(x_1,y_1)$，$\boldsymbol{b}=(x_2,y_2)$，则

$\boldsymbol{a}=\lambda\boldsymbol{b}\Leftrightarrow(x_1,y_1)=\lambda(x_2,y_2)$

$$\Leftrightarrow(x_1,y_1)=(\lambda x_2,\lambda y_2)$$

$$\Leftrightarrow\begin{cases}x_1=\lambda x_2\\y_1=\lambda y_2\end{cases}$$

（因为$\boldsymbol{b}=(x_2,y_2)$是非零向量，所以x_2,y_2不全为0，不妨设$x_2\neq0$）

$$\Leftrightarrow\begin{cases}\lambda=\dfrac{x_1}{x_2}\\y_1=\lambda y_2\end{cases}$$

$$\Leftrightarrow y_1=\frac{x_1}{x_2}\times y_2$$

$$\Leftrightarrow x_1y_2-x_2y_1=0$$

于是可得，用坐标表示的向量平行的条件：

设向量$\boldsymbol{a}=(x_1,y_1)$，$\boldsymbol{b}=(x_2,y_2)$是两个非零向量，则

$$\boxed{\boldsymbol{a}/\!/\boldsymbol{b}\Leftrightarrow x_1y_2-x_2y_1=0}\qquad（平行条件2）$$

请回答：如何用向量的坐标来判断两个向量是否平行？

例4 已知向量$\boldsymbol{a}=(2,3)$，$\boldsymbol{b}=(4,6)$，判断$\boldsymbol{a}$，$\boldsymbol{b}$是否平行.

◆ **分析** 判断两个由坐标表示的向量是否平行，就是判断两个向量的坐标是否满足条件：$x_1y_2-x_2y_1=0$，即这两个向量的对应坐标是否成比例.

解 因为 $x_1y_2-x_2y_1=2\times6-3\times4=0$

所以 $\boldsymbol{a}/\!/\boldsymbol{b}$

试一试

已知下列各组向量$\boldsymbol{a}$，$\boldsymbol{b}$的坐标，求向量$2\boldsymbol{a}+3\boldsymbol{b}$，$\boldsymbol{a}-2\boldsymbol{b}$的坐标.

(1) $\boldsymbol{a}=(2,-4)$，$\boldsymbol{b}=(-5,2)$；

(2) $\boldsymbol{a}=(3,0)$，$\boldsymbol{b}=(-3,8)$；

(3) $\boldsymbol{a}=(-2,-3)$，$\boldsymbol{b}=(4,0)$.

做一做

1. 判断下列各组向量是否平行：(1) $\boldsymbol{a}=(1,2)$，$\boldsymbol{b}=\left(\frac{1}{2},1\right)$；

（2）$\boldsymbol{a}=(3,-2)$，$\boldsymbol{b}=(-3,2)$；

（3）$\boldsymbol{a}=(-1,1)$，$\boldsymbol{b}=(2,2)$.

2. 已知点 $A(6,-3)$ 和点 $B(-7,-8)$，求向量 $\overrightarrow{AB}$，$\overrightarrow{BA}$ 的坐标.

习题 8.2

A 组

1. 简答题：

（1）向量的直角坐标等于什么？

（2）已知向量 $\boldsymbol{a}=(x_1,y_1)$，$\boldsymbol{b}=(x_2,y_2)$，如何判断 $\boldsymbol{a}/\!/\boldsymbol{b}$？

2. 填空题：

（1）设向量 $\boldsymbol{a}=2\boldsymbol{i}-3\boldsymbol{j}$（$\boldsymbol{i}$，$\boldsymbol{j}$ 分别是 x 轴和 y 轴上的单位向量），则向量 $\boldsymbol{a}$ 的坐标为________；

（2）已知 $\overrightarrow{MN}=(5,4)$ 且点 M 的坐标为 $(-2,3)$，则点 N 的坐标为________；

（3）已知 $A(3,5)$，$B(-1,3)$ 则 $\overrightarrow{AB}=$________；$\overrightarrow{BA}=$________；

（4）已知 $\boldsymbol{a}=(-4,2)$，$\boldsymbol{b}=(2,-5)$，则 $\boldsymbol{a}+\boldsymbol{b}=$________；

（5）计算 $(3,4)+\frac{1}{2}\times(4,-6)-2\times(-2,3)=$________.

3. 如图 8－32，已知 $\boldsymbol{e}_1$，$\boldsymbol{e}_2$ 分别是 x 轴和 y 轴上的单位向量，试用 $\boldsymbol{e}_1$，$\boldsymbol{e}_2$ 表示向量：$\overrightarrow{OA}$，$\overrightarrow{OB}$，$\overrightarrow{OC}$，$\overrightarrow{OD}$.

4. 已知 $A(-1,2)$，$B(0,4)$ 和向量 $\boldsymbol{a}=(-1,y)$，且 $\overrightarrow{AB}/\!/\boldsymbol{a}$，求 y 的值.

5. 已知点 $A(-2,3)$，$B(0,-1)$，$C(2,-5)$，求证：A，B，C 三点共线.

6. 已知点 $A(-3,1)$，$B(2,4)$，求线段 AB 的中点和三等分点的坐标.

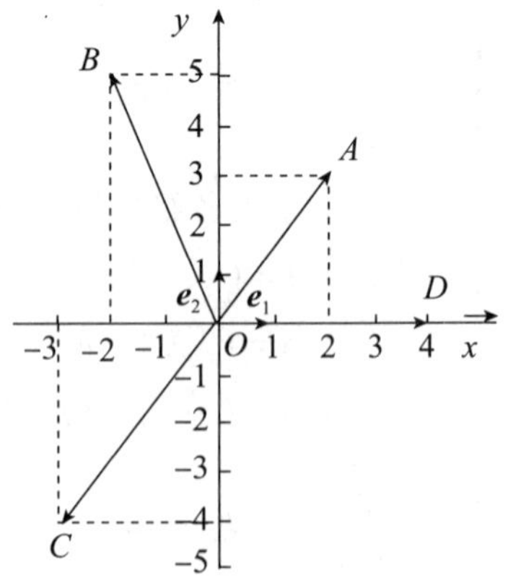

图 8－32

B组

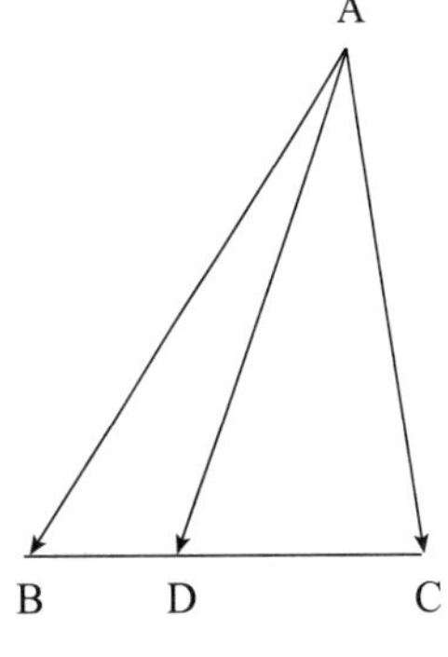

图8-33

1. 如图8-33，在△ABC中，D是BC边上的点，$\overrightarrow{BD}=\frac{1}{3}\overrightarrow{BC}$，$\overrightarrow{AC}=\boldsymbol{a}$，$\overrightarrow{AB}=\boldsymbol{b}$，试用$\boldsymbol{a}$，$\boldsymbol{b}$表示$\overrightarrow{AD}$.

2. 已知点$A(-1,-2)$，$B(1,3)$，$C(3,4)$，$D(1,-1)$，求证：四边形ABCD是平行四边形.

3. 已知$\boldsymbol{a}=(1,-3)$，$\boldsymbol{b}=(-3,5)$，实数x，y满足$x\boldsymbol{a}+y\boldsymbol{b}=(-7,5)$，求$x$，$y$的值.

8.3 向量的内积及其运算

8.3.1 平面向量的内积

设向量$\boldsymbol{a}$与$\boldsymbol{b}$是两个非零向量（如图8-34），作$\overrightarrow{OA}=\boldsymbol{a}$，$\overrightarrow{OB}=\boldsymbol{b}$，则$\angle AOB$就叫做**向量$\boldsymbol{a}$与$\boldsymbol{b}$的夹角**，记作$<\boldsymbol{a},\boldsymbol{b}>$或$<\boldsymbol{b},\boldsymbol{a}>$.

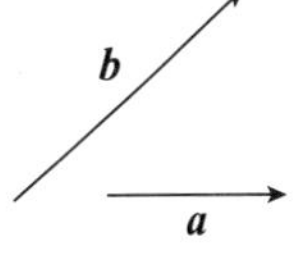

两个向量$\boldsymbol{a}$，$\boldsymbol{b}$的模与它们夹角余弦的乘积叫做**向量$\boldsymbol{a}$与$\boldsymbol{b}$的内积**，记作$\boldsymbol{a}\cdot\boldsymbol{b}$. 即

$$\boldsymbol{a}\cdot\boldsymbol{b}=|\boldsymbol{a}||\boldsymbol{b}|\cos<\boldsymbol{a},\boldsymbol{b}>$$

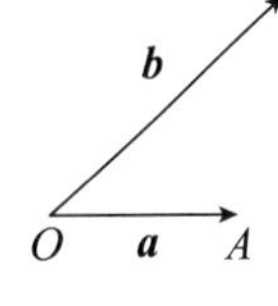

图8-34

根据向量内积的定义，容易得出下列结论：

（1） $$\cos<\boldsymbol{a},\boldsymbol{b}>=\frac{\boldsymbol{a}\cdot\boldsymbol{b}}{|\boldsymbol{a}||\boldsymbol{b}|}$$ （公式8-5）

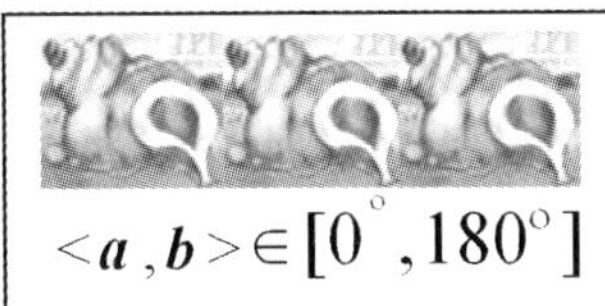

（2）当$<\boldsymbol{a},\boldsymbol{b}>=\frac{\pi}{2}$时，有$\cos<\boldsymbol{a},\boldsymbol{b}>=0$，于是有

$$\boldsymbol{a}\perp\boldsymbol{b}\Leftrightarrow\boldsymbol{a}\cdot\boldsymbol{b}=0$$ （垂直条件1）

（3）当$\boldsymbol{a}=\boldsymbol{b}$时，有$<\boldsymbol{a},\boldsymbol{b}>=<\boldsymbol{a},\boldsymbol{a}>=0$，此时$\boldsymbol{a}\cdot\boldsymbol{a}=|\boldsymbol{a}||\boldsymbol{a}|=|\boldsymbol{a}|^2\geqslant 0$，

于是有 $$|\boldsymbol{a}|=\sqrt{\boldsymbol{a}\cdot\boldsymbol{a}}$$ （公式8-6）

（4）因为$|\cos<\boldsymbol{a},\boldsymbol{b}>|\leqslant 1$，于是有

$$|\boldsymbol{a}\cdot\boldsymbol{b}|\leqslant|\boldsymbol{a}||\boldsymbol{b}|$$

（5）因为 $(\boldsymbol{a}+\boldsymbol{b})\cdot(\boldsymbol{a}-\boldsymbol{b})=\boldsymbol{a}\cdot\boldsymbol{a}-\boldsymbol{a}\cdot\boldsymbol{b}+\boldsymbol{b}\cdot\boldsymbol{a}-\boldsymbol{b}\cdot\boldsymbol{b}$

$=\boldsymbol{a}\cdot\boldsymbol{a}-\boldsymbol{b}\cdot\boldsymbol{b}=|\boldsymbol{a}|^2-|\boldsymbol{b}|^2$，

于是有 $\boxed{(\boldsymbol{a}+\boldsymbol{b})\cdot(\boldsymbol{a}-\boldsymbol{b})=|\boldsymbol{a}|^2-|\boldsymbol{b}|^2}$ （公式 8－7）

向量内积是一个实数，可以是正实数、负实数或零.

可以验证向量内积满足如下运算律：

（1）$\boldsymbol{a}\cdot\boldsymbol{b}=\boldsymbol{b}\cdot\boldsymbol{a}$； （交换律）

（2）$\lambda(\boldsymbol{a}\cdot\boldsymbol{b})=(\lambda\boldsymbol{a})\cdot\boldsymbol{b}=\boldsymbol{a}\cdot(\lambda\boldsymbol{b})$；（结合律）

（3）$(\boldsymbol{a}+\boldsymbol{b})\cdot\boldsymbol{c}=\boldsymbol{a}\cdot\boldsymbol{c}+\boldsymbol{b}\cdot\boldsymbol{c}$； （分配律）

例 1 已知 $|\boldsymbol{a}|=3$，$|\boldsymbol{b}|=4$，$<\boldsymbol{a},\boldsymbol{b}>=30°$，求 $\boldsymbol{a}\cdot\boldsymbol{b}$.

解 $\boldsymbol{a}\cdot\boldsymbol{b}=|\boldsymbol{a}||\boldsymbol{b}|\cos<\boldsymbol{a},\boldsymbol{b}>=3\times4\times\cos30°$

$=12\times\frac{\sqrt{3}}{2}=6\sqrt{3}$

例 2 已知 $|\boldsymbol{a}|=5$，$|\boldsymbol{b}|=4$，$\boldsymbol{a}\cdot\boldsymbol{b}=-10$，求 $<\boldsymbol{a},\boldsymbol{b}>$.

解 因为 $\cos<\boldsymbol{a},\boldsymbol{b}>=\frac{\boldsymbol{a}\cdot\boldsymbol{b}}{|\boldsymbol{a}||\boldsymbol{b}|}=\frac{-10}{5\times4}=-\frac{1}{2}$

而且 $0\leqslant<\boldsymbol{a},\boldsymbol{b}>\leqslant\pi$

所以 $<\boldsymbol{a},\boldsymbol{b}>=\frac{2\pi}{3}$

请回答：向量的内积只能是正实数吗？

试一试

在下列各题中，已知 $|\boldsymbol{a}|$，$|\boldsymbol{b}|$，$<\boldsymbol{a},\boldsymbol{b}>$，求 $\boldsymbol{a}\cdot\boldsymbol{b}$：

（1）$|\boldsymbol{a}|=5$，$|\boldsymbol{b}|=3$，$<\boldsymbol{a},\boldsymbol{b}>=45°$；

（2）$|\boldsymbol{a}|=2$，$|\boldsymbol{b}|=6$，$<\boldsymbol{a},\boldsymbol{b}>=\frac{\pi}{3}$；

（3）$|\boldsymbol{a}|=3$，$|\boldsymbol{b}|=2$，$<\boldsymbol{a},\boldsymbol{b}>=180°$；

（4）$|\boldsymbol{a}|=1$，$|\boldsymbol{b}|=4$，$<\boldsymbol{a},\boldsymbol{b}>=\frac{\pi}{2}$.

做一做

在下列各题中，已知 $\boldsymbol{a}\cdot\boldsymbol{b}$，$|\boldsymbol{a}||\boldsymbol{b}|$，求 $<\boldsymbol{a},\boldsymbol{b}>$：

（1）$\boldsymbol{a}\cdot\boldsymbol{b}=4$，$|\boldsymbol{a}||\boldsymbol{b}|=8$； （2）$\boldsymbol{a}\cdot\boldsymbol{b}=-2$，$|\boldsymbol{a}||\boldsymbol{b}|=4$；

（3）$\boldsymbol{a}\cdot\boldsymbol{b}=-13$，$|\boldsymbol{a}||\boldsymbol{b}|=13$； （4）$\boldsymbol{a}\cdot\boldsymbol{b}=4\sqrt{3}$，$|\boldsymbol{a}||\boldsymbol{b}|=8$.

8.3.2 向量内积的坐标表示

接下来我们学习，如何用两个向量 $\boldsymbol{a}$，$\boldsymbol{b}$ 的坐标，计算它们的内积 $\boldsymbol{a}\cdot\boldsymbol{b}$.

在平面直角坐标系 Oxy 中，设向量 $\boldsymbol{a}=(x_1,y_1)$，$\boldsymbol{b}=(x_2,y_2)$，$\boldsymbol{e}_1$，$\boldsymbol{e}_2$ 分别为 x 轴，y 轴上的单位向量，则

两个向量的内积等于这两个向量对应坐标乘积的和.

$$\boldsymbol{a}\cdot\boldsymbol{b}=(x_1\boldsymbol{e}_1+y_1\boldsymbol{e}_2)\cdot(x_2\boldsymbol{e}_1+y_2\boldsymbol{e}_2)$$
$$=x_1x_2\boldsymbol{e}_1\cdot\boldsymbol{e}_1+x_1y_2\boldsymbol{e}_1\cdot\boldsymbol{e}_2+x_2y_1\boldsymbol{e}_1\cdot\boldsymbol{e}_2+y_1y_2\boldsymbol{e}_2\cdot\boldsymbol{e}_2$$

因为 $\boldsymbol{e}_1\perp\boldsymbol{e}_2$，

所以 $\boldsymbol{e}_1\cdot\boldsymbol{e}_2=0$，并且 $\boldsymbol{e}_1\cdot\boldsymbol{e}_1=\boldsymbol{e}_2\cdot\boldsymbol{e}_2=1$

于是得 $\boldsymbol{a}\cdot\boldsymbol{b}=x_1x_2+y_1y_2$

定理 在平面直角坐标 Oxy 内，若向量 $\boldsymbol{a}=(x_1,y_1)$，$\boldsymbol{b}=(x_2,y_2)$，则

$$\boxed{\boldsymbol{a}\cdot\boldsymbol{b}=x_1x_2+y_1y_2} \qquad \text{（公式 8-8）}$$

用坐标表示向量，可简化向量内积的计算，下面还将看到，利用坐标表示向量，会使垂直、夹角、模（长度）、距离等问题变得更加简捷.

在平面直角坐标 Oxy 中：

（1）设向量 $\boldsymbol{a}=(x_1,y_1)$，$\boldsymbol{b}=(x_2,y_2)$，

则由 $\boldsymbol{a}\perp\boldsymbol{b}\Leftrightarrow\boldsymbol{a}\cdot\boldsymbol{b}=0$

而 $\boldsymbol{a}\cdot\boldsymbol{b}=0\Leftrightarrow x_1x_2+y_1y_2=0$

于是可得，用向量的坐标来判断向量垂直的方法：

$$\boxed{\boldsymbol{a}\perp\boldsymbol{b}\Leftrightarrow x_1x_2+y_1y_2=0} \qquad \text{（垂直条件 2）}$$

（2）设向量 $\boldsymbol{a}=(x,y)$，则由公式 8-6 和公式 8-8，

得 $|\boldsymbol{a}|=\sqrt{\boldsymbol{a}\cdot\boldsymbol{a}}=\sqrt{x\cdot x+y\cdot y}=\sqrt{x^2+y^2}$

于是有

$$\boxed{|\boldsymbol{a}|=\sqrt{x^2+y^2}} \qquad \text{（公式 8-9）}$$

（3）设两个非零向量 $\boldsymbol{a}=(x_1,y_1)$，$\boldsymbol{b}=(x_2,y_2)$，

则 $\boldsymbol{a}\cdot\boldsymbol{b}=x_1x_2+y_1y_2$，$|\boldsymbol{a}|=\sqrt{x_1^2+y_1^2}$，$|\boldsymbol{b}|=\sqrt{x_2^2+y_2^2}$

可得 $\cos<\boldsymbol{a},\boldsymbol{b}>=\dfrac{\boldsymbol{a}\cdot\boldsymbol{b}}{|\boldsymbol{a}||\boldsymbol{b}|}=\dfrac{x_1x_2+y_1y_2}{\sqrt{x_1^2+y_1^2}\sqrt{x_2^2+y_2^2}}$，

于是有

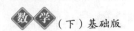

两点间的距离等于这两点对应坐标差的平方和的算术平方根.

$$\cos<\boldsymbol{a},\boldsymbol{b}>=\frac{x_1x_2+y_1y_2}{\sqrt{x_1^2+y_1^2}\sqrt{x_2^2+y_2^2}}$$（公式 8－10）

可利用公式 8－10 求两个向量的夹角.

（4）设 $A(x_1,y_1)$，$B(x_2,y_2)$ 为任意两点，则向量

$$\overrightarrow{AB}=(x_2-x_1,y_2-y_1),$$

由公式 8－9 可得

$$|AB|=|\overrightarrow{AB}|=\sqrt{(x_2-x_1)^2+(y_2-y_1)^2}$$

（公式 8－11）

公式 8－11 就是第 7 章第 1 节平面直角坐标系中，A、B 两点间的距离公式.

请回答：已知任一向量 $\boldsymbol{b}(3,5)$，如何求它的模？

例 3 已知 $\boldsymbol{a}=(-3,-1)$，$\boldsymbol{b}=(1,2)$，求 $\boldsymbol{a}\cdot\boldsymbol{b}$，$|\boldsymbol{a}|$，$|\boldsymbol{b}|$，$<\boldsymbol{a},\boldsymbol{b}>$.

解 $\boldsymbol{a}\cdot\boldsymbol{b}=x_1x_2+y_1y_2=-3\times1+(-1)\times2=-5$

$$|\boldsymbol{a}|=\sqrt{x_1^2+y_1^2}=\sqrt{(-3)^2+(-1)^2}=\sqrt{10}$$

$$|\boldsymbol{b}|=\sqrt{x_2^2+y_2^2}=\sqrt{1^2+2^2}=\sqrt{5}$$

因为 $\cos<\boldsymbol{a},\boldsymbol{b}>=\dfrac{x_1x_2+y_1y_2}{\sqrt{x_1^2+y_1^2}\sqrt{x_2^2+y_2^2}}=\dfrac{-5}{\sqrt{10}\sqrt{5}}=-\dfrac{1}{\sqrt{2}}=-\dfrac{\sqrt{2}}{2}$

而 $<\boldsymbol{a},\boldsymbol{b}>\in[0,\pi]$

所以 $<\boldsymbol{a},\boldsymbol{b}>=\dfrac{3\pi}{4}$

例 4 已知点 $A(-2,-1)$，$B(-5,8)$，$C(1,2)$，求证：$\triangle ACB$ 为直角三角形.

证明 由已知可得：

$$\overrightarrow{AC}=(1,2)-(-2,-1)=(3,3)$$

$$\overrightarrow{BC}=(1,2)-(-5,8)=(6,-6)$$

所以 $\overrightarrow{AC}\cdot\overrightarrow{BC}=3\times6+3\times(-6)=0$

于是 $\overrightarrow{AC}\perp\overrightarrow{BC}$

即 $\triangle ACB$ 为直角三角形.

例 5 已知 $A(3,-2)$，$B(4,2)$，求 $|\overrightarrow{AB}|$.

解 由已知可得

$$\overrightarrow{AB}=(4,2)-(3,-2)=(1,4)$$

所以 $|\overrightarrow{AB}|=\sqrt{1^2+4^2}=\sqrt{17}$

试一试

在下列各题中，已知向量 $\boldsymbol{a}$，$\boldsymbol{b}$ 的坐标，求 $\boldsymbol{a}\cdot\boldsymbol{b}$，$|\boldsymbol{a}|$，$|\boldsymbol{b}|$ 及 $\cos<\boldsymbol{a},\boldsymbol{b}>$.

(1) $\boldsymbol{a}=(5,-3)$，$\boldsymbol{b}=(3,5)$；　(2) $\boldsymbol{a}=(4,3)$，$\boldsymbol{b}=(5,-2)$；

(3) $\boldsymbol{a}=(2,1)$，$\boldsymbol{b}=(-2,-1)$；　(4) $\boldsymbol{a}=(-2,-3)$，$\boldsymbol{b}=(1,1)$.

做一做

判断下列各对向量是否垂直?

(1) $\boldsymbol{a}=(-1,2)$，　$\boldsymbol{b}=(4,2)$；

(2) $\boldsymbol{a}=(1,7)$，　$\boldsymbol{b}=(14,-2)$；

(3) $\boldsymbol{a}=\left(\frac{1}{2},\frac{1}{3}\right)$，　$\boldsymbol{b}=\left(-\frac{2}{3},1\right)$；

(4) $\boldsymbol{a}=(4,3)$，　$\boldsymbol{b}=(3,4)$.

习题 8.3

A 组

1. 简答题：

(1) 什么是向量 $\boldsymbol{a}$，$\boldsymbol{b}$ 的内积?

(2) 如果向量 $\boldsymbol{a}=(x_1,y_1)$，$\boldsymbol{b}=(x_2,y_2)$，则向量 $\boldsymbol{a}\cdot\boldsymbol{b}$ 的内积是什么?

2. 填空题：

(1) 若 $|\boldsymbol{a}|=\sqrt{2}$，$|\boldsymbol{b}|=1$，$<\boldsymbol{a},\boldsymbol{b}>=45°$，则 $\boldsymbol{a}\cdot\boldsymbol{b}=$__________；

(2) 若 $\boldsymbol{a}\cdot\boldsymbol{b}<0$，则 $<\boldsymbol{a},\boldsymbol{b}>$ 的取值范围是__________；

(3) 若 $\boldsymbol{a}=(4,-2)$，$\boldsymbol{b}=(3,7)$，则 $\boldsymbol{a}\cdot\boldsymbol{b}=$__________；

(4) 若 $A(x,5)$，$B(-3,1)$ 且 $|\overrightarrow{AB}|=\sqrt{41}$，则 $x=$__________；

(5) 若 $\boldsymbol{a}\cdot\boldsymbol{b}=-8$，$|\boldsymbol{a}|=2\sqrt{2}$，$|\boldsymbol{b}|=2\sqrt{2}$，则 $<\boldsymbol{a},\boldsymbol{b}>$ 是__________；

(6) 若 $|\boldsymbol{a}|=4$，$|\boldsymbol{b}|\cos<\boldsymbol{a},\boldsymbol{b}>=5$，则 $\boldsymbol{a}\cdot\boldsymbol{b}=$__________.

3. 已知 $\boldsymbol{a}=(2,-1)$，$\boldsymbol{b}=(\mathrm{m},1)$，且 $a\perp b$，求 m 的值.

4. 已知 $\boldsymbol{a}=(-1,1)$，$\boldsymbol{b}=(3,-2)$，求 $3\boldsymbol{a}\cdot5\boldsymbol{b}$.

5. 已知 $\boldsymbol{a}=(3,2)$，$\boldsymbol{b}=(2,-1)$，求 $(\boldsymbol{a}+\boldsymbol{b})^2$，$\cos<\boldsymbol{a},\boldsymbol{b}>$.

6. 已知点 $A(5,-2)$，$B(1,2)$ 且 $\overrightarrow{AB}=2\boldsymbol{a}$，求向量 $\boldsymbol{a}$ 的坐标.

B 组

1. 已知 $\boldsymbol{a}=(2,-2)$，$\boldsymbol{b}=(-4,3)$，$\boldsymbol{c}=(5,1)$，求：

(1) $2\boldsymbol{a}+\boldsymbol{b}+2\boldsymbol{c}$；　　(2) $3(\boldsymbol{a}+\boldsymbol{b})-\boldsymbol{c}$.

2. 已知点 $P(2,x)$，$Q(1,1)$，$M(-3,-2)$ 且 $|\overrightarrow{PQ}|=|\overrightarrow{PM}|$，求 x 的值.

3. 已知 $|\boldsymbol{a}|=\sqrt{3}$，$|\boldsymbol{b}|=2$，且 $<\boldsymbol{a},\boldsymbol{b}>=150°$，求：

(1) $\boldsymbol{a}\cdot\boldsymbol{b}$；　　(2) $(2\boldsymbol{a}-\boldsymbol{b})\cdot(a+3b)$.

归纳与总结

一、知识结构

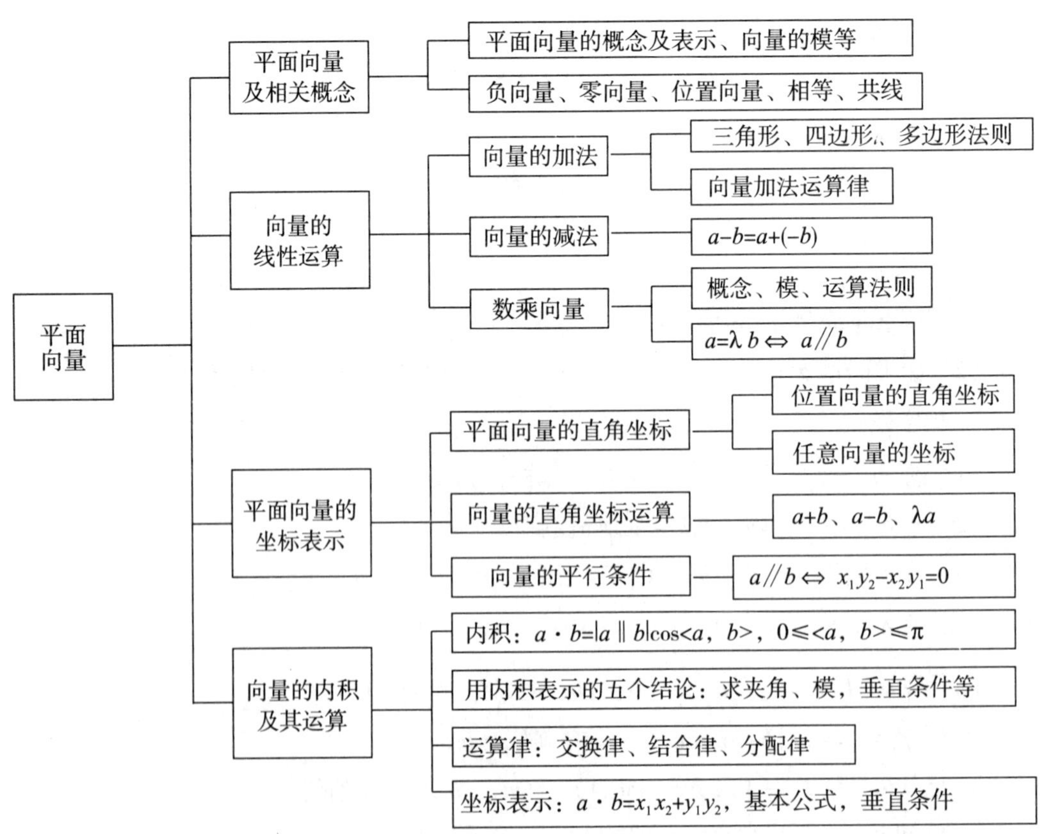

二、应注意的问题

1. 向量的两要素：(1) 大小（模），(2) 方向；相等向量：大小，方向都相等的向量；负向量：方向相反，模相等；零向量方向是任意的；共线即平行.

2. 和向量是首尾顺次连接，差向量是同一始点出发，由减向量的终点指向被减向量的终点.

3. 向量的内积：$a \cdot b = |a||b|\cos < a, b > = x_1x_2 + y_1y_2$.

4. 向量的内积是一个实数，且 $(a \cdot b) \cdot c \neq a \cdot (b \cdot c)$.

5. 向量平行有两种条件：$a \parallel b \Leftrightarrow a = \lambda b \Leftrightarrow x_1y_2 - x_2y_1 = 0$.

6. 向量垂直也有两种条件：$a \perp b \Leftrightarrow a \cdot b = 0 \Leftrightarrow x_1x_2 + y_1y_2 = 0$.

7. 两点间距离就是向量的模：$|\overrightarrow{AB}| = \sqrt{(x_2 - x_1)^2 + (y_2 - y_1)^2}$.

复 习 题

A 组

一、选择题

1. 下列说法正确的是（　　）.

A. 零向量的方向是不确定的；

B. 两个方向相等的向量叫做相等向量；

C. 有向线段就是向量；

D. 具有大小的量就是向量.

2. 在▱ $ABCD$ 中，下列关系成立的是（　　）.

A. $\overrightarrow{AC} \parallel \overrightarrow{BD}$；　B. $\overrightarrow{AB} = \overrightarrow{CD}$；　C. $\overrightarrow{AD} = \overrightarrow{CB}$；　D. $\overrightarrow{AB} = \overrightarrow{DC}$.

3. 在 $\triangle ABC$ 中，$\overrightarrow{AB} + \overrightarrow{BC} =$（　　）.

A. $\overrightarrow{BC}$；　B. $\overrightarrow{AC}$；　C. $\overrightarrow{CA}$；　D. $\overrightarrow{BA}$.

4. 如图 8－35，在 $\triangle ABC$ 中，D 是 BC 上的一点，连接 AD，则下列说法中不正确的是（　　）.

A. $\overrightarrow{BA} - \overrightarrow{BD} = \overrightarrow{DA}$；

B. $\overrightarrow{DC} - \overrightarrow{BA} = \overrightarrow{AD}$；

C. $\overrightarrow{CA} - \overrightarrow{CD} = \overrightarrow{DA}$；

D. $\overrightarrow{BC} - \overrightarrow{BA} = \overrightarrow{AC}$.

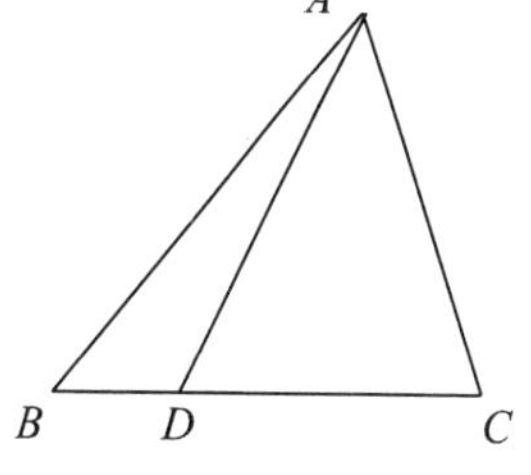

图 8－35

5. 在图 8－35 中，下列说法中正确的是（　　）.

A. $\overrightarrow{AB}+\overrightarrow{DB}=\overrightarrow{AD}$；　　B. $\overrightarrow{AD}+\overrightarrow{AC}=\overrightarrow{DC}$；

C. $\overrightarrow{AD}+\overrightarrow{DC}=\overrightarrow{AC}$；　　D. $\overrightarrow{AB}+\overrightarrow{BC}=\overrightarrow{CA}$.

6. $\lambda\in\mathrm{R}$，下列关系中正确的是（　　）.

A. $(2-\lambda)\boldsymbol{a}=2\boldsymbol{a}+\lambda\boldsymbol{a}$；　　B. $\lambda|\boldsymbol{a}|=|\lambda\boldsymbol{a}|$；

C. $|\lambda\boldsymbol{a}|=|\lambda|\boldsymbol{a}$；　　D. $\boldsymbol{a}=0$，则 $\lambda\boldsymbol{a}=0$.

7. 若 $\boldsymbol{a}=(5,4)$，$\boldsymbol{b}=(-3,2)$，则 $2\boldsymbol{a}+3\boldsymbol{b}$ 的坐标是（　　）.

A. $(1,14)$；　B. $(14,1)$；　C. $(-1,14)$；　D. $(1,-14)$.

8. 已知 $|\boldsymbol{a}|=4$，$|\boldsymbol{b}|=5$，$<\boldsymbol{a},\boldsymbol{b}>=30°$，则 $\boldsymbol{a}\cdot\boldsymbol{b}=$（　　）.

A. 12；　B. $10\sqrt{3}$；　C. 20；　D. $20\sqrt{3}$.

9. 已知 $A(7,5)$，$B(-4,3)$，则 $\overrightarrow{AB}=$（　　）.

A. $(-11,2)$；　B. $(-11,-2)$；　C. $(11,-2)$；　D. $(11,2)$.

10. 已知 $A(7,-5)$，$B(4,3)$，则 $|\overrightarrow{AB}|=$（　　）.

A. $\sqrt{73}$；　B. 73；　C. $\sqrt{55}$；　D. 56.

11. 已知向量 $\boldsymbol{a}=(3,6)$，$\boldsymbol{b}=(x,-3)$，且 $\boldsymbol{a}/\!/\boldsymbol{b}$，则 $x=$（　　）.

A. $-\dfrac{3}{2}$；　B. $-\dfrac{2}{3}$；　C. -3；　D. $\dfrac{3}{2}$.

12. 若 $\boldsymbol{a}\cdot\boldsymbol{b}>0$，则 $\boldsymbol{a}$ 和 $\boldsymbol{b}$ 的夹角 θ 的取值范围是（　　）.

A. $[0°, 180°]$；　B. $[0°, 90°]$；　C. $[90°, 180°]$；　D. $[0°, 90°)$.

13. 与向量 $(2,-4)$ 垂直的向量是（　　）.

A. $(2,4)$；　B. $(-2,4)$；　C. $(4,2)$；　D. $(-4,-2)$.

14. 已知向量 $\boldsymbol{a}=(-3,5)$，$\boldsymbol{b}=(5,3)$，则 $<\boldsymbol{a},\boldsymbol{b}>=$（　　）.

A. $\dfrac{\pi}{4}$；　B. 0；　C. $\dfrac{\pi}{2}$；　D. $\dfrac{\pi}{3}$.

二、填空题

1. 已知 $\boldsymbol{a}=2\boldsymbol{e}$，$b=\dfrac{1}{3}\boldsymbol{e}$，则 $\boldsymbol{a}$ 与 $\boldsymbol{b}$ 的关系是__________；

2. 在▱$ABCD$ 中，$\overrightarrow{AB}-\overrightarrow{BC}=$__________，$\overrightarrow{AB}+\overrightarrow{AD}=$__________；

3. $\overrightarrow{AB}+\overrightarrow{AC}+\overrightarrow{BA}+\overrightarrow{CB}=$__________，$\overrightarrow{AB}-\overrightarrow{AC}+\overrightarrow{BD}-\overrightarrow{CD}=$__________；

4. 已知 $\boldsymbol{a}=2\boldsymbol{i}+3\boldsymbol{j}$，$\boldsymbol{b}=3\boldsymbol{i}-\boldsymbol{j}$，则 $\boldsymbol{a}+\boldsymbol{b}=$__________；

5. $2(\boldsymbol{a}-\boldsymbol{b})+3(\boldsymbol{a}-2\boldsymbol{b})=$__________；.

6. 已知三点 $A(x,-9)$，$B(2,-4)$，$C(1,1)$ 共线，则 $x=$__________；

7. 在 $\triangle ABC$ 中，$\overrightarrow{AB}=\boldsymbol{a}$，$\overrightarrow{AC}=\boldsymbol{b}$，$\overrightarrow{BD}=\dfrac{1}{3}\overrightarrow{BC}$，则 $\overrightarrow{AD}=$__________；

8. 已知 $\boldsymbol{a}=(4,3)$，$\boldsymbol{b}=(-3,x)$ 且 $\boldsymbol{a}/\!/\boldsymbol{b}$，则 $x=$__________；

9. 已知点 $A(2,-3)$，点 $B(4,3)$，$\overrightarrow{BC}=2\overrightarrow{BA}$，$\overrightarrow{AB}=3\overrightarrow{AD}$，$\overrightarrow{AE}=\dfrac{1}{2}\overrightarrow{AB}$，则点 C，

D，E 的坐标分别是__________，__________，__________；

10. 若 $\boldsymbol{a}=(-1,-2)$，$\boldsymbol{b}=(-1,3)$，则 $\cos<\boldsymbol{a},\boldsymbol{b}>=$__________；.

11. 若 $\boldsymbol{a}=(3,-4)$，$\boldsymbol{b}=(-2,-1)$，则 $\boldsymbol{a}\cdot\boldsymbol{b}=$__________；

12. 若 $\boldsymbol{a}=(2,-1)$，$\boldsymbol{b}=(3,t)$，$\boldsymbol{a}\perp\boldsymbol{b}$，则 $t=$__________；

13. 若 $|\boldsymbol{a}|=3$，$|\boldsymbol{b}|=5$，$<\boldsymbol{a},\boldsymbol{b}>=120°$，则 $\boldsymbol{a}\cdot\boldsymbol{b}=$__________；

14. 若 $\boldsymbol{a}\cdot\boldsymbol{b}=3$，$|\boldsymbol{a}|=3$，$|\boldsymbol{b}|=2$，则 $<\boldsymbol{a},\boldsymbol{b}>=$__________；

15. 若 $A(3,5)$，$B(-1,2)$，则 $|\overrightarrow{AB}|=$__________.

三、判断题（正确的打√，错误的打×）

1. 质量是向量.（　）
2. 零向量与任意向量平行.（　）
3. 两个大小相等的向量叫做相等向量.（　）
4. 向量的加法是从同一始点出发的.（　）
5. 向量的减法是从同一始点出发，由减向量终点指向被减向量的终点.（　）
6. $\lambda>0$；$\lambda\boldsymbol{a}$ 就是把 $\boldsymbol{a}$ 沿同方向放大或缩小.（　）
7. $\boldsymbol{a}/\!/\boldsymbol{b}\Leftrightarrow x_1x_2+y_1y_2=0$.（　）
8. $\boldsymbol{a}\perp\boldsymbol{b}\Leftrightarrow x_1x_2+y_1y_2=0$.（　）
9. $\boldsymbol{a}\cdot\boldsymbol{b}=0\Leftrightarrow\boldsymbol{a}/\!/\boldsymbol{b}$.（　）
10. A，B 两点间距离公式，$|\overrightarrow{AB}|=\sqrt{(x_2-x_1)^2+(y_2-y_1)^2}$.（　）
11. 位置向量可以确定一点相对于另一点的位置.（　）
12. 在四边形 $ABCD$ 中，若 $\overrightarrow{AD}-\overrightarrow{BC}=0$，且 $\overrightarrow{AD}\cdot\overrightarrow{DC}=0$，则它一定是矩形.（　）
13. 当 $\lambda=0$ 时，$\lambda\boldsymbol{a}=0$.（　）
14. 如果 $\boldsymbol{a}=\lambda\boldsymbol{b}$（$\lambda\in\mathrm{R}$，$\boldsymbol{b}\neq0$），那么 $\boldsymbol{a}$ 与 $\boldsymbol{b}$ 的关系是相等.（　）

四、解答题

1. 化简：(1) $\overrightarrow{BD}-\overrightarrow{DC}-\overrightarrow{CA}-\overrightarrow{AB}$；

(2) $\frac{1}{3}(9\boldsymbol{a}-6\boldsymbol{b})-2(\boldsymbol{a}-2\boldsymbol{b})-3(2\boldsymbol{a}+\boldsymbol{b})$.

2. 在图 8－36 的▱$ABCD$ 中，已知 $\overrightarrow{AD}=\boldsymbol{a}$，$\overrightarrow{BA}=\boldsymbol{b}$，$E$，$F$ 分别是 AB，CD 的中点，点 M 在 BC 上，使 $\overrightarrow{BM}=\frac{2}{3}\overrightarrow{BC}$，试用 $\boldsymbol{a}$，$\boldsymbol{b}$ 分别表示 $\overrightarrow{EF}$，$\overrightarrow{FA}$，$\overrightarrow{MA}$.

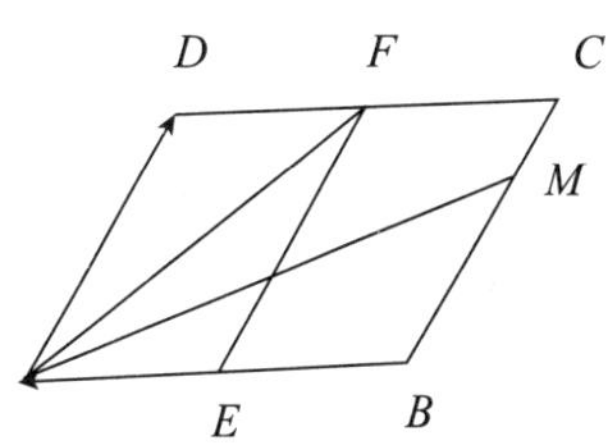

图 8－36

3. 已知点 $A(2,4)$，$B\left(3,\frac{8}{3}\right)$，$C(1,-3)$，$D(-2,1)$，求证：$ABCD$ 是直角梯形.

4. 已知 $\boldsymbol{a}=(-3,4)$，$\boldsymbol{b}=(2,-1)$，实数 x，y 满足等式 $y\boldsymbol{a}+x\boldsymbol{b}=(3,6)$，求 x，y.

5. 已知 $|\boldsymbol{a}|=2$，$|\boldsymbol{b}|=5$，$<\boldsymbol{a},\boldsymbol{b}>=120°$，求 $(\boldsymbol{a}+\boldsymbol{b})\cdot(\boldsymbol{a}-\boldsymbol{b})$，$|\boldsymbol{a}+\boldsymbol{b}|$.

6. 已知向量 $\boldsymbol{a}=(4,-3)$，$\boldsymbol{b}=(-1,2)$，且 $(\boldsymbol{a}+m\boldsymbol{b})\perp(\boldsymbol{b}-\boldsymbol{a})$，求 m 的值.

B组

1. 已知点 $B(3,2)$，$\overrightarrow{AB}=(5,-1)$，求点 A 的坐标.

2. 设 $a=(-1,3)$，$b=(t,6)$，且 $\boldsymbol{a}/\!/\boldsymbol{b}$，求 t 的值.

3. 已知 $|\boldsymbol{a}|=3$，$|\boldsymbol{b}|=5$，且 $(3\boldsymbol{a}+m\boldsymbol{b})\perp(3\boldsymbol{a}-m\boldsymbol{b})$，求实数 m 的值.

课后自测题

一、选择题

1. 向量的要素说法正确的是（　　）.

A. 大小和起点；　　B. 大小和方向；

C. 大小、方向、起点；　　D. 方向和终点.

2. 化简 $\overrightarrow{AB}-\overrightarrow{DC}+\overrightarrow{DM}-\overrightarrow{CB}=$（　　）.

A. $\overrightarrow{MB}$；　　B. $\overrightarrow{MA}$；　　C. $\overrightarrow{AM}$；　　D. $\overrightarrow{AD}$.

3. $\boldsymbol{a}\cdot\boldsymbol{b}=-3$，$|\boldsymbol{a}|=\sqrt{3}$，$|\boldsymbol{b}|=2\sqrt{3}$，则 $<\boldsymbol{a},\boldsymbol{b}>$ 是（　　）.

A. 180°；　　B. 270°；　　C. 60°；　　D. 120°.

4. 与向量 $(2,-4)$ 垂直的向量是（　　）.

A. $(2,1)$；　　B. $(2,-1)$；　　C. $(1,2)$；　　D. $(1,-2)$.

5. 已知 $\boldsymbol{a}=(3,-1)$，$\boldsymbol{b}=(-1,x)$ 且 $\boldsymbol{a}/\!/\boldsymbol{b}$，则 $x=$（　　）.

A. -3；　　B. 3；　　C. $-\frac{1}{3}$；　　D. $\frac{1}{3}$.

6. 设 $\boldsymbol{a}=(3,2)$，$\boldsymbol{b}=(-3,-2)$ 则 $2\boldsymbol{a}+3\boldsymbol{b}=$（　　）.

A. $(-3,-2)$；　　B. $(3,2)$；　　C. $(-3,2)$；　　D. $(3,-2)$.

7. 将向量 $\boldsymbol{a}$，$\boldsymbol{b}$ 的起点放在一起，则从 $\boldsymbol{b}$ 的终点指向 $\boldsymbol{a}$ 的终点的向量是（　　）.

A. $\boldsymbol{b}-\boldsymbol{a}$；　　B. $\boldsymbol{a}-\boldsymbol{b}$；　　C. $\boldsymbol{a}+\boldsymbol{b}$；　　D. $-\boldsymbol{a}$.

8. 已知 $|\boldsymbol{a}|=3$，$|\boldsymbol{b}|=2$，$<\boldsymbol{a},\boldsymbol{b}>=\frac{\pi}{2}$，则 $\boldsymbol{a}\cdot\boldsymbol{b}=$（　　）.

A. 1；　　B. 3；　　C. 6；　　D. 0.

9. 若向量 $\overrightarrow{OA}=(2,-1)$，$\overrightarrow{OB}=(t,-3)$，$\overrightarrow{OA}\perp\overrightarrow{OB}$，则 $t=$（　　）.

A. $-\frac{3}{2}$； B. $-\frac{2}{3}$； C. 2； D. 6.

10. 若 $\boldsymbol{a}=(3,4)$，$\boldsymbol{b}=(5,-2)$，则 $\boldsymbol{a}\cdot\boldsymbol{b}=$（ ）.

A. 8； B. 7； C. 6； D. 9.

二、填空题

1. $\overrightarrow{AB}+\overrightarrow{CD}+\overrightarrow{BC}+\overrightarrow{DE}=$____________；

2. 已知 $A(3,6)$，$B(2,5)$，则 $\overrightarrow{AB}=$____________，$|\overrightarrow{AB}|=$____________；

3. 若 $|\boldsymbol{a}|=4$，$|\boldsymbol{b}|=7$，$\boldsymbol{a}\cdot\boldsymbol{b}=-28$，则 $<\boldsymbol{a},\boldsymbol{b}>=$____________；

4. 已知 $\boldsymbol{a}=(3,y)$，$\boldsymbol{b}=(-1,2)$，若 $\boldsymbol{a}/\!/\boldsymbol{b}$，则 $y=$____________，若 $\boldsymbol{a}\perp\boldsymbol{b}$，则 $y=$____________；

5. 已知 $P(-1,2)$，$Q(3,4)$，则线段 PQ 的中点坐标为____________；

6. 若 $\boldsymbol{a}=(-1,2)$，$\boldsymbol{b}=(2,-3)$，则 $(\boldsymbol{a}+\boldsymbol{b})\cdot(\boldsymbol{a}+\boldsymbol{b})=$____________；

7. $\frac{1}{4}(4\boldsymbol{b}+2\boldsymbol{a})-\frac{1}{2}[(2\boldsymbol{a}-3\boldsymbol{b})-6\boldsymbol{a}]=$____________；

8. 已知 $A(x,2)$，$B(2,-3)$，$C(-1,1)$，$D(-2,3)$ 且 $AB\perp CD$，则 $x=$____________；

9. 若 $\boldsymbol{a}\cdot\boldsymbol{a}=4$，则 $|\boldsymbol{a}|=$____________；

10. 若 $\boldsymbol{a}=(-3,2)$，则 $|\boldsymbol{a}|=$____________.

三、判断题（正确的打√，错误的打×）

1. 零向量的方向是确定的.（ ）

2. 减去一个向量等于加上这个向量的相反向量.（ ）

3. $\boldsymbol{a}/\!/\boldsymbol{b}\Leftrightarrow x_1y_2-x_2y_1=0$.（ ）

4. $\boldsymbol{a}\cdot\boldsymbol{b}=\boldsymbol{ab}\cos<\boldsymbol{a},\boldsymbol{b}>$.（ ）

5. $\boldsymbol{a}$ 与 $\boldsymbol{b}$ 的夹角的取值范围（0°，180°）.（ ）

6. 两个向量 $\boldsymbol{a}$ 与 $\boldsymbol{b}$ 的内积是一个实数.（ ）

7. $\boldsymbol{a}/\!/\boldsymbol{b}\Leftrightarrow\boldsymbol{a}=\lambda\boldsymbol{b}$.（ ）

8. 当 $\boldsymbol{a}=0$ 时，$\lambda\boldsymbol{a}=0$.（ ）

9. $|\lambda\boldsymbol{a}|=\lambda|\boldsymbol{a}|$.（ ）

10. $|\boldsymbol{a}\cdot\boldsymbol{b}|\geqslant|\boldsymbol{a}||\boldsymbol{b}|$.（ ）

四、解答题

1. 已知 $\boldsymbol{a}$，$\boldsymbol{b}$ 不平行，且 x，$y\in\mathrm{R}$，若 $\boldsymbol{a}-2x\boldsymbol{a}+(1-y)\boldsymbol{b}=3y\boldsymbol{a}-(x+1)\boldsymbol{b}$，求 x，y 值.

2. 已知 $A(-3,6)$，$B(1,9)$，$\overrightarrow{OA}=3\overrightarrow{OA_1}$，$\overrightarrow{OB}=3\overrightarrow{OB_1}$，求 $\overrightarrow{A_1B_1}$ 的坐标.

3. 已知点 $A(-5,4)$，$B(3,-2)$，$C(6,2)$，求证：$\triangle ABC$ 是直角三角形.

4. 已知 x 轴上的点 B 与点 $A(1,8)$ 的距离等于10，求点 B 的坐标.

5. 已知点 $A(-9,6)$，$B(2,-5)$，$C(-12,9)$，求证：A，B，C 三点共线.

6. 已知 $\boldsymbol{a}=(3,-2)$，$\boldsymbol{b}=(-3,1)$，求 $(\boldsymbol{a}+\boldsymbol{b})^2$，$(\boldsymbol{a}-\boldsymbol{b})^2$，$\cos<\boldsymbol{a},\boldsymbol{b}>$.

拓展与提升

向量概念的推广与应用

通过第 8 章平面向量的学习，使我们认识到：建立了平面直角坐标系后，任何一个平面向量，都可以用一个有序实数对 (a_1,a_2) 来表示．以后还可能学习**空间向量**. 空间向量可以用一个三元有序数组 (a_1,a_2,a_3) 来表示. 平面向量（也叫做**二维向量**）、空间向量（也叫做**三维向量**）都叫做**几何向量**.

然而，在人们的社会实践中，有许许多多的量需要用多元的有序数组来表示．比如，一个学期的数学成绩，分为五项：平时成绩、期中考试成绩、期末考试成绩、实践技能成绩、总成绩，每一名学生在一个学期的数学成绩，可以用一个含有 5 个数据的五元有序数组来表示.

又如，在汽车生产流水线上，需对每辆汽车的制动距离、发动机最高转速、最高安全时速、百公里耗油量、滑行距离、噪声、废气排放量七项指标进行测试，为了说明每辆汽车的质量，就需要使用一个含有 7 个数据的七元有序数组.

一般地，把 n 元有序数组 $(a_1,a_2,\cdots,a_n)$ 叫做 n **维向量**，它是几何向量的推广．所有 n 维向量的全体构成的集合叫做 n **维向量空间**，它的每一个元素，即每一个 n 元有序数组 $(a_1,a_2,\cdots,a_n)$，都是 n 维向量空间中的一个点.

设 $\boldsymbol{a}=(a_1,a_2,\cdots,a_n)$，$\boldsymbol{b}=(b_1,b_2,\cdots,b_n)$，则 $\boldsymbol{a}+\boldsymbol{b}=(a_1+b_1,a_2+b_2,\cdots,a_n+b_n)$；$\boldsymbol{a}-\boldsymbol{b}=(a_1-b_1,a_2-b_2,\cdots,a_n-b_n)$；$\lambda\boldsymbol{a}=(\lambda a_1,\lambda a_2,\cdots,\lambda a_n)$，$\lambda\in\mathrm{R}$；$|\boldsymbol{a}|=\sqrt{a_1^2+a_2^2+\cdots+a_n^2}$；$n$ 维向量空间中，点 $A(a_1,a_2,\cdots,a_n)$ 与 $B(b_1,b_2,\cdots,b_n)$ 的距离：

$$d_{AB}=\sqrt{(a_1-b_1)^2+(a_2-b_2)^2+\cdots+(a_n-b_n)^2}.$$

利用 n 维向量的运算可以解决许多实际问题.

为研究某种商品的销售量是否随季节的变化而出现规律性的变化，把最近 6 年中，该种商品每年的 12 个月的销售量，组成六个 12 维向量，分别表示为：

$\boldsymbol{a}_1=(a_{11},a_{12},\cdots,a_{112})$；　　$\boldsymbol{a}_2=(a_{21},a_{22},\cdots,a_{212})$；

$\boldsymbol{a}_3=(a_{31},a_{32},\cdots,a_{312})$；　　$\boldsymbol{a}_4=(a_{41},a_{42},\cdots,a_{412})$；

$\boldsymbol{a}_5=(a_{51},a_{52},\cdots,a_{512})$；　　$\boldsymbol{a}_6=(a_{61},a_{62},\cdots,a_{612})$；

计算这六年的月平均销售量，就是计算：$\frac{1}{6}(\boldsymbol{a}_1+\boldsymbol{a}_2+\boldsymbol{a}_3+\boldsymbol{a}_4+\boldsymbol{a}_5+\boldsymbol{a}_6)$.

这个向量的12个分量，依次为六年中，1至12月份的月平均销售量，从中可以看出最近六年该种商品的销售量是否随季节的变化而出现规律性的变化.

n 维有序实数组构成的 n 维向量，比几何向量有着更加广泛的应用. 在生产、生活和科学研究中，许多量都可用 n 维有序实数组构成的 n 维向量来表示，并可用向量理论研究这些量的性质. 随着计算机使用的不断推广，使得利用 n 维有序数组（n 维向量）解决实际问题变得普遍、快捷、方便.

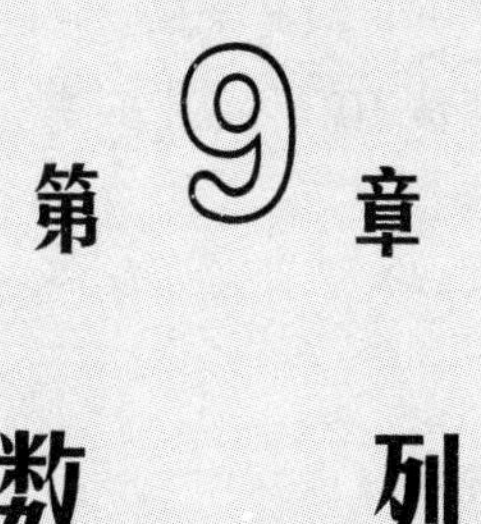

第9章 数列

1. 理解：等差数列、等比数列的定义、通项公式及前n项和公式；
2. 了解：数列的有关概念及实际应用.

1. 能根据数列的前几项写出数列的通项公式；
2. 能根据数列的通项公式写出数列的任意一项；
3. 能利用等差和等比数列的相关知识解决问题.

1. 数列及数列的通项公式；
2. 等差数列与等比数列的通项公式及前n项和公式.

1. 根据数列的前几项写出数列的一个通项公式；
2. 等差数列与等比数列的前n项和公式的推导；
3. 利用等差数列与等比数列的通项公式及前n项和公式求相应量的问题；
4. 用数列的知识解决实际问题.

$a_2=4$，$a_3=8$，$a_4=16$，…，$a_n=2^n$，…

$$a_n = a_1 + (n-1)d$$

$$\frac{a_1(1-q^n)}{1-q}\ (q\neq 1);\quad A=\frac{a+b}{2}$$

请思考：

在一次人才招聘会上，有 A，B 两家公司分别给出他们的工资标准，A 公司承诺第一年月工资为 1500 元，以后每年月工资增加 230 元；B 公司承诺第一年月工资为 2000 元，以后每年月工资在上一年的基础上递增 5%，设某人年初被两家公司同时录取，问：

（1）若这个人分别在 A 或 B 两家公司连续工作，则他在第 10 年的月工资分别是多少？

（2）若这个人打算联系在一家公司工作 10 年，仅以工资的收入总量作为应聘标准（不计其他因素），应选择哪家公司？

要解决如上的问题，就需用到数列的知识．

9.1　数列的概念

9.1.1　数列的定义

在日常学习生活中，我们常常遇到一列数，如：

（1）某班学号为 1—5 号的学生的数学成绩排成一列为

$$95，92，97，100，95.$$

（2）将小于 8 的自然数从小到大排成一列数为

$$0，1，2，3，4，5，6，7.$$

数列是指按一定次序排成的一列数，而非一定规律．也就是说数列中的各数的排列可能是有规律的，也可能是没有规律的．

（3）-1 的 1 次幂，2 次幂，3 次幂，4 次幂，……，排成一列数为

$$-1，1，-1，1，\cdots.$$

（4）面积为 1 的正方形，每次截取该正方形的一半，将依次得到的面积排成一列数为

$$1，\frac{1}{2}，\frac{1}{4}，\frac{1}{8}，\frac{1}{16}，\cdots.$$

（5）无穷多个 2 排成一列数为

$$2，2，2，2，\cdots.$$

像上述的 5 个实例那样，按照一定次序排成的一列数，叫做**数列**．

数列中的每一个数都叫做这个数列的**项**，其中，从左至右的第 1 个数叫做这个数列的**第 1 项**（或**首项**），第 2 个数叫做**第 2 项**，……，第 n 个数叫做**第 n 项**，…，数字 1，2，3，…，n 反映出各项在数列中的位置，叫做该项的**项数**.

例如，对于上面②中的数列，第 1 项是 0，第 2 项是 1，……，第 8 项是 7. 或者说 0 是这个数列的第 1 项，1 是这个数列的第 2 项，…，7 是这个数列的第 8 项.

只有有限多项的数列叫做**有穷数列**，有无限多项的数列叫做**无穷数列**.

请回答：指出上面的 5 个数列中，哪些是有穷数列，哪些是无穷数列.

数列的一般形式为

$$a_1, a_2, a_3, \cdots, a_n, \cdots.$$

其中各项下标中的数字为项数，a_1 表示第 1 项，a_2 表示第 2 项，…，a_n 表示第 n 项，我们把整个数列简记为 $\{a_n\}$，通常把 a_n 叫做数列 $\{a_n\}$ 的**通项**或**一般项**.

请回答：你能说出生活中的一个数列的实例吗？

想一想

数列“1，2，3，4，5”与数列“5，4，3，2，1”是否是同一个数列？你还能用这 5 个数字组成其他的数列吗？

做一做

若数列 $\{a_n\}$ 为“2，4，6，8，10，…”，请问：a_3 = ______，a_6 = ______，a_{12} = ________.

9.1.2 数列的通项公式

如果不加说明，本章中的字母 n 都是指正整数，即：$n \in N^+$.

由数列 $\{a_n\}$：

$$1, \frac{1}{2}, \frac{1}{3}, \frac{1}{4}, \frac{1}{5}, \frac{1}{6}, \frac{1}{7}, \frac{1}{8}, \cdots.$$

可得：$a_1 = 1$，$a_2 = \frac{1}{2}$，$a_3 = \frac{1}{3}$，…，那么 $a_n = \frac{1}{n}$ 叫做该数列的通项公式. 该数列也可记作 $\left\{\frac{1}{n}\right\}$.

一般地，如果一个数列的第 n 项 a_n 能用 n 的一个表达式$f(n)$来表示，则把这个表达式叫做这个数列的**通项公式**. 这个数列也可记作$\{f(n)\}$.

数列的通项公式，可以直接计算出数列的任意一项.

请回答：数列的通项公式是唯一的吗？每一个数列都能写出通项公式吗？请举例说明.

例1 下列各题中，已知数列的通项公式，求出它们的前4项：

(1) $a_n = 2n + 1$；　(2) $a_n = 2^n$；

(3) $a_n = \dfrac{n}{n+1}$；　(4) $a_n = (-1)^n \dfrac{1}{n}$.

◆ **分析** 在通项公式中依次取$n = 1, 2, 3, 4$，即可得到数列的前4项.

解 (1) $a_1 = 2\times1+1 = 3$，$a_2 = 2\times2+1 = 5$，

$a_3 = 2\times3+1 = 7$，$a_4 = 2\times4+1 = 9$；

(2) $a_1 = 2^1 = 2$，$a_2 = 2^2 = 4$，

$a_3 = 2^3 = 8$，$a_4 = 2^4 = 16$；

(3) $a_1 = \dfrac{1}{1+1} = \dfrac{1}{2}$，$a_2 = \dfrac{2}{2+1} = \dfrac{2}{3}$，

$a_3 = \dfrac{3}{3+1} = \dfrac{3}{4}$，$a_4 = \dfrac{4}{4+1} = \dfrac{4}{5}$；

(4) $a_1 = (-1)^1\times\dfrac{1}{1} = -1$，$a_2 = (-1)^2\times\dfrac{1}{2} = \dfrac{1}{2}$，

$a_3 = (-1)^3\times\dfrac{1}{3} = -\dfrac{1}{3}$，$a_4 = (-1)^4\times\dfrac{1}{4} = \dfrac{1}{4}$.

数列的通项公式就是项与项之间的关系式.根据各项之间的关系，若能找出其中的规律，便可以写出数列的一个通项公式.

例2 根据下列数列的前4项，写出数列的一个通项公式.

(1) 2，4，6，8；　(2) $\dfrac{1}{2}$，$\dfrac{3}{4}$，$\dfrac{5}{6}$，$\dfrac{7}{8}$；

(3) -1，2，-3，4；　(4) 2，5，10，17.

解 (1) 2，4，6，8中的各项恰好是它们项数1，2，3，4的2倍，

于是，数列的项与项数的关系可列成表9－1：

表9－1

项数n	1	2	3	4	…	n
项a_n	$2=2\times1$	$4=2\times2$	$6=2\times3$	$8=2\times4$	…	$a_n=2n$

由此得到，该数列的通项公式为 $a_n = 2n$.

(2) $\frac{1}{2}$, $\frac{3}{4}$, $\frac{5}{6}$, $\frac{7}{8}$ 中各项的分母恰好是它们项数 1，2，3，4 的 2 倍，而各项的分子比各自的分母少 1，

于是，数列的项与项数的关系可列成表 9 - 2：

表 9 - 2

项数 n	1	2	3	4	…	n
项 a_n	$\frac{1}{2}=\frac{2\times1-1}{2\times1}$	$\frac{3}{4}=\frac{2\times2-1}{2\times2}$	$\frac{5}{6}=\frac{2\times3-1}{2\times3}$	$\frac{7}{8}=\frac{2\times4-1}{2\times4}$	…	$a_n=\frac{2n-1}{2n}$

由此得到，该数列的通项公式为 $a_n = \frac{2n-1}{2n}$.

(3) -1 , 2 , -3 , 4 中各项是它们的项数 1，2，3，4 填加正号或负号得到的，奇数项为负号，偶数项为正号，

于是，数列的项与项数的关系可列成表 9 - 3：

表 9 - 3

项数 n	1	2	3	4	…	n
项 a_n	$-1=(-1)^1\times1$	$2=(-1)^2\times2$	$-3=(-1)^3\times3$	$4=(-1)^4\times4$	…	$a_n=(-1)^n n$

数列的通项公式不一定是唯一的.

由此得到，该数列的通项公式为 $a_n = (-1)^n n$.

(4) 2 , 5 , 10 , 17 中的各项是它们项数 1，2，3，4 的平方加 1，

于是，数列的项与项数的关系可列成表 9 - 4：

表 9 - 4

项数 n	1	2	3	4	…	n
项 a_n	$2=1^2+1$	$5=2^2+1$	$10=3^2+1$	$17=4^2+1$	…	$a_n=n^2+1$

由此得到，该数列的通项公式为 $a_n = n^2 + 1$.

例 3 判断 17 和 22 是否为数列 $\{2n-3\}$ 中的项，如果是，请指出是第几项.

解 数列的通项公式是 $a_n = 2n - 3$.

令 $2n - 3 = 17$,

解得 $n = 10 \in \mathbf{N}^*$.

所以　17 是数列 $\{2n-3\}$ 中的第 10 项.

令　　$2n-3=22$，

解得　$n=\frac{25}{2}\notin N^*$.

所以　22 不是数列 $\{2n-3\}$ 中的项.

想一想

数列 $\{2n+1\}$ 与数列 $\{2n-1\}$ 是同一个数列吗？

做一做

1. 观察下面数列的特点，用适当的数填空，并写出每个数列的一个通项公式：

（1）-1，-3，（　　），-7，-9，（　　），-13；

（2）2，4，（　　），16，32，（　　），128；

（3）（　　），4，9，16，25，（　　），49；

（4）1，1，2，（　　），5，8，13，（　　）.

2. 已知数列 $\{a_n\}$ 的通项公式是 $a_n=2n^2-5$，请问 283 是不是该数列的项？若是，是第几项.

习题 9.1

A 组

1. 简答题：

（1）什么是数列？

（2）什么是数列的通项公式？

2. 已知下列各数列的通项公式，分别写出各数列的前 4 项：

（1）$a_n=3n-1$；　　（2）$a_n=n(n+1)$；

（3）$a_n=(-1)^{n+1}(n+2)$；　　（4）$a_n=\frac{n}{2^n}$.

3. 写出下列数列的一个通项公式：

（1）3，6，9，12，…；　　（2）-1，-4，-9，-16，…；

（3）$-\frac{1}{2}$，$\frac{2}{3}$，$-\frac{3}{4}$，$\frac{4}{5}$…；　　（4）0.9，0.99，0.999，0.9999，…

4. 填空题：

（1）设数列 $\{a_n\}$ 的通项公式为 $a_n=-3^n+2$，则它的第4项是__________.

（2）已知数列 $3,3^2,3^3,3^4,\cdots$，则该数列的第7项是__________.

（3）已知数列 $1,\frac{3}{4},\frac{1}{2},\frac{5}{16},\cdots$，则该数列的通项 $a_n=$ __________.

（4）数列 $-3,-1,1,3,\cdots,13$ 的项数有__________项.

5. 判断22是否为数列 $\{n^2-n-20\}$ 中的项，如果是，请问是第几项？

6. 已知数列 $\{a_n\}$ 的通项公式是 $a_n=n^2-4n-12$，

（1）求这个数列的第7项；

（2）这个数列从第几项开始各项都是正数.

B组

1. 已知数列 $\{a_n\}$ 满足 $a_1=1$，$a_{n+1}=a_n+3n-1$，试写出该数列的前5项.

2. 在数列 $\{a_n\}$ 中，已知 a_n 是 n 的一次函数，且 $a_1=4$，$a_4=13$，求数列 $\{a_n\}$ 的通项公式.

3. 已知数列 $\{a_n\}$ 的通项公式是 $a_n=-n^2+8n-10$，求它的数值最大的项.

9.2 等差数列

9.2.1 等差数列的定义

观察9.1节提到的数列：

（1）0，1，2，3，4，…

（2）2，4，6，8，10，…

（3）2，2，2，2，2，…

（4）-1，-3，-5，-7，-9，…

这些数列有什么共同特征呢？

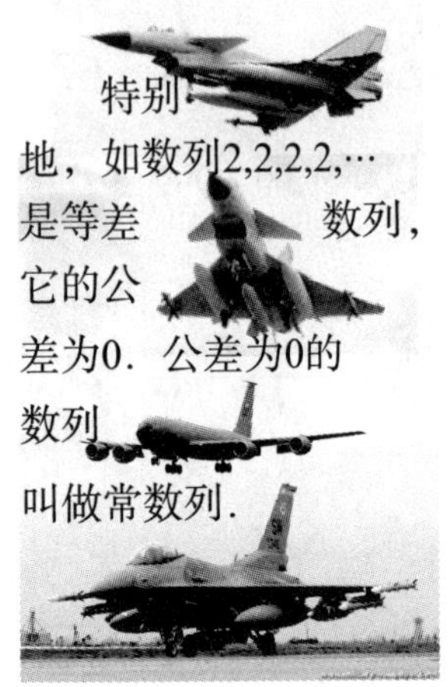

特别地，如数列2,2,2,2,…是等差数列，它的公差为0．公差为0的数列叫做常数列．

不难发现：

在数列（1）中，$a_2-a_1=1$，$a_3-a_2=1$，$a_4-a_3=1$，…

在数列（2）中，$a_2-a_1=2$，$a_3-a_2=2$，$a_4-a_3=2$，…

在数列（3）中，$a_2-a_1=0$，$a_3-a_2=0$，$a_4-a_3=0$，…

在数列（4）中，$a_2-a_1=-2$，$a_3-a_2=-2$，$a_4-a_3=-2$，…

像上述四个数列那样，如果一个数列从第 2 项起，每一项减去它的前一项所得的差都等于同一个常数，则把这样的数列叫做**等差数列**．这个常数叫做等差数列的**公差**，通常用字母 d 表示．

由定义可得，若数列 $\{a_n\}$ 为等差数列，d 为公差，

则　$a_{n+1}-a_n=d$，即

$$\boxed{a_{n+1}=a_n+d} \qquad \text{（公式 9－1）}$$

公式 9－1 叫做**等差数列的递推公式**．

请回答：你能说出等差数列的公差的范围吗？

例 1　已知数列 $\{a_n\}$ 为等差数列，$a_1=-5$，公差 $d=3$，请写出这个等差数列的第 6 项．

解　因为　$a_1=-5$，$d=3$，

所以由公式 9－1，得

$a_2=a_1+d=-5+3=-2$；

$a_3=a_2+d=-2+3=1$；

$a_4=a_3+d=1+3=4$；

$a_5=a_4+d=4+3=7$；

$a_6=a_5+d=7+3=10$．

做一做

已知等差数列的首项为 10，公差为 －3，请写出这个数列的第 3 项和第 6 项．

9.2.2 等差数列的通项公式

利用等差数列的首项和公差，就可以写出该等差数列的通项公式.

在上面的例 1 中，数列 $\{a_n\}$ 为等差数列，$a_1=-5$，公差 $d=3$，你能写出这个等差数列的第 100 项吗？

显然，依照公式 9－1，可以写出第 100 项，但是比较麻烦，然而，若能求出数列的通项公式，就可以根据通项公式直接计算出数列的第 100 项.

如果数列 $\{a_n\}$ 是等差数列，公差为 d，

可得 $a_2=a_1+d$，

$a_3=a_2+d=(a_1+d)+d=a_1+2d$，

$a_4=a_3+d=(a_1+2d)+d=a_1+3d$，

……

由此可得，

$$\boxed{a_n=a_1+(n-1)d} \qquad \text{（公式 9－2）}$$

公式 9－2 是首项为 a_1、公差为 d 的**等差数列的通项公式**.

如在数列（1）中，$a_1=0$，$d=1$，所以该数列的通项公式为

$$a_n=0+(n-1)\times 1=n-1$$

请回答：你能写出数列（2）、（3）、（4）的通项公式吗？

在等差数列 $\{a_n\}$ 中，四个基本量 a_1，d，n，a_n，已知其中的三个即可求另外一个.

例 2 求等差数列 12，9，6，3，…的通项公式和第 10 项.

解 因为 $a_1=12$，$d=a_2-a_1=9-12=-3$，

所以 这个等差数列的通项公式为

$$a_n=12+(n-1)\times(-3)=15-3n.$$

于是 $a_{10}=15-3\times 10=-15$.

例 3 等差数列 －3，1，5，9，…的第几项是 433？

解 因为 $a_1=-3$，$d=a_2-a_1=1-(-3)=4$，

所以 这个等差数列的通项公式为

$$a_n=-3+(n-1)\times 4=4n-7.$$

令 $a_n=433$，

即 $4n-7=433$，

得 $n=110$.

因此，这个等差数列的第 110 项是 433.

例 4 在等差数列 $\{a_n\}$ 中，$a_7=47$，公差 $d=6$，求首项 a_1.

解 因为 $d=6$，$a_7=47$，

所以　根据通项公式可得

$$a_7 = a_1 + (7-1) \times 6 = 47,$$

解得　$a_1 = 11$.

在等差数列中，若已知其中的两项，根据通项公式，联立方程可求得a_1，d.

例 5　已知一个等差数列的第 3 项是 6，第 7 项是 -2，求它的第 5 项.

解　因为　$a_3 = 6$，$a_7 = -2$，

所以　根据通项公式可得

$$\begin{cases} a_1 + (3-1)d = 6 \\ a_1 + (7-1)d = -2 \end{cases}$$

整理，得

$$\begin{cases} a_1 + 2d = 6 \\ a_1 + 6d = -2 \end{cases}$$

解得　$a_1 = 10$，$d = -2$.

于是　$a_5 = a_1 + (5-1)d = 10 + 4 \times (-2) = 2$.

请回答：在上题中，你能找到 a_3，a_5 和 a_7 之间的关系吗？你还能用其他的方法来求 a_5 吗？

等差数列从第二项起(到有穷数列的倒数第二项止)，每一项都是它的前一项与后一项的等差中项.

如果 a，A，b 成等差数列，那么 A 叫做 a 和 b 的**等差中项**，由等差数列定义可知 $A - a = b - A$，

解得

$$\boxed{A = \frac{a+b}{2}} \qquad \text{（公式 9 − 3）}$$

等差中项公式 9 − 3 表明：

两个数的等差中项就是这两个数的算术平均数.

例 6　已知三数成等差数列，且它们的和为 9，积为 -81，求这三个数.

一般情形下，若三个数成等差数列，则通常设等差中项为 a，公差为 d，从而这三个数分别为 $a-d$，a，$a+d$.

解　设这三个数分别为 $a-d$，a，$a+d$，则

$$\begin{cases} (a-d) + a + (a+d) = 9 \\ (a-d)a(a+d) = -81 \end{cases}$$

解得　$a = 3$，$d = \pm 6$，

因此所求的三个数分别为 -3，3，9 或 9，3，-3.

做一做

（1）求 $\frac{1-\sqrt{5}}{2}$ 与 $\frac{1+\sqrt{5}}{2}$ 的等差中项.

（2）在等差数列 $\{a_n\}$ 中，若 $a_7=11$，$a_{19}=3$，求 a_{13} .

9.2.3 等差数列的前 n 项和公式

请回答：学校的多媒体教室共有30排座位．第一排有20个座位，从第二排起，每一排都比前一排多2个座位．你能算出这个多媒体教室一共有多少个座位吗？

根据题意可知，教室里各排的座位数成等差数列 $\{a_n\}$，其中 $a_1=20$，$d=2$，$n=30$，那么教室里所有的座位数为

$$a_1+a_2+a_3+\cdots a_{30} \quad （个）$$

这种求和的方法叫做倒序相加法.

这是一个求等差数列的前30项之和（用 S_{30} 表示）的问题，如果采用计算每一项的值再相加的方法，运算较繁琐.

可这样来处理问题：

因为 $S_{30}=a_1+a_2+a_3+\cdots+a_{30}$

$S_{30}=a_{30}+a_{29}+a_{28}+\cdots+a_1$

所以 $2S_{30}=(a_1+a_{30})+(a_2+a_{29})+(a_3+a_{28})+\cdots+(a_{30}+a_1)$

由于 $a_1+a_{30}=a_{30}+a_1$

$a_2+a_{29}=(a_1+d)+(a_{30}-d)=a_1+a_{30}$

$a_3+a_{28}=(a_1+2d)+(a_{30}-2d)=a_1+a_{30}$

$\cdots$

在两个等差数列的前 n 项和公式中，涉及到五个变量，只要知道其中的任意三个，就可求出另两个.

因此 $2S_{30}=30\times(a_1+a_{30})$

于是 $S_{30}=\frac{30\times(a_1+a_{30})}{2}$

利用等差数列的通项公式先求 $a_{30}=a_1+(30-1)\times d$，再利用这个结果，我们可以较方便地求出教室里所有的座位数.

一般地，首项为 a_1，公差为 d 的**等差数列 $\{a_n\}$ 的前 n 项和公式**为

$$\boxed{S_n = \frac{n(a_1 + a_n)}{2}} \qquad （公式 9－5）$$

因为 $a_n = a_1 + (n-1)d$，代入公式 9－5，得

$$\boxed{S_n = na_1 + \frac{n(n-1)}{2}d} \qquad （公式 9－6）$$

例 7 已知等差数列 5，10，15，…

（1）求数列的前 20 项的和；

（2）数列的前几项和为 180？

解 （1）由已知可得：$a_1 = 5$，$d = 5$，$n = 20$，

于是由公式 9－6，得 $S_n = 5 \times 20 + \frac{20(20-1)}{2} \times 5 = 1050$.

（2）由 $S_n = 5n + \frac{n(n-1)}{2} \times 5 = 180$

得 $n^2 + n - 72 = 0$

解得 $n = 8$ 或 $n = -9$（舍去）

所以，该数列的前 8 项和为 180.

做一做

（1）在等差数列 $\{a_n\}$ 中，$a_1 = -20$，$d = 7$，求它的前 50 项和.

（2）在等差数列 $\{a_n\}$ 中，$a_1 = -20$，$a_{40} = 120$，求它的前 40 项和.

（3）在等差数列 $\{a_n\}$ 中，$a_3 = -20$，$a_{23} = 120$，求它的前 30 项和.

9.2.4 等差数列的应用

在我们的生活中，等差数列有着非常广泛的应用，像上面计算学校多媒体教室中的座位总数，就是一个等差数列的应用问题，现在让我们来看其他的实例.

例 8 小李同学每天都要在 0.4km 的圆形跑道上练习跑步. 第 1 天他跑了 2 圈，第 2 天他跑了 3 圈，第 3 天他跑了 4 圈. 按照这样的跑法，请问，第 10 天他跑了多少 km？至第 10 天他总共跑了多少 km？

解 由题意知，小李每天所跑的路程成等差数列 $\{a_n\}$，

其中 $a_1 = 0.8$，$d = 0.4$.

于是 $a_{10}=a_1+(10-1)d=0.8+9\times0.4=4.4$

在解决数列的实际问题时，要确定好 a_1 和 d，并分清是求 a_n 还是求 S_n.

因而 $S_{10}=\dfrac{10\times(a_1+a_{10})}{2}=\dfrac{10\times(0.8+4.4)}{2}=26$.

答：小李第 10 天跑了 4.4km，至第 10 天他总共跑了 26km.

例 9 小张年初在某银行存款 15000 元，年息 3.5%，每年按单利计算．若 5 年后取款，小张在银行能拿到多少钱？

◆ **分析** 一年后的利息是 $15000\times3.5\%=525$ 元，由于每年的利息按单利计算，则每年的利息均为 525 元，故这是一个等差数列的问题.

解 由题意得，每年银行存款额成等差数列 $\{a_n\}$，其中 $a_1=15525$，$d=525$．则

$$a_5=a_1+(5-1)d=15525+4\times525=17625.$$

答：5 年后取款，小张能从银行拿到 17625 元钱.

做一做

（1）一个屋顶的某一斜面成一等腰梯形，最上面一层铺瓦片 21 块，往下每一层多铺 1 块，斜面最下一层铺了瓦片 39 块，问：共铺了瓦片多少块？

（2）一种车床变速箱的 8 个齿轮的齿数成等差数列，其中首末两个齿轮的齿数分别是 45 与 24，求其余各轮的齿数.

习题 9.2

A 组

1. 简答题：

（1）什么是等差数列？

（2）什么是等差中项？

（3）等差数列的通项公式和前 n 项和公式是什么？

2. 填空题：

（1）等差数列 20，17，14，…的第 7 项是______________.

（2）在等差数列 $\{a_n\}$ 中，$a_1 = 12$，$d = 1$，则此数列的前 8 项和 $S_8 =$ __________.

（3）在等差数列 $\{a_n\}$ 中，$d = 2, a_{10} = 14$，则 $a_2 + a_4 =$ __________.

（4）在等差数列 $\{a_n\}$ 中，$a_2 + a_5 = 8, a_3 + a_7 = 14$，则 $a_1 =$ ______，$d =$ ______.

（5）在 -1 和 8 之间插入 a，$b(a < b)$ 两个数，使这四个数成等差数列，则 $a =$ __________；$b =$ __________.

3. 已知等差数列 $\{a_n\}$ 中，$a_5 = 10$，$a_{12} = 31$，求首项 a_1 与公差 d.

4. 若数列 $\{a_n\}$ 满足 $a_1 = 5$，$a_{n+1} = a_n - 3$，求该数列的通项公式.

5. 已知三个数成等差数列，其和为 15，首末两数的积为 9，求这三个数.

6. 已知等差数列 $\{a_n\}$ 中，若 $a_1 = 11, a_5 = 3$，求公差 d 和前 8 项和 S_8.

7. 在等差数列 $\{a_n\}$ 中，已知 $a_6 = 10$，$S_5 = 5$，求通项 a_n 的表达式.

8. 已知等差数列 $\{a_n\}$ 中，$a_2 = 1, a_5 = 7$，前 n 项和 $S_n = 24$，求 n 的值.

9. 银行五年期存款利率为 2.75%，按单利计算，则 2000 年 12 月 20 存入的 5000 元 5 年期定期储蓄到 2005 年 12 月 20 日取出时，本利共有多少元？

10. 在 19 与 89 之间插入 n 个数，使这 $n+2$ 个数组成等差数列，且使此数列各项和等于 1350，求 n 和公差 d.

B 组

1. 已知等差数列 $\{a_n\}$，其中 $a_2 + a_9 = 10$，则 $S_{10} =$ __________.

2. 已知等差数列 $\{a_n\}$ 的公差 $d=1$，且 $a_1 + a_2 + a_3 + \cdots + a_{98} = 147$，求 $a_2 + a_4 + a_6 + \cdots + a_{98}$.

3. 在等差数列 $\{a_n\}$ 中，已知 $S_n = 2n^2 + 3n$，求 a_n 和 d.

9.3 等比数列

9.3.1 等比数列的定义

一等边三角形的边长为 1. 连接这个等边三角形的各边中点，得到边长为 $\frac{1}{2}$ 的第 2 个等边三角形；连接第 2 个等边三角形各边中点，得到边长为 $\frac{1}{4}$ 的第 3 个等边三角形；连接第 3 个等边三角形各边中点，得到边长为 $\frac{1}{8}$ 的第 4 个等边三角形；……

将等边三角形的边长排成一列，我们得到

$$1,\frac{1}{2},\frac{1}{4},\frac{1}{8},\cdots$$

这个数列从第2项起，每一项与前一项的比都等于同一个常数，把这样的数列叫做**等比数列**. 这个常数叫做等比数列的**公比**，通常用字母 q 表示.

由于0不能作为分母，所以若数列 $\{a_n\}$ 为等比数列，则该数列的每一项都不等于0，从而公比 $q\neq 0$，且有

$$\frac{a_{n+1}}{a_n}=q，即$$

公式 **9-7** 叫做等比数列的递推公式.

$$\boxed{a_{n+1}=a_n\times q} \qquad （公式9-7）$$

请回答：在上述等边三角形问题中，公比 q 是多少？

例1 已知数列 $\{a_n\}$ 为等比数列，$a_1=-5$，公比 $q=2$，请写出这个等比数列的第6项.

解 因为 $a_1=-5$，$q=2$，

所以 $a_2=a_1\times q=-5\times 2=-10$；

$a_3=a_2\times q=-10\times 2=-20$；

$a_4=a_3\times q=-20\times 2=-40$；

$a_5=a_4\times q=-40\times 2=-80$；

$a_6=a_5\times q=-80\times 2=-160$.

试一试

（1）等比数列3，6，12，24，…的公比是多少？

（2）等比数列1，−1，1，−1，…的公比是多少？

（3）等比数列−2，4，−8，16，…的公比是多少？

（4）等比数列 $-1,-\frac{1}{3},-\frac{1}{9},-\frac{1}{27},\cdots$ 的公比是多少？

做一做

在等比数列 $\{a_n\}$ 中，$a_2=12$，$q=-2$，请写出该数列的 a_4、a_7.

9.3.2 等比数列的通项公式

我们能够像等差数列一样，写出等比数列的通项公式吗?

类比等差数列，设等比数列 $\{a_n\}$ 的公比为 q，则

$$a_2 = a_1 \times q;$$

$$a_3 = a_2 \times q = (a_1 \times q) \times q = a_1 \times q^2;$$

$$a_4 = a_3 \times q = (a_1 \times q^2) \times q = a_1 \times q^3;$$

…

在等比数列 $\{a_n\}$ 中，四个基本量 a_1, q, n, a_n，已知其中的三个，便可求另外一个.

依此类推，可得首项为 a_1，公比为 q 的**等比数列 $\{a_n\}$ 的通项公式**：

$$\boxed{a_n = a_1 \times q^{n-1}} \qquad \text{（公式 9-8）}$$

从等比数列的通项公式中可以看出，只需知道等比数列 $\{a_n\}$ 中的首项 a_1 和公比 q，就可以求出等比数列中的任何一项.

例 2 在等比数列 $\{a_n\}$ 中，$a_1 = -4$，$q = \frac{3}{4}$，

（1）求这个数列的第 3 项；

（2）$-\frac{81}{64}$ 是否为这个数列中的项？若是，是第几项？

解 （1）由于 $a_1 = -4$，$q = \frac{3}{4}$，

所以 $a_3 = a_1 \times q^2 = -4 \times \left(\frac{3}{4}\right)^2 = -\frac{9}{4}$，

即这个等比数列的第 3 项是 $-\frac{9}{4}$.

（2）设第 n 项是 $-\frac{81}{64}$，

则由通项公式得 $-4 \times \left(\frac{3}{4}\right)^{n-1} = -\frac{81}{64}$，

即 $\left(\frac{3}{4}\right)^{n-1} = \frac{81}{256} = \left(\frac{3}{4}\right)^4$

可得 $n - 1 = 4$

解得 $n = 5$

故 $-\frac{81}{64}$ 是这个等比数列中的项，并且是第 5 项.

例 3 在等比数列 $\{a_n\}$ 中，$a_3 = 4$，$a_5 = 8$，求 a_4.

例3中，通过两式相除求公比的方法是解等比数列问题的常用方法，要注意q的正负.

解 由已知得$\begin{cases} a_1 \times q^2 = 4 & (1) \\ a_1 \times q^4 = 8 & (2) \end{cases}$

将（2）式除以（1）式得

$$q^2 = 2, \qquad (3)$$

由此得 $q = \pm\sqrt{2}$

将（3）代入（1）得 $a_1 = 2$

所以当$q = \sqrt{2}$时，$a_4 = a_1 \times q^3 = 2 \times (\sqrt{2})^3 = 4\sqrt{2}$；

当$q = -\sqrt{2}$时，$a_4 = a_1 \times q^3 = 2 \times (-\sqrt{2})^3 = -4\sqrt{2}$.

请回答：在上题中，你能找到a_3，a_4和a_5之间的关系吗？你还能用其他的方法来求a_4吗？

如果a，G，b成等比数列，那么G叫做a和b的**等比中项**.

由等比数列定义可知 $\dfrac{G}{a} = \dfrac{b}{G}$，

由此可得等比中项公式

$$\boxed{G^2 = ab \text{ 或 } G = \pm\sqrt{ab}} \qquad (\text{公式} 9-8)$$

等比数列从第二项起(到有穷数列的倒数第二项止)，每一项都是它的前一项与后一项的等比中项.

等比中项公式9-8表明：

两个数的等比中项就是它们的几何平均数.

例4 已知三个数成等比数列，且它们的和为7，它们的积为-27，求这三个数.

解 设这三个数分别为$\dfrac{a}{q}$，a，aq，则

$$\begin{cases} \dfrac{a}{q} + a + aq = 7 \\ \left(\dfrac{a}{q}\right) \times a \times (aq) = -27 \end{cases}$$

解得 $a = -3$，$q = -\dfrac{1}{3}$或$q = -3$，

所以所求的三个数分别为1，-3，9或9，-3，1.

做一做

（1）求2和8的等比中项.

（2）在等比数列$\{a_n\}$中，已知$a_5 = 15$，$a_6 = 5$，求a_4和a_7.

9.3.3 等比数列的前 n 项和公式

边长为3的正方形，以它的对角线为边向外作第二个正方形，再以第二个正方形的对角线为边向外作第三个正方形，依此类推，第10个正方形的边长是多少？这些正方形的边长之和是多少？

我们知道，第1个正方形的边长为3，

第2个正方形的边长为$3\sqrt{2}$，

第3个正方形的边长为$3\sqrt{2}\times\sqrt{2}=3\times(\sqrt{2})^2=6$，

第4个正方形的边长为$3\times(\sqrt{2})^2\times\sqrt{2}=3\times(\sqrt{2})^3=6\sqrt{2}$，

…

可得，正方形的边长成等比数列$\{a_n\}$，且$a_1=3$，$q=\sqrt{2}$，

于是 $a_{10}=a_1\times q^9=3\times(\sqrt{2})^9=48\sqrt{2}$.

而且这个等比数列的前10项的和为

$$S_{10}=3+3\sqrt{2}+3\times(\sqrt{2})^2+3\times(\sqrt{2})^3+\cdots+3\times(\sqrt{2})^9. \qquad (1)$$

如何消去尽可能多的项使得计算简便呢？由于在等比数列中，$a_{n+1}=a_n\times q$，所以我们不妨将（1）式两边同乘$q=\sqrt{2}$，

得 $\sqrt{2}S_{10}=3\times\sqrt{2}+3\times(\sqrt{2})^2+3\times(\sqrt{2})^3+3\times(\sqrt{2})^4+\cdots+3\times(\sqrt{2})^{10}$ （2）

将（1）式减去（2）式得

$$(1-\sqrt{2})S_{10}=3-3\times(\sqrt{2})^{10}.$$

即 $$S_{10}=\frac{3-3\times(\sqrt{2})^{10}}{1-\sqrt{2}}=\frac{3\times(1-2^5)}{1-\sqrt{2}}=\frac{3\times(-31)}{1-\sqrt{2}}$$

$$=\frac{93\times(\sqrt{2}+1)}{(\sqrt{2}-1)(\sqrt{2}+1)}=93\times(\sqrt{2}+1)$$

解题中，我们得出这个等比数列的前10项和为

$$S_{10}=\frac{3-3\times(\sqrt{2})^{10}}{1-\sqrt{2}},$$

即 $$S_{10}=\frac{a_1-a_1\cdot q^{10}}{1-q}=\frac{a_1-a_{10}\cdot q}{1-q}\ (a_{10}=a_1\cdot q^9)$$

一般地，首项为a_1，公比为$q(q\neq 1)$的等比数列$\{a_n\}$前n项和公式为

$$\boxed{S_n=\frac{a_1(1-q^n)}{1-q}(q\neq 1)} \qquad \text{（公式9-9）}$$

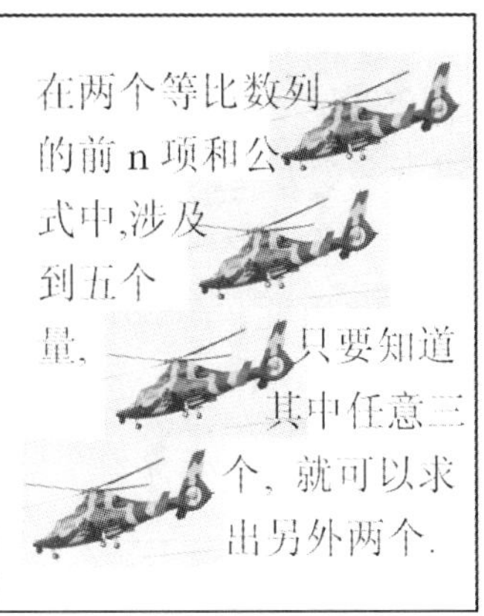

或

$$\boxed{S_n = \frac{a_1 - a_n q}{1 - q}(q \neq 1)} \quad (公式 9-10)$$

请回答：在等比数列 $\{a_n\}$ 中，若公比 $q=1$，则这个等比数列的前 n 项和是多少？

例 5 求等比数列 2，4，8，…的前 10 项和.

解 由于 $a_1=2$，$q=2$，

所以 $S_{10} = \frac{a_1(1-q^{10})}{1-q} = \frac{2\times[1-(2)^{10}]}{1-2} = 2046.$

例 6 在等比数列 $\{a_n\}$ 中，$q=\frac{1}{2}$，$S_5=\frac{31}{8}$，求 a_5 .

解 由于 $S_5 = \frac{31}{8}$，$q = \frac{1}{2}$

所以 $\frac{a_1\left(1-\left(\frac{1}{2}\right)^5\right)}{1-\frac{1}{2}} = \frac{31}{8}$

得 $a_1 = 2$

于是 $a_5 = a_1 q^4 = 2\times\left(\frac{1}{2}\right)^4 = \frac{1}{8}$

做一做

在等比数列 $\{a_n\}$ 中，(1) $a_1=2$，$q=-3$，求 S_5；

(2) $a_1=2$，$a_5=162$，求 S_5.

9.3.4 等比数列的应用

例 7 某工厂第 1 年的销售额为 50 万元，计划以后每年销售额比前一年增长 20%，问该厂第 6 年的销售额约为多少万元（保留 4 个有效数字）？

解 由题意得，工厂每年的销售额成等比数列 $\{a_n\}$，且 $a_1=50$，$q=1+20\%=1.2$，

则 $a_6 = a_1\cdot q^5 = 50\times(1.2)^5 \approx 124.4$

答：该厂第 6 年的销售额约为 124.4 万元.

例 8 某家庭计划在 2015 年末购一套 50 万元的商品房．为此，计划于 2010 年初开始每年年初存入银行一笔购房专用款使其能在 2015 年末连本带息为 50 万元人民币，如果年度的存款额相同，年利息按 4% 的复利计算．求每年须存入银行多少万元人民币？（精确到 0.01 万元）

◆ **分析** 由于从 2010 年初至 2015 年初，该家庭每年存入的 x 万元，至 2015 年末的本利和分别为：（见表 9－5）

所谓复利计息法，就是把前一期的本金和利息（本利和）一起作为后一期的本金来计算的方法，也就是"利滚利".

表 9－5

年份	存入	至 2015 年末本利和
2010 年初	x	$x(1+4\%)^6$
2011 年初	x	$x(1+4\%)^5$
2012 年初	x	$x(1+4\%)^4$
2013 年初	x	$x(1+4\%)^3$
2014 年初	x	$x(1+4\%)^2$
2015 年初	x	$x(1+4\%)$

因此，至 2015 年末所有存款的本利和为等比数列的求前 6 项和的问题，且等比数列中 $a_1=x(1+4\%)$，$q=1+4\%$．

解 设每年存入银行 x 万元，

由题意得 $$\frac{x(1+4\%)[1-(1+4\%)^6]}{1-(1+4\%)}=50(\text{万元})$$

解得 $x\approx 7.26$（万元）

答：每年须存入银行 7.26 万元人民币，才能使其在 2015 年末连本带息为 50 万元人民币．

做一做

在一次人才招聘会上，有 A、B 两家公司分别给出他们的工资标准，A 公司承诺第一年月工资为 1500 元，以后每年月工资增加 230 元；B 公司承诺第一年月工资为 2000 元，以后每年月工资在上一年的基础上递增 5%，设某人年初被两家公司同时录取，问：

（1）若这个人分别在 A 或 B 两家公司连续工作，则他在第10年的月工资分别是多少？

（2）若这个人打算连续在一家公司工作10年，仅以工资的收入总量作为应聘标准（不计其他因素），应选择哪家公司？

习题 9.3

A 组

1. 简答题：

（1）什么是等比数列？

（2）什么是等比中项？

（3）等比数列的通项公式和前 n 项和公式是什么？

2. 填空题：

（1）已知在等比数列 $\{a_n\}$ 中，$a_1=-3$，$q=2$，则 $a_8=$ ______________.

（2）以2为首项，3为公比的等比数列的前6项和是______________.

（3）数列1，3，9，27，…的前5项和 $S_5=$ ______________.

（4）已知等比数列的前 n 项和公式为 $S_n=1-\frac{1}{3^n}$，则公比 $q=$ ______________.

3. 已知等比数列 $\{a_n\}$ 中，$a_2=2$，$a_4=8$，求 a_1，S_5.

4. 若数列 $\{a_n\}$ 满足：$a_1=1$，$a_{n+1}=2a_n$，求数列的第5项和前8项和.

5. 已知2，x，8为成等比数列的前三项，求这个数列的前10项和.

6. 在等比数列 $\{a_n\}$ 中，若 $a_1+a_2=3$，$a_3+a_4=6$，求 a_7+a_8.

7. 已知数列 $\{a_n\}$ 是等比数列，若它的前 n 项和为 $S_n=2^n+a$，求 a.

8. 在递增的等比数列 $\{a_n\}$ 中，已知 $a_4\cdot a_7=32$，$a_5+a_6=12$，求 a_1，q.

9. 在等比数列中，如果 $a_1=3$，$a_n=96$，$S_n=189$，求 q，n.

10. 在等比数列中，若 $a_4=3$，求 $a_1a_2\cdots a_7$ 的值.

B 组

1. 有四个数，前三个数成等比数列，其和为14，后三个数成等差数列，其和为6，求此四个数.

2. 在等比数列 $\{a_n\}$ 中，若 $a_7-a_5=a_6+a_5=48$，求 a_1，q，S_{10}.

归纳与总结

一、知识结构

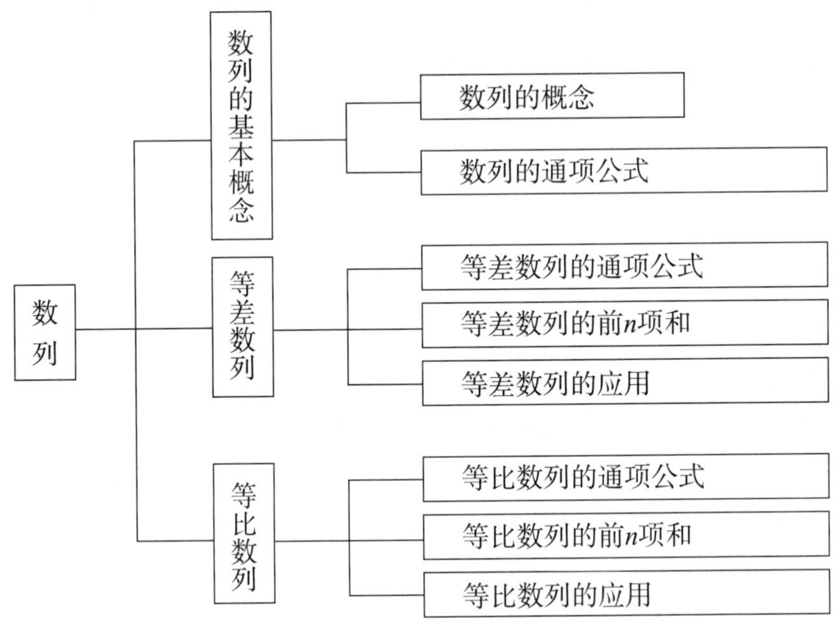

二、应注意的问题

1. 数列是指按一定次序排成的一列数，而非按一定规律排成的一列数．也就是说数列中的各数的排列可能是有规律的，也可能是没有规律的.

2. 根据数列的前几项可以写出数列的一个通项公式，同一个数列可能有多个不同的通项公式.

3. 数列的通项公式可以看做是关于 n 的函数，即 $a_n=f(n)$.

4. 等差数列的通项公式可以写为 $a_n=dn+(a_1-d)$，前 n 项和公式可以写为 $S_n=\frac{d}{2}n^2+\left(a_1-\frac{d}{2}\right)n$.

5. 在等比数列中，当 $q<0$ 时，各项的符号是一正一负.

6. 在等比数列的求和问题中，一定要注意公比是否为 1.

7. 求解等差数列和等比数列的问题中，往往知三求一.

8. 在数列的应用问题中，首先要明确问题涉及的是等差数列还是等比数列，再利用数列的知识求解.

复 习 题

A组

一、选择题

1. 已知数列 $\{a_n\}$ 满足 $a_1=2$，$a_{n+1}-a_n+1=0$，则此数列的通项 a_n 等于（ ）

A. n^2+1； B. $n+1$； C. $1-n$； D. $3-n$.

2. 等差数列 $\{a_n\}$ 中 $a_1=1$，$a_5=9$，则公差 d 为（ ）

A. -2； B. $\frac{5}{2}$； C. 2； D. $\frac{5}{3}$.

3. 等差数列 $\{a_n\}$ 中，若前 15 项的和 $S_{15}=90$，则 $a_8=$（ ）

A. 6； B. $\frac{45}{4}$； C. 12； D. $\frac{45}{2}$.

4. 若数列 $\{a_n\}$ 的通项公式是 $a_n=2(n+1)+3$，则此数列（ ）

A. 是公差为 2 的等差数列； B. 是公差为 3 的等差数列；

C. 是公差为 5 的等差数列； D. 不是等差数列.

5. 已知数列 $-1,\frac{3}{2},-\frac{5}{3},\cdots,(-1)^n\frac{2n-1}{n}$，…，则它的第 15 项的值等于（ ）

A. -29； B. 29； C. $-\frac{29}{15}$； D. $\frac{29}{15}$.

6. 以下四个数中，是数列 $\{n(n+1)\}$ 中的一项是（ ）

A. 13； B. 20； C. 36； D. 48.

7. 等比数列 $\{a_n\}$ 中，已知 $a_9=-2$，则此数列前 17 项之积等于（ ）

A. 2^{16}； B. -2^{16}； C. 2^{17}； D. -2^{17}.

8. 若 4，a_1，a_2，1 成等差数列，则 $a_1-a_2=$（ ）

A. 1； B. -1； C. $\frac{1}{2}$； D. $-\frac{1}{2}$.

9. 等比数列 $\{a_n\}$ 中，已知 $2a_1=a_3-a_2$，则公比为（ ）

A. 1 或 2； B. 1 或 -2； C. -1 或 -2； D. -1 或 2.

10. 若 a，x，b，$2x$ 成等差数列，则 $\frac{a}{b}=$（ ）

A. $\frac{3}{5}$； B. $\frac{1}{2}$； C. $\frac{1}{3}$； D. $\frac{2}{5}$.

11. 已知数列 $\{a_n\}$ 的前 n 项和 $S_n = 2n^2 + 1$，则 a_1、a_5 依次为（　　）

A. 2、14； B. 2、18； C. 3、14； D. 3、18.

12. 等比数列 $\{a_n\}$ 的前 n 项和 $S_n = 2^n - 1$，则通项公式为（　　）

A. 2^n； B. 2^{n-1}； C. 2^{n+1}； D. $2^{n-1} - 2$.

13. 已知等差数列 $\{a_n\}$ 满足 $a_2 = 2$，$a_8 = 26$，则 $a_4 =$（　　）

A. 6； B. 8； C. 10； D. 12.

14. 某林场计划第一年造林 a 公顷，以后每年比前一年多造林20%，那么第五年造林的公顷数是（　　）

A. $a(1+20\%)^5$； B. $a(1+20\%)^6$； C. $a(1+20\%)^3$； D. $a(1+20\%)^4$.

15. 已知等差数列 $\{a_n\}$ 的公差 $d = \frac{1}{2}$，$a_1 + a_3 + a_5 + \cdots + a_{99} = 60$，则 $S_{100} =$（　　）

A. 120； B. 145； C. 150； D. 170.

二、填空题

1. 10，8，6…的第 10 项为__________.

2. 数列 $-\frac{1}{1\times2}$，$\frac{1}{2\times3}$，$-\frac{1}{3\times4}$，$\frac{1}{4\times5}$…的通项公式为__________.

3. 已知 $a_1 = 3$，$a_2 = 6$，$a_{n+2} = a_{n+1} - a_n$，则 $a_3 =$ ________.

4. $\sqrt{13}+\sqrt{2}$ 与 $\sqrt{13}-\sqrt{2}$ 的等比中项为__________.

5. 在 -1 和 8 之间插入 a，$b(a<b)$ 两个数，使这四个数成等差数列，则 $a =$ ____，$b =$ ______.

6. 若数列 $\{a_n\}$ 满足：$a_1 = 1$，$a_{n+1} = 2a_n$，则 $a_5 =$ ____，前 8 项和 $S_8 =$ ____.

7. 已知等差数列 $\{a_n\}$，其中 $a_2 + a_9 = 10$，则 $S_{10} =$ __________.

8. 三个数成等比数列，它们的和为 14，积为 64，则这三个数为________.

9. 在等差数列 $\{a_n\}$ 中，若前 11 项的平均值为 5，则 $a_6 =$ __________.

10. 数列 $\{a_n\}$ 的通项公式为 $a_n = -2n^2 + 19n - 23$，其中最大的一项是第____项.

三、解答题

1. 已知等差数列 $\{a_n\}$ 中，$a_5 = 10$，$a_{12} = 31$，求首项 a_1 与公差 d.

2. 已知等差数列 $\{a_n\}$ 的通项公式为 $a_n = 3 - 2n$.

（1）-37 是这个数列的第几项？

（2）求该数列前 10 项的和.

3. 已知数列 $\{a_n\}$ 满足 $a_{n+1} = \frac{1+a_n}{a_n}$，且 $a_1 = 1$，写出 $\{a_n\}$ 的前 5 项.

4. 在等差数列 $\{a_n\}$ 中，已知 $a_1 = 1$，$a_n = 5$，$S_n = 27$，求 n 和 d.

5. 在等比数列 $\{a_n\}$ 中，若 $a_2=2$，$a_3\cdot a_4=32$，求 a_n，S_{10}.

6. 在等差数列 $\{a_n\}$ 中，公差 $d>0$. 若 a_2，a_4 为方程 $x^2-10x+21=0$ 的两个根，求：

（1）该数列的通项公式.

（2）该数列前 10 项的和.

7. 已知数列 $\{a_n\}$ 的前 n 项和 $S_n=n^2-2n$，$n\in\mathbf{N}^*$.

（1）求 a_1 和 a_2 的值.

（2）求数列 $\{a_n\}$ 的通项公式.

（3）设 $b_n=2^{a_n}$，求数列 $\{b_n\}$ 的前 4 项和.

8. 某机床厂今年年初用 98 万元购进一台数控机床，并立即投入生产使用，计划第一年维修、保养费用 12 万元，从第二年开始，每年所需维修、保养费用比上一年增加 4 万元，使用该机床每年的总收入为 50 万元，设使用 x 年后数控机床的盈利额为 y 万元.

（1）写出 y 与 x 之间的函数关系式；

（2）从第几年开始，该机床开始盈利（盈利额为正值）？

B 组

1. 已知公差不为 0 的等差数列的第 2、3、6 项依次是一等比数列的连续三项，则这个等比数列的公比等于（　　）

A. $\frac{3}{4}$；　　B. $-\frac{1}{3}$；　　C. $\frac{1}{3}$；　　D. 3.

2. 等差数列 $\{a_n\}$ 中，已知前 4 项和是 1，前 8 项和是 4，则 $a_{17}+a_{18}+a_{19}+a_{20}=$（　　）

A. 7；　　B. 8；　　C. 9；　　D. 10.

3. 在公差 $d\neq 0$ 的等差数列 $\{a_n\}$ 中，已知 $a_1=4$，且 a_1，a_7，a_{10}成等比数列，求：

（1）此数列的通项公式；

（2）以第 1，7，10 项为前三项的等比数列的前 n 项和.

课后自测题

一、选择题

1. 将正整数的前 5 个数，（1）排成 1，2，3，4，5；（2）排成 5，4，3，2，1；

（1）排成2，1，5，3，4；（4）排成4，1，5，3，2，那么可以叫做“数列”的是（　　）

A.（1）；　　B.（1）、（2）；

C.（1）、（2）、（3）；　　D.（1）、（2）、（3）、（4）.

2. 数列0，2，0，2，0，2，…的一个通项公式为（　　）

A. $a_n=1+(-1)^{n-1}$；　　B. $a_n=1+(-1)^n$；

C. $a_n=1+(-1)^{n+1}$；　　D. $a_n=2+(-1)^{n+1}$.

3. $b^2=ac$ 是 a,b,c 成等比数列的（　　）

A. 充分条件；　　B. 必要条件；

C. 充要条件；　　D. 既不充分也不必要条件.

4. 已知等比数列 $1,\sqrt{2},2,2\sqrt{2}$，…，则 $8\sqrt{2}$ 是这个数列的（　　）

A. 第6项；　　B. 第7项；　　C. 第8项；　　D. 第9项.

5. 已知等差数列 $\{a_n\}$，且 $a_2+a_3+a_9+a_{10}=36$，则 $a_6=$（　　）

A. 18；　　B. 12；　　C. 9；　　D. 6.

6. 在首项为31，公差是 -4 的等差数列中，第一个出现负数的是（　　）

A. a_9；　　B. a_{10}；　　C. a_{11}；　　D. a_{12}.

7. 两个数的等差中项为20，等比中项为12，那么这两个数为（　　）

A. 18，22；　　B. 9，16；　　C. 4，36；　　D. 16，24.

8. 设 $2^a=3$，$2^b=6$，$2^c=12$，则 a、b、c（　　）

A. 是等差数列，但不是等比数列；　　B. 是等比数列，但不是等差数列；

C. 既是等差数列，又是等比数列；　　D. 既不是等差数列，又不是等比数列.

9. 若等比数列 $\{a_n\}$ 中，$q=\frac{1}{2}$，$a_9=1$，则 S_9（　　）

A. 511；　　B. $255\frac{1}{2}$；　　C. 256；　　D. 512.

10. 某产品计划每年成本降低 $q\%$，若三年后的成本是 a 元，则现在的成本是（　　）

A. $\frac{a}{(1-q\%)^3}$ 元；　　B. $\frac{a}{(q\%)^3}$ 元；

C. $a(1+q\%)^3$ 元；　　D. $a(1-q\%)^3$ 元.

二、填空题

1. 已知数列 $\{a_n\}$ 中，$a_1=3$，$a_{n+1}=2a_n$，则它的通项公式是 $a_n=$ ________.

2. 数列 $-3,-1,1,3,\cdots,13$ 的项数有________项.

3. 1和100的等差中项是________，等比中项是________.

4. 若数列 $\{a_n\}$ 的前 n 项和 $S_n=n^2+2n$，则 $a_3+a_4+a_5=$ ________.

5. 已知数列 $\{a_n\}$ 是等比数列，$a_1=\frac{1}{8}$，$q=2$，$a_n=8$，则 $n=$ ______.

6. 已知等差数列中 $a_4=3$，则 $S_7=$ ______.

7. 等比数列 $\{a_n\}$ 中，$a_2+a_3=36$，$a_4+a_5=24$，则 $a_6+a_7=$ ______.

8. 等差数列 $\{a_n\}$ 的首项 $a_1=33$，公差 d 为整数，若前7项为正数，第7项以后的各项都是负数，则 d 的值为______.

9. 在等差数列 $\{a_n\}$ 中，公差 $d\neq0$，且 a_1,a_3,a_9 成等比数列，则 $\frac{a_1+a_3+a_9}{a_2+a_4+a_{10}}=$ ______.

10. 在等差数列 $\{a_n\}$ 中，$a_2+a_4=16$，$a_1^2+a_5^2=200$，则 $a_1\cdot a_5=$ ______.

三、解答题

1. 求下列数列的通项公式：

（1）$-\frac{1}{2},\frac{3}{4},-\frac{7}{8},\frac{15}{16}\cdots$；　　（2）9，99，999，9999，…；

（3）$\frac{3}{5},\frac{1}{2},\frac{5}{11},\frac{3}{7}\cdots$；　　（4）0.9，0.99，0.999，0.9999，….

2. 在等差数列 $\{a_n\}$ 中，已知 $a_8=-3$，$d=-3$，求 a_1 与 S_8.

3. 等差数列 $\{a_n\}$ 中，若 $a_{15}=33$，$a_{45}=153$，则377是这个数列的第几项？

4. 已知数列 $\{a_n\}$ 是等比数列，且 $a_n>0$，$a_1=2$，$a_3=8$，求 $\frac{1}{a_1}+\frac{1}{a_2}+\frac{1}{a_3}+\cdots+\frac{1}{a_n}$.

5. 已知等比数列 $\{a_n\}$ 中，$a_4-a_1=26$，$S_3=-13$，求 a_1 和 q.

6. 三个数 a,b,c 成等比数列，其积为8，又 $a,b,c-1$ 成等差数列，求这三个数.

7. 如果我国从2000年至2020年的全国工农业总产值计划翻两番，那么平均每年增长率是多少？

8. 已知数列 $\{a_n\}$ 中，前 n 项和 $S_n=-n^2+8n$.

（1）求数列的通项公式 a_n；

（2）当n为何值时，S_n 最大，并求出此时 a_n 为多少？

拓展与提升

国际象棋与数列

根据历史传说记载，国际象棋起源于古印度，至今见诸文献最早的记录是在萨珊王朝时期用波斯文写的．据说，印度有位宰相见国王自负虚浮，决定给他一个教训．

他向国王推荐了一种在当时尚无人知晓的游戏．国王当时整天被一群溜须拍马的大臣们包围，百无聊赖，很需要通过游戏方式来排遣郁闷的心情.

国王对这种新奇的游戏很快就产生了浓厚的兴趣，高兴之余，他便问那位宰相，作为对他忠心的奖赏，他需要得到什么赏赐．宰相开口说道：请您在棋盘上的第一个格子上放1粒麦子，第二个格子上放2粒，第三个格子上放4粒，第四个格子上放8粒……即每一个次序在后的格子中放的麦粒都必须是前一个格子麦粒数目的倍数，直到最后一个格子第64格放满为止，这样我就十分满足了．“好吧！”国王哈哈大笑，慷慨地答应了宰相的这个谦卑的请求．

这位聪明的宰相到底要求的是多少麦粒呢？稍微算一下就可以得出：$1+2^1+2^2+2^3+2^4+\cdots+2^{63}=2^{64}-1$，直接写出数字来就是18446744073709551615粒，这位宰相所要求的，竟是全世界在两千年内所产的小麦的总和！如果造一个宽四米、高四米的粮仓来储存这些粮食，那么这个粮仓就要长三亿千米，可以绕地球赤道7500圈，或在日地之间打个来回。国王哪有这么多的麦子呢？他的一句慷慨之言，成了他欠宰相西萨·班·达依尔的一笔永远也无法还清的债.

正当国王一筹莫展之际，王太子的数学教师知道了这件事，他笑着对国王说：“陛下，这个问题很简单啊，就像$1+1=2$一样容易，您怎么会被它难倒？”国王大怒：“难道你要我把全世界两千年产的小麦都给他？”年轻的教师说：“没有必要啊，陛下。其实，您只要让宰相大人到粮仓去，自己数出那些麦子就可以了．假如宰相大人一秒钟数一粒，数完18446744073709551615粒麦子所需要的时间，大约是5800亿年。就算宰相大人日夜不停地数，数到他自己魂归极乐，也只是数出了那些麦粒中极少的一部分．这样的话，就不是陛下无法支付赏赐，而是宰相大人自己没有能力取走赏赐．”国王恍然大悟，当下就召来宰相，将教师的方法告诉了他.

西萨·班·达依尔沉思片刻后笑道：“陛下啊，您的智慧超过了我，那些赏赐……我也只好不要了！”当然，最后宰相还是获得了很多赏赐（没有麦子）.

第10章 概率与统计初步

1. 理解：随机事件与概率、总体与样本、样本均值与标准差等概念；概率的简单性质.
2. 掌握：分类、分步计数原理；抽样方法；用样本均值、标准差估计总体均值、标准差.
3. 了解：频率分布表与频率分布直方图；回归直线与一元线性回归方程.

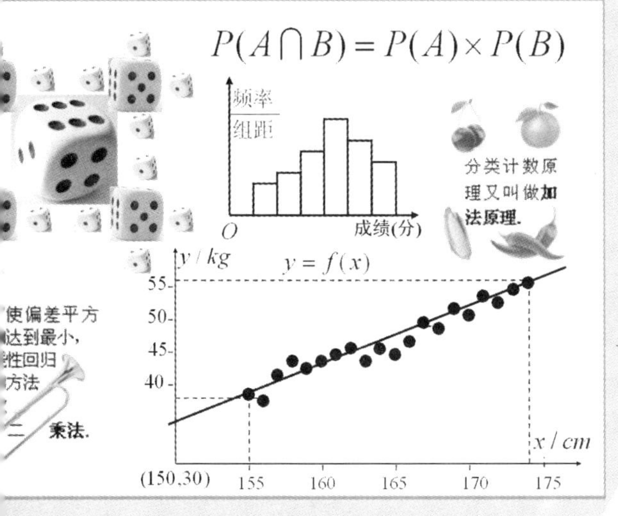

1. 能准确判别必然事件、不可能事件、随机事件、基本事件、和事件、互斥事件、对立事件及相互独立事件.
2. 会使用等可能事件概率的公式、互斥事件概率的公式、对立事件概率的公式、相互独立事件概率的公式；会求一元线性回归方程.
3. 能用抽签法、随机数表法、系统抽样、分层抽样进行抽样；能求样本均值、标准差，并能用样本均值、标准差估计总体；能列频率分布表、绘频率分布直方图.

1. 概率、总体与样本的概念；等可能事件的概率的计算.
2. 用样本均值、标准差估计总体均值、标准差；
3. 互斥事件概率的加法公式，相互独立事件同时发生的概率的乘法公式.
4. 运用概率、统计初步知识解决简单的实际问题.

1. 分步计数原理；计算基本事件总数n及事件A包含的基本事件个数m.
2. 列频率分布表，绘频率分布直方图.
3. 用最小二乘法求一元线性回归方程.

请思考：

赌博是小概率事件，国际上正规赌场设计的盈亏比为7∶3，即庄家赢钱的概率是70%，赌徒赢钱的概率是30%．长期赌博的人，必然输的一个比一个更惨．

彩票的概率就更小，中大奖的概率小到几百万分之一，也就是说，一个彩民对一种彩票期期都买，即使买一辈子，中大奖的可能性也只有几万分之一．

小概率事件是赌博与彩票的共同之处，它们都充满着不确定性和不可控性；两者的区别在于：赌博输赢金额之间的差距不大；而彩票的中大奖与不中奖之间却有着天壤之别．

在我们生活的大千世界里，充满着各种各样“小概率事件”和“大概率事件”，正确认识“小概率事件”，准确把握“大概率事件”，对一个人事业的成功起着决定性的作用。

概率与统计初步能让我们在重大问题的抉择中，多一份理性，少一些盲目．

10.1　计数的基本原理

现实生活中计数无处不在，用一个一个地数的办法在稍微复杂一点的情况下是很麻烦的事，为了准确高效地计数，我们需要理解和掌握计数的基本原理：分类计数原理和分步计数原理．

10.1.1　分类计数原理

请回答：由甲地去乙地可以乘高铁，也可以乘快客，还可以乘飞机．如果一天之内高铁有3个班次，快客有15个班次，飞机有4个班次，那么，每天由甲地去乙地有多少种不同的方法？

事实上，在解答这个问题中，我们使用了分类的原理．由甲地去乙地共有三类方式：第一类是乘高铁，有3种方法；第二类是乘快客，有15种方法；第三类是乘飞机，有4种方法．并且每一种方法都能够完成这件事（从甲地到乙地）．那么每天从甲地去乙地的方法共有

$$3+15+8=26(\text{种})$$

一般地，如果完成一件事，有 n 类方式．第一类方式有 k_1 种方法，第二类方式有 k_2 种方法，……，

第 n 类方式有 k_n 种方法，并且每一种方法都能独立完成这件事，那么完成这件事的方法共有

$$N = k_1 + k_2 + \cdots + k_n \text{（种）}$$

分类计数原理又叫做**加法原理.**

这种计数的原理叫做**分类计数原理**.

使用分类计数原理时应注意下列事项：

（1）计数的对象可以分成若干类；

（2）任何两类都没有共公元素；

（3）每类元素的数目确切.

例1 磁盘中存储着著名歌唱家蒋大为演唱的歌曲 18 首，殷秀梅演唱的歌曲 14 首，阎维文演唱的歌曲 16 首，若从中任取一首播放，共有多少种播放方法？

◆ **分析** 从磁盘中三位歌唱家演唱的歌曲中取出一首，有三类方式.

解 第一类：取出蒋大为演唱的歌曲播放，从 18 首中任意取出一首，有 18 种方法；

第二类：取出殷秀梅演唱的歌曲播放，从 14 首中任意取出一首，有 14 种方法；

第三类：取出阎维文演唱的歌曲播放，从 16 首中任意取出一首，有 16 种方法.

由分类计数原理知，不同的播放方法共有

$$N = 18 + 14 + 16 = 48\text{（种）}.$$

试一试

1. 小李家的书柜，第一层放书 30 本，第二层放书 25 本，第三层放书 22 本. 小王想借小李的一本书看，小王有多少种借法？（所有的书不相同）

2. 某职业学校财会一班的学生分为三个学习小组，甲组有 10 人，乙组有 12 人，丙组有 11 人. 现要选派 1 人参加学校组织的技能竞赛，有多少种不同的选派方法？

10.1.2 分步计数原理

请回答：某人从甲地经丙地到乙地，他要从甲地乘客船到丙地，再于次日从丙地乘快客到乙地. 一天中，客船有 4 个班次，快客有 3 个班次，那么两天中，从甲地到乙地共有多少种不同的走法？

在上一单元的问题中，采用乘高铁、乘快客或乘飞机中的任何一种方法都可以从

甲地到乙地.

而在这个问题中，完成从甲地到乙地这件事，必须经过两个步骤才能完成：第一步，从甲地乘客船到达丙地，完成这一步有 4 种方法，即乘第一班次客船、乘第二班次客船、乘第三班次客船、乘第四班次客船；第二步，从丙地乘快客到达乙地，完成这一步有 3 种方法，即乘第一班次快客、乘第二班次快客、乘第三班次快客. 采用第一步 4 种方法的任何一种方法到达丙地后，都有 3 种方法到达乙地，比如，第一步乘第三班次客船到达丙地后，第二天既可以乘第一班快客，也可乘第二班快客，还可乘第三班快客，就是说，第一步乘第三班次客船到达丙地再到乙地就有三种方法，如图 10－1 中粗实线所示，

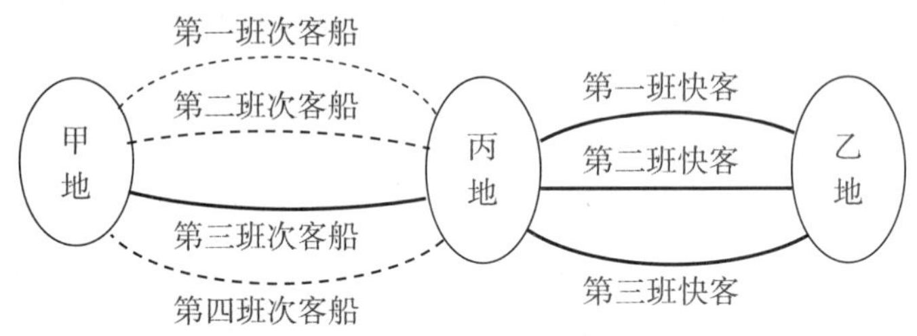

图 10－1

所以乘一次客船再乘一次快客从甲地到乙地的方法共有

$$4\times3=12(\text{种}).$$

请回答：某人从乙地经丙地返回甲地，他要从乙地乘快客到丙地，再于次日从丙地乘客船到甲地．一天中，客船和快客的班次不变，那么两天中，从乙地返回到甲地共有多少种不同的走法？

一般地，如果完成一件事，需要分成 n 个步骤，完成第一个步骤有 k_1 种方法，完成第二个步骤有 k_2 种方法，……，完成第 n 个步骤有 k_n 种方法，并且只有当这 n 个步骤都完成后，这件事才能完成，那么完成这件事的方法共有

$$N=k_1\times k_2\times\cdots\times k_n(\text{种}).$$

这种计数的原理叫做**分步计数原理**.

请回答：分类计数原理与分布计数原理的主要区别是什么？

例 2 某职业学校财会二班有男生 25 人，女生 30 人，若要选男、女生各 1 名作为学生代表参加学校的学生会工作，共有多少种选法？

解 “选出男、女生各一名”这件事可以分成两个步骤完成：

第一步：从 25 名男生中选出一人，有 25 种选法；

第二步：从 30 名女生中选出一人，有 30 种选法；

由分步计数原理，完成“选出男、女生各一名”这件事的选法共有

$$N = 25 \times 30 = 750\ (\text{种})$$

答： 共有 750 种选法.

> 分类计数原理与分步计数原理的主要区别：分类计数中的每一种方法都能独立完成所要做的事；分步计数中的某一步不能独立完成所要做的事，必须把所有的步骤都完成了才能完成所要做的事.

例 3 由 1、2、3、4、5、6，六个数字可以组成多少个没有重复数字的两位数？

◆ **分析** 没有重复数字的两位数，即个位上的数字与十位上的数字不能相同。

解 组成没有重复数字的两位数可以分为两步：第一步确定个位上的数，第二步确定十位上的数.

第一步可以从 1、2、3、4、5、6，六个数字中选取一个作为个位上的数，有六种方法；第二步，因为没有重复数字，第一步取了一个数字，因此只能在剩下的五个数字中选取，有五种方法.

根据分步计数原理，可以组成没有重复数字的两位数共有

$$6 \times 5 = 30\ (\text{个})$$

答： 由 1、2、3、4、5、6，六个数字可以组成 30 个没有重复数字的两位数.

请回答：由 0、1、2、3、4、5，六个数字可以组成多少个没有重复数字的两位数？

例 4 已知集合 $M = \{-3, -2, -1, 0, 1, 2\}$，$P(a,b)$ 是平面上的点，且 $a \in M, b \in M$

(1) P 可表示多少个不同的点？

(2) P 可表示多少个坐标轴上的点？

◆ **分析** 横坐标与纵坐标可以是 M 中相同的数.

解 (1) 完成“$P(a, b)$ 表示平面上的点”这件事，可分为两步：

第一步：确定横坐标 a，可从 M 中任取一个数作为横坐标，有 6 种不同的选法；

第二步：确定纵坐标 b，也可从 M 中任取一个数作为纵坐标，也有 6 种不同的选法；

由分步计数原理，可知表示点 $P(a,b)$ 的方法共有

$$6 \times 6 = 36\ (\text{种})$$

答： P 可表示 36 个不同的点.

(2) 完成“$P(a, b)$ 表示坐标轴上的点”这件事，可分为三类：

第一类：P 表示 x 轴上（除原点）的点，有 5 种方法；

第二类：P 表示 y 轴上（除原点）的点，有 5 种方法；

第三类：P 表示原点，有 1 种方法；

以上三类中的每一种方法都能独立完成“P 表示坐标轴上的点”这件事.

由分类计数原理，得

$$5+5+1=11(\text{种})$$

答：P 可表示 11 个坐标轴上的点.

例 5 有 4 名学生报名参加数学、物理、化学竞赛，每人限报一科，有多少种不同的报名方法？有四名学生争夺数学、物理、化学的冠军，有多少种不同的结果？

◆ **分析：**4 名学生报名参加竞赛，不得兼报，是“人选科目”，每人都有 3 种不同的报名方法，可把四名学生报名视为 4 个步骤，用分步计数原理；4 名学生争夺三项冠军，因每位冠军只能是一名学生获得，“故应是科目选人”，每个科目的冠军都有 4 种可能，将 3 个科目选冠军视为 3 个步骤，也应用分步计数原理.

解 4 名学生中，每人都要选报数学、物理、化学中的一科，根据分步计数原理，共有

$$3\times3\times3\times3=81\ (\text{种})\ \text{报名方法}.$$

4 名学生争夺数学、物理、化学三项冠军，每一项冠军都有 4 种不同的结果，共有 $4\times4\times4=64(\text{种})$ 不同的结果.

练一练

1. 某学院某专业有选修课程 11 门，其中有 4 门专业基础课，5 门专业课，2 门实践课. 要求每位学生必须从专业基础、专业课和实践课中各选一门，共选修 3 门. 问一位学生共有多少种选课的方法？

2. 由 0、3、5、8，四个数可以组成多少没有重复数字的三位数？

习题 10.1

A 组

1. 简答题：(1) 什么是分类计数原理？

(2) 什么是分步计数原理？

2. 某班级学生人数 48 人，其中女生 24 人，要从该班选派一名女生、一名男生参

加学校组织的技能比赛. 共有多少种选派方法?

3. 在 100 件产品中, 有 97 件是正品, 3 件次品, 从中任取一件来检查, 问: (1) 共有多少种抽取方法? (2) 取到次品有多少种方法? (3) 取到正品有多少种方法?

4. 某市的电话号码是八位数字, 问 8351 支局有多少个电话号码?

5. 用数字 1、2、3、4、5 可以组成多少个三位数?

6. 从学校乘车去省体育场, 必须在市政府站转车, 从学校到市政府站共有 3 种公共汽车可乘坐, 从市政府站到省体育场有 4 种公共汽车可以乘坐. 从学校到省体育场有多少种乘车方法?

7. 从 8 名同学中选出一名组长, 一名副组长, 有多少种不同的选法?

B 组

1. 抛掷一枚硬币, 落地后会出现两种结果, 现在一次抛掷 4 枚硬币, 可能出现的结果共有多少种?

2. 乘积 $(a_1+a_2+a_3)(b_1+b_2+b_3)(c_1+c_2+c_3)$ 展开后共有多少项?

3. 用 1, 5, 9, 13 中任意一个数作分子, 4, 8, 12, 16 中任意一个数作分母, 可构成多少个不同的分数? 可构成多少个不同的真分数?

10.2 随机事件与概率

10.2.1 随机事件

请回答: 抛掷一枚硬币, 落下后, 硬币的正面一定向上吗?

我们生活的大千世界里, 充满着各种各样的现象, 而这些现象内在的因果关系又是怎样的呢? 请观察下列各种现象:

(1) 抛掷一枚硬币, 落下后, 硬币的正面向上;

(2) 在标准大气压下, 水加热到 100^0C 时, 水沸腾;

(3) 掷一枚骰子, 出现的点数是 4;

(4) 在一天的某一时刻, 测试某个人的体温为 36.5°C;

(5) 如果 $3x-9=0$, 那么, $x=3$;

(6) 在标准大气压下, 100^0 的金属铜变为液态.

在上述的现象中，(2)、(5)、(6) 这三种现象具有共同的特性：在一定条件下，其结果出现（发生）与否是事先能够确定的，这种现象叫做**确定性现象**. 如当满足 (2) 的条件时，“水沸腾”这个结果，事先就能确定：必然出现（发生）；当满足 (6) 的条件时，“金属铜变为液态”这个结果事先也能确定：不可能出现（发生）.

随机试验都有两种以上(含两种)可能的结果.

而 (1)、(3)、(4) 这三种现象，也有共同的特性：在一定条件下，具有多种可能的结果，而事先不能确定会出现（发生）哪种结果，这种现象叫做**随机现象**. 如当满足 (1) 的条件时，即“抛掷一次硬币，落下后”，可能出现“硬币的正面向上”这个结果，也可能不出现这个结果，抛硬币前不能确定.

把随机现象的条件实现一次叫做一次**随机试验**，简称**试验**（或**观察**），在相同的条件下，试验（观察）可以重复进行，我们通常使用试验（观察）来研究随机现象.

随机试验的每一种可能结果组成的集合叫做一个**随机事件**，简称**事件**，用大写英文字母 A、B、C 等表示随机事件；随机试验的所有可能结果组成的集合叫做这个试验的**样本空间**，用大写英文字母 U 表示.

在一定条件下，必然发生（出现）的事件叫做**必然事件**，显然，样本空间就是必然事件，同样本空间一样，必然事件也用 U 表示；在一定条件下不可能发生（出现）的事件叫做**不可能事件**，用 ϕ 表示.

必然事件和不可能事件可以看成随机事件的两种极端情形.

例 1　一个黑色袋子内装有 50 个大小相同，黄、白两种颜色的乒乓球，其中黄球 5 个，白球 45 个，从中任意摸出 10 个球，指出事件：

$A=\{$有白球$\}$，$B=\{$全是白球$\}$，$C=\{$没有白球$\}$，$D=\{$有黄球$\}$，$E=\{$全是黄球$\}$，$F=\{$没有黄球$\}$ 中的随机事件、必然事件和不可能事件.

为了方便起见，今后我们讲到事件时，既包含随机事件也包含必然事件和不可能事件.

解　因为　50 个球中只有 5 个黄球，其余都是白球，从中任意摸出 10 个球必然含有白球，

所以　事件 A 是必然事件；

因为　只有 5 个黄球，摸出 10 个球，不可能全是黄球，即不可能没有白球，

所以　事件 C、E 是不可能事件；

因为　有 45 个白球，摸出的 10 个球，有可能都是白的，也有可能不都是白的，

所以　事件 B、D、F 是随机事件.

请回答：抛掷质地均匀的硬币两次，有哪些随机事件？

抛掷两次硬币，两次都出现正面，记作（正，正）；

第一次出现正面，第二次出现反面，记作（正，反）；

第一次出现反面，第二次出现正面，记作（反，正）；

两次都出现反面，记作（反，反）；

则　样本空间为：

U = {(正,正),(正,反),(反,正),(反,反)}，

设　事件 A = {两次都出现正面} = {(正,正)}；

B = {第一次出现正面,第二次出现反面} = {(正,反)}；

C = {第一次出现反面,第二次出现正面} = {(反,正)}；

D = {两次都出现反面} = {(反,反)}；

E = {有正面出现} = {(正,正)、(正,反)、(反,正)}；

F = {两次出现相同的面} = {(正,正)、(反,反)}；

G = {第一次出现反面} = {(反,正)、(反,反)}；

H = {两次出现不同的面} = {(正,反)、(反,正)}，

> 基本事件就是样本空间的元素(也叫做样本点)组成的单元素集.

在上述随机事件中，把 A、B、C、D 这种不能再分的最简单的随机事件叫做**基本事件**，基本事件的并集叫做**和事件（并事件）**，上述的事件 E、F、G、H 都是和事件，其中 F 是 A、D 的和事件，记作 $F=A\cup D$，E 是 A、B、C 的和事件，记作 $E=A\cup B\cup C$，E 也是 A、H 的和事件，也可记作 $E=A\cup H$.

显然，任意一个事件都是样本空间的子集.

练一练

1. 指出下列事件是必然事件，不可能事件，还是随机事件.

(1) 如果 x,y 是实数，那么 $x+y=y+x$；

(2) 没有水分，种子发芽；

(3) 明年 10 月 1 日，阴天.

2. 抛掷一枚骰子，观察掷出的点数，指出下列事件中的基本事件和事件：

(1) A = {点数是 1}；　(2) B = {点数是 3}；

(3) C = {点数是 5}；　(4) D = {点数是奇数}.

10.2.2 等可能事件的概率

请回答：抛掷一枚质地均匀的硬币，出现正面的可能性有多大？

显然，对于随机事件A，有$0<P(A)<1$，对于必然事件U，有$P(U)=1$，对于不可能事件ϕ，有$P(\phi)=0$，于是，对于任意事件A，有$0\leqslant P(A)\leqslant 1$.

由于质地均匀，所以出现正面与出现反面的可能性是相等的，各占一半，即出现正面的可能性的大小可以用数字表示为0.5.

一般地，在随机试验中，如果一个随机事件出现（发生）的可能性的大小能用一个确定的常数来表示，则把这个常数叫做**随机事件的概率**. 随机事件A的概率记作$P(A)$.

例2 100件产品中有90合格品，有10件不合格品，任取一件，求：(1) 取出的为不合格品的概率；(2) 取出的为合格品的概率.

解 在“100件产品中，任取一件”的试验中，每一件产品都有可能被“取出”，而且，每一件产品被“取出”的可能性都是相等的，所以有100个等可能的基本事件，这100个基本事件的概率都等于$\frac{1}{100}$，

(1) 因为 事件“取出的为不合格品”包含了10个基本事件，

所以 取出的为不合格品的概率为$\frac{10}{100}=0.1$；

(2) 因为 事件“取出的为合格品”包含了90个基本事件，

所以 取出的为合格品的概率为$\frac{90}{100}=0.9$.

例3 抛掷三次硬币，求三次出现相同面的概率.

解 因为 在“抛掷三次硬币”的试验中，每一次掷硬币都有两种可能的结果，而且三次抛掷缺一不可，由分步计数原理知，有$2\times2\times2=8$个基本事件：

$A=\{(正,正,正)\}$；　　$B=\{(正,正,反)\}$；

$C=\{(正,反,正)\}$；　　$D=\{(正,反,反)\}$；

$E=\{(反,正,正)\}$；　　$F=\{(反,正,反)\}$；

$G=\{(反,反,正)\}$；　　$H=\{(反,反,反)\}$，

而且这8个基本事件是等可能的，即它们的概率都等于$\frac{1}{8}$，

而事件“三次出现相同面”包含了两基本事件：

$A=\{(正,正,正)\}$、　　$H=\{(反,反,反)\}$,

所以　三次出现相同面的概率为 $\frac{2}{8}=0.25$.

具有有
限个等可能
基本事件的概
率问题叫做古
典概型.

一般地，如果随机试验的基本事件总数为 n 个，n 为有限数，并且这些基本事件的出现是等可能的，事件 A 包含其中的 m 个基本事件，那么事件 A 的概率为

$$\boxed{P(A)=\frac{m}{n}} \qquad (公式 10-1)$$

公式 10－1 叫做等可能事件的概率公式.

请回答：你能写出例 3 的样本空间吗？

例 4　抛掷两枚质地均匀的骰子，求：出现的点数之和为 3 的概率.

◆ **分析**　抛掷一枚骰子有 6 种可能的结果，两枚缺一不可，用分步计数原理可求"抛掷两枚质地均匀的骰子"这个试验的基本事件总数.

解　"抛掷两枚质地均匀的骰子"这个试验的基本事件总数为：

$$n=6\times6=36,$$

设"点数之和为 3"为事件 A，则 A 包含有两个基本事件：

第一枚为 1 点，第二枚为 2 点；

第一枚为 2 点，第二枚为 1 点，

即　$m=2$,

所以 由公式 10—1 可得，出现的点数之和为 3 的概率为

$$P(A)=\frac{m}{n}=\frac{2}{36}=\frac{1}{18}.$$

例 5　某种彩票的号码是由 1，2，3，4，5，6，7，8，9，这九个数字组成的没有重复数字的三位数，每个号码对应一张彩票，某人随机购买了一张彩票，三日后，公布了中奖号码，其中末等奖的中奖号码为个位是 5 的三位数，求此人获得末等奖的概率.

◆ **分析**　先从九个数字中取出 1 个放在个位上，有 9 种取法，再从剩下的 8 个数字（因为没有重复）中取出 1 个放在十位上，有 8 种取法，最后百位上，有 7 种取法，由分步计数原理可求基本事件总数；设"个位是 5 的三位数"为事件 A，则 A 是先从九个数字中取出数字 5 放在个位上，只有 1 种取法，十位上有 8 种取法，百位上有 7 种取法，由分步计数原理可求事件 A 所包含的基本事件个数.

解　"由九个数字组成没有重复数字的三位数"的基本事件总数为：

$$n=9\times8\times7,$$

设"个位是 5 的三位数"为事件 A，则事件 A 包含的基本事件个数为

$$m=1\times8\times7,$$

所以　由公式 10－1 可得，

$$P(A)=\frac{m}{n}=\frac{8\times7}{9\times9\times7}=\frac{1}{9}.$$

做一做

1. 袋中有 5 个白色球、7 个红色球和 8 个黄色球，这些球除颜色外，外形、重量等完全相同，从袋中任意取出 1 个球，求取不到白色球的概率.

2. 一副扑克牌中，随机抽取 1 张，求取不到红桃的概率；

习题 10.2

A 组

1. 简答题.

（1）什么是随机现象、确定性现象？

（2）什么是必然事件、不可能事件、随机事件？

（3）什么是基本事件？什么是和事件？

（4）如何求等可能事件的概率？

2. 指出下列事件中，哪个是必然事件？哪个是不可能事件？哪个是随机事件？

（1）运动员射击一次命中环数为 8 环；

（2）任取一个两位数是 100；

（3）一副扑克牌（无大小王）中，随机抽取 14 张，至少存在两种花色；

（4）袋中有红、白、黄 3 种不同颜色的球，任取 1 个，取出是白球；

3. 在学校一年级学生的 50 份第二学期数学期末考试成绩中，60 分以上有 42 人，试求该校一年级学生第二学期数学成绩的及格率.

4. 袋中有红、白、黄 3 种不同颜色的球各 10 个，这 3 种球除颜色外，外形、重量等完全相同. 从中任取 1 个球，求：（1）取出的是白球的概率；（2）取出的不是白球的概率.

5. 抛掷一颗骰子，观察掷出的点数，求点数是奇数的概率.

6. 某面试考场设有50张考签，编号为1，2，…，50. 应试时，考生任抽一张考签答题．求：

（1）抽到10号考签的概率；

（2）抽到前5号考签的概率.

B组

1. 乒乓球男子团体比赛中，A队与B队对决，A队由强、中、弱三名选手组成，B队也由强、中、弱三名选手组成，在第一轮的单打比赛中，求：（1）两强相遇的概率；（2）强弱相遇的概率.

2. 由1，2，3，4，5，6，7，8，9这九个数组成有重复数字的两位数，在所有这样的两位数中，任取一个数，求：（1）取到偶数的概率；（2）取到不大于50的奇数的概率.

10.3 概率的加法公式与乘法公式

10.3.1 概率的加法公式

请回答：抛掷一颗骰子，设事件 A = {出现偶数点}，B = {出现的点数不大于3}，C = {出现3点}，事件A和B能同时发生吗？事件A和C呢？

显然，当出现2点时，事件A和B都发生，即事件A和B能同时发生，这是因为$A\cap B$非空，事实上，$A\cap B$ = {出现2点}；不论出现几点，事件A和C都不能同时发生，这是因为$A\cap C=\phi$，

一般地，如果随机事件A和B能同时发生，即$A\cap B$非空，则把A和B叫做**相容事件**；如果随机事件A和B不能同时发生，即$A\cap B=\phi$，则把A和B叫做**互不相容事件**.

下面我们来分析互不相容事件概率的性质：

“抛掷一颗骰子”这个随机试验的样本空间为：

U = {出现1点，出现2点，出现3点，出现4点，出现5点，出现6点}，样本空间是由6个等可能的基本事件组成的，由公式10－1可知，每

个基本事件的概率都是 $\frac{1}{6}$，

设　事件 $A=\{$出现 1 点$\}$，事件 $B=\{$出现 2 点$\}$，

事件 $C=\{$出现 1 点或 2 点$\}$，

则　A、B 是两个互斥事件，且 $P(A)=P(B)=\frac{1}{6}$，

而　C 是 A、B 的和事件，即 $C=A\cup B$，

因为　事件 C 含有两个基本事件，由公式 10－1 可知，

$$P(C)=\frac{2}{6}=\frac{1}{3},$$

于是

$$P(C)=P(A\cup B)=P(A)+P(B)$$

一般地，如果事件 A 与 B 互斥，则有

$$\boxed{P(A\cup B)=P(A)+P(B)} \qquad \text{（公式 10－2）}$$

公式 10－2 叫做互斥事件的**概率加法公式**.

互斥事件的概率加法公式是计算概率的基本公式之一，运用它可以计算出某些和事件的概率.

> 互斥事件的概率加法公式可以推广.
> 例如，对于彼此互斥的事件 A，B，C，有
> $P(A\cup B\cup C)=P(A)+P(B)+P(C)$

例 1　由 3，4，5，6 四个数字组成没有重复数字的两位数，在所有这样的两位数中，任取一个，求：

（1）取到的是 5 的倍数的概率；

（2）取到的是奇数的概率.

◆ **分析**　由 4 个数字组成两位数，个位上有 4 种排法，因为没有重复，十位上有 3 种排法，由分步计数原理知，样本空间 U 的基本事件总数为 $n=4\times3$；5 的倍数即个位为 5（奇数即个位为 3 或 5）；个位上选定 5（或 3）后，十位上都还有 3 种排法，由分步计数原理，个位上为 5（或 3）所含有的基本事件数均为 $m=1\times3$.

解　设　事件　$A=\{$个位上为 5$\}$，

$B=\{$个位上为 3$\}$，

$C=\{$是奇数$\}$，

则　（1）$P(A)=P(B)=\frac{1\times3}{4\times3}=\frac{1}{4}$，

（2）因为　A 与 B 互斥，且 $C=A\cup B$，

所以　$P(C)=P(A\cup B)=P(A)+P(B)=\frac{1}{4}+\frac{1}{4}=\frac{1}{2}$.

答：取到的是 5 的倍数的概率为 $\frac{1}{4}$；取到的是奇数的概率为 $\frac{1}{2}$.

请回答：例 1 中，取到的不是 5 的倍数的概率是多少？

"由 3，4，5，6 四个数字组成没有重复数字的两位数"这个随机试验的样本空间为：

$$U=\{43,53,63,34,54,64,35,45,65,36,46,56\}$$

设事件$A=\{$取到的是 5 的倍数$\}=\{$个位上为 5$\}=\{35,45,65\}$，

$B=\{$取到的不是 5 的倍数$\}=\{$个位上不是 5$\}$

$=\{43,53,63,34,54,64,36,46,56\}$，

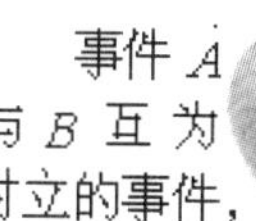

事件 A 与 B 互为对立的事件，也就是 A 与 B 互为补集.

则 A 与 B 的和事件是整个样本空间，且 A 与 B 互斥，

即 $A\cup B=U$，且 $A\cap B=\phi$，

如果两个事件 A 与 B 满足：$A\cup B=U$，且 $A\cap B=\phi$，则把 A、B 这两个事件叫做**互为对立的事件**. 事件 A 的对立事件记作 $\overline{A}$.

在上述问题中，样本空间 U 共含有 12 个等可能的基本事件，事件 A 含其中的 3 个基本事件，A 的对立事件 $\overline{A}=B$ 含其中的 9 个基本事件，

所以 $P(A)=\frac{3}{12}=\frac{1}{4}$，$P(\overline{A})=P(B)=\frac{9}{12}=\frac{3}{4}$，

于是 $P(A)+P(\overline{A})=1$，

即 $P(\overline{A})=1-P(A)$，

一般地，对于互为对立的两个随机事件 A 与 $\overline{A}$，有

$$\boxed{P(\overline{A})=1-P(A)} \qquad \text{（公式 10-3）}$$

例 2 由 2，3，4，5，6，7，8 七个数字组成没有重复数字的两位数，在所有这样的两位数中，任取一个，求：

（1）取到的是 5 的倍数的概率；

（2）取到的不是 5 的倍数的概率；

（3）取到的是奇数的概率；

（4）取到的是偶数的概率.

◆ **分析** 由 7 个数字组成两位数，个位上有 7 种排法，因为没有重复，十位上有 6 种排法，由分步计数原理知，样本空间 U 的基本事件总数为 $n=7\times6$；5 的倍数即个位为 5（奇数即个位为 3 或 5 或 7），个位上选定 5（或 3 或 7）后，十位上都有 6 种排法，由分步计数原理，个位上为 5（或 3 或 7）所含的基本事件数均为 $m=1\times6$，且个位上

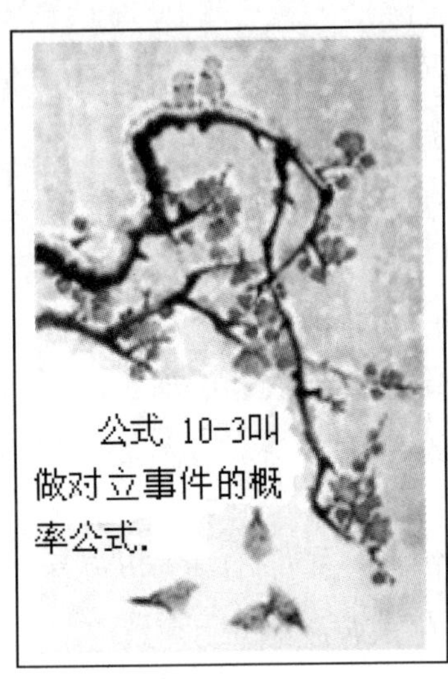

为3、个位上为5、个位上为7是两两互斥的.

解 设 事件A = {是5的倍数} = {个位上为5}，B = {是奇数}，

则 $\overline{A}$ = {不是5的倍数}，$\overline{B}$ = {是偶数}，

(1) $P(A) = \frac{1 \times 6}{7 \times 6} = \frac{1}{7}$；

(2) $P(B) = \frac{1}{7} + \frac{1}{7} + \frac{1}{7} = \frac{3}{7}$；

(3) $P(\overline{A}) = 1 - P(A) = 1 - \frac{1}{7} = \frac{6}{7}$；

(4) $P(\overline{B}) = 1 - P(B) = 1 - \frac{3}{7} = \frac{4}{7}$.

做一做

设集合$A = \{-2, -1, 1, 2, 3\}$，由A中的元素为坐标组成点$P(a,b)$，即$a,b \in A$，在所有这些点中，任取一个点P，求：

(1) P是第一象限点的概率；　　(2) P不是第一象限点的概率；

(3) P是第三象限点的概率；　　(4) P是第一或第三象限点的概率.

10.3.2 概率的乘法公式

请回答：甲坛子里有3个白球，2个黑球，从中摸出1个球，摸到白球的概率是多少？乙坛子里有2个白球，2个黑球，从中摸出1个球，摸到白球的概率是多少？

甲坛子里有3个白球，2个黑球，乙坛子里有2个白球，2个黑球，从这两个坛子里各摸出1个球，它们都是白球的概率是多少？

我们知道：从一个坛子里摸出的是白球还是黑球，对从另一个坛子里摸出什么球没有影响.

设 事件A = {两个坛子里各摸出1个球，从甲坛子里摸出白球}，

事件B = {两个坛子里各摸出1个球，从乙坛子里摸出白球}，

则 事件A（或B）是否发生对事件B（或A）发生的概率没有影响，像A、B这样的两个事件叫做**相互独立事件**.

在上述问题中，设C = {两个坛子里各摸出1个球，都是白球}，

当事件A与B相互独立时，A与$\overline{B}$，$\overline{A}$与B，$\overline{A}$与$\overline{B}$也都是相互独立的.

显然，事件 C 发生，就是事件 A 和 B 同时发生，我们把事件 A 和 B 同时发生记作 $A\cap B$.

于是，求事件 C 的概率问题就变成了求：两个独立事件 A，B 同时发生的概率，即 $P(A\cap B)=?$

从甲坛子摸出一个球，有 5 种等可能的结果；从乙坛子里摸出 1 个球，有 4 种等可能的结果. 于是从两个坛子里各摸出 1 个球，共有 5×4 种等可能的结果，“从这两个坛子里各摸出 1 个球”的样本空间为（左甲右乙）：

$$\begin{aligned}U=\{&(白_{甲1},白_{乙1}),(白_{甲1},白_{乙2}),(白_{甲1},黑_{乙1}),(白_{甲1},黑_{乙2}),\\&(白_{甲2},白_{乙1}),(白_{甲2},白_{乙2}),(白_{甲2},黑_{乙1}),(白_{甲2},黑_{乙2}),\\&(白_{甲3},白_{乙1}),(白_{甲3},白_{乙2}),(白_{甲3},黑_{乙1}),(白_{甲3},黑_{乙2}),\\&(黑_{甲1},白_{乙1}),(黑_{甲1},白_{乙2}),(黑_{甲1},黑_{乙1}),(黑_{甲1},黑_{乙2}),\\&(黑_{甲2},白_{乙1}),(黑_{甲2},白_{乙2}),(黑_{甲2},黑_{乙1}),(黑_{甲2},黑_{乙2})\}\end{aligned}$$

在上面 5×4 个基本事件中，同时摸出白球含有 3×2 个事件，因此从两个坛子里分别摸出 1 个球，都是白球的概率是

$$P(A\cap B)=\frac{3\times2}{5\times4},$$

另一方面，从两个坛子里各摸出一个球，甲坛子里摸出一个白球的概率是

$$P(A)=\frac{3}{5}$$

从两个坛子里各摸出一个球，乙坛子里摸出一个白球的概率是

公式 10-4 和公式 10-4′都叫做概率的乘法公式.

$$P(B)=\frac{2}{4},$$ 于是有

$$\boxed{P(A\cap B)=P(A)\times P(B)}\quad（公式 10-4）$$

即，两个相互独立事件同时发生的概率，等于每个事件发生的概率的积.

一般地，如果事件 $A_1,A_2,\cdots,A_n$ 相互独立，那么这 n 个事件同时发生的概率，等于每个事件发生的概率的积，即

$$\boxed{P(A_1\cap A_2\cap\cdots\cap A_n)=P(A_1)\times P(A_2)\times\cdots\times P(A_n)}$$

（公式 10-4′）

例 3 已知甲、乙两人击中目标的概率分别为 0.8、0.7，两人各射击 1 次，计算：

（1）两人都击中目标的概率；

（2）其中恰有一人击中目标的概率；

（3）至少有一人击中目标的概率.

解　（1）设　事件 $A=\{$甲、乙两人各射击 1 次，甲击中目标$\}$，

事件 $B=\{$甲、乙两人各射击 1 次，乙击中目标$\}$.

则　A 与 B 是相互独立事件，且“两人各射击 1 次，都击中目标”就是事件 $A\cap B$，根据公式 10 -4，所求的概率为

$$P(A\cap B)=P(A)\times P(B)$$
$$=0.8\times 0.7=0.56$$

（2）设事件 $C=\{$两人各射击 1 次，恰有一人击中目标$\}$，

则 C 是下面两个事件的和事件：一个是甲击中、乙未击中（即事件 $A\cap\overline{B}$），另一个是甲未击中，乙击中（即事件 $\overline{A}\cap B$），

即　$C=(A\cap\overline{B})\cup(\overline{A}\cap B)$，

根据题意，事件 $A\cap\overline{B}$ 与事件 $\overline{A}\cap B$ 互斥，由互斥事件概率的加法公式、对立事件的概率公式和相互独立事件概率的乘法公式，所求的概率为：

$$P((A\cap\overline{B})\cup(\overline{A}\cap B))=P(A\cap\overline{B})+P(\overline{A}\cap B)=P(A)\times P(\overline{B})+P(\overline{A})\times P(B)$$
$$=0.8\times(1-0.7)+(1-0.8)\times 0.7$$
$$=0.24+0.14=0.38$$

（3）**解法一**　事件“两人各射击 1 次，至少有一人击中目标”是事件“两人各射击 1 次，恰有一人击中目标”与事件“两人各射击 1 次，都击中目标”的和事件，

即　$[(A\cap\overline{B})\cup(\overline{A}\cap B)]\cup(A\cap B)$，

且　$(A\cap\overline{B})\cup(\overline{A}\cap B)$ 与 $A\cap B$ 互斥，

所以

$$P=P\{[(A\cap\overline{B})\cup(\overline{A}\cap B)]\cup(A\cap B)\}$$
$$=P[(A\cap\overline{B})\cup(\overline{A}\cap B)]+P(A\cap B)$$
$$=0.38+0.56=0.94$$

解法二　两人都未击中目标的概率为

$$P(\overline{A}\cap\overline{B})=P(\overline{A})\times P(\overline{B})=(1-0.8)\times(1-0.7)=0.2\times 0.3=0.06$$

事件“两人各射击 1 次，至少有一人击中目标”与事件“两人都未击中目标”是对立事件，所求概率为

$$P=1-P(\overline{A}\cap\overline{B})=1-0.06=0.94$$

答：（1）两人都击中目标的概率是 0.56；

（2）其中恰有一人击中目标的概率是 0.38；

（3）至少有一人击中目标的概率是 0.94.

在某城市某一段时间内，A 地下雨的概率是 0.3，B 地下雨的概率是 0.4. 假定在这段时间内两地是否下雨之间没有影响，计算在这段时间内：

（1）A、B 两地都下雨的概率；

（2）A、B 两地都不下雨的概率；

（3）其中至少有一个地方下雨的概率.

习题 10.3

A 组

1. 简答题.

（1）什么相容事件？什么是互斥事件？互斥事件的概率公式是什么？

（2）什么是对立事件？对立事件的概率公式是什么？

（3）什么是相互独立事件？相互独立事件的概率公式是什么？

2. 指出下列各对事件中，哪对是相容事件？哪对是互斥事件？哪对是对立事件？哪对是相互独立事件？

（1）由 1，2，3，4，5，6，7，8，9 这九个数组成没有重复数字的两位数，在所有这样的两位数中，任取一个数，事件 $A=\{$取到的是奇数$\}$ 与事件 $B=\{$取到的是偶数$\}$；

（2）在（1）题中，事件 $A=\{$取到的是奇数$\}$ 与事件 $C=\{$取到是能被 5 整除的数$\}$；

（3）在（1）题中，事件 $B=\{$取到的是偶数$\}$ 与事件 $C=\{$取到是能被 5 整除的数$\}$；

（4）在（1）题中，事件 $B=\{$取到的是偶数$\}$ 与事件 $D=\{$取到是不大于 50 的数$\}$；

（5）在（1）题中，如果是有放回地任取两次这样的数，

事件 $A=\{$第一次取到的是奇数$\}$ 与事件 $B=\{$第二次取到的是偶数$\}$；

（6）在（5）题中，事件 $C=\{$第一次取到是能被5整除的数$\}$ 与事件 $B=\{$第二次

取到的是偶数}.

3. 抛掷两次骰子，求：

（1）两次都出现 1 点的概率；（2）恰有一次出现 1 点的概率；（3）没有出现 1 点概率.

4. 生产一种零件，出现次品的概率是 0.04，生产这种零件 2 件，求：

（1）两件都是次品的概率；（2）恰有一件是次品的概率；（3）没有次品的概率.

B 组

1. 某射击员射击一次，击中目标的概率是 0.9，他连续射击三次，且各次射击是否击中目标互不影响，求：

（1）三次全击中的概率；

（2）三次全未击中的概率；

（3）至少有一次未击中的概率；

（4）第二次击中，其余两次未击中的概率；

（5）恰有两次未击中的概率.

2. 制造一种零件，甲机床的废品率是 0.04，乙机床的废品率是 0.05，丙机床的废品率是 0.06，从他们制造的产品中各任抽 1 件，求：

（1）三件都是次品的概率；（2）恰有一件是次品的概率；（3）恰有两件是次品的概率.

10.4　总体、样本和抽样方法

10.4.1　总体与样本

请回答：某罐头食品厂对其生产的每批罐头，在出厂前，都要进行质量检验，检验时，要在罐头的金属盖上打一个小洞，抽取罐头汁进行化验，因此，被检验的罐头就变成了处理品，试问对某一批菠萝罐头进行质量检验时，是否有必要对这批菠萝罐头逐个地进行检验？应该怎样进行检验呢？

对产品的质量检验通常都具有破坏性，因此，对一批产品进行质量检验时，只能在其中抽取适量的一部分产品进行检验.

中央电视台春节联欢晚会现场直播的同时，央视索福瑞媒介研究有限公司，要通过电话调查：全国城乡的家庭（有电视且有电话的家庭）正在收看央视春晚节目的情况，以获取收视率的信息．如果通过电话问遍全国所有这样的家庭，至少需要几十万部电话同时工作，这显然是不可能做到的事．要完成此项工作，也必须抽取适量的一部分家庭进行电话调查.

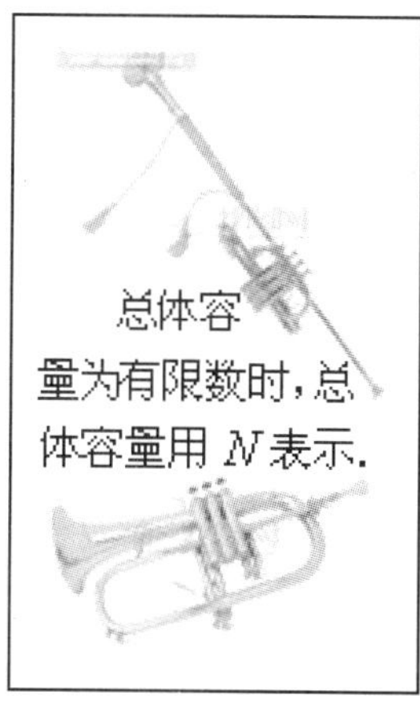

总体容
量为有限数时，总
体容量用 N 表示.

统计中，通常要对大量的对象进行研究，我们把所研究对象的全体叫做**总体**，总体中的每一个对象 x_i 叫做**个体**，从总体中抽取的一部分个体组成的集合 $U=\{x_1,x_2,\cdots,x_n\}$ 叫做总体的一个**样本**，样本所含个体的数目 n，叫做**样本容量**，样本的平均数叫做**样本均值**，记作 $\bar{x}$，即 样本均值

$$\bar{x}=\frac{1}{n}(x_1+x_2+\cdots+x_n) \qquad (公式 10-5).$$

例 1 商店购进了一批富士苹果，售货员小李从中任意选取了10个苹果，编上号码并称出重量得到下面的数据（如表10－1所示）：

表 10－1

苹果编号	1	2	3	4	5	6	7	8	9	10
重量/kg	0.24	0.21	0.23	0.20	0.24	0.26	0.25	0.23	0.19	0.21

试回答：（1）在该问题中，什么是个体？什么是总体？什么是样本？样本容量 n 是多少？

（2）计算样本均值 $\bar{x}$.

解 （1）个体是每一个苹果的重量值；

总体是这一批苹果各个重量值的全体；

样本为 $\{0.24, 0.21, 0.23, 0.20, 0.24, 0.26, 0.25, 0.23, 0.19, 0.21\}$；

样本容量 $n=10$；

（2）样本均值 $\bar{x}=\frac{0.24+0.21+0.23+0.20+0.24+0.26+0.25+0.23+0.19+0.21}{10}$

$=0.226$

请回答：由例 1 的结果，售货员小李可以对这批富士苹果做出怎样的估计？

做一做

从某市去年参加毕业考试的学生中，随机抽取了20名学生的数学成绩，分数如下：90，84，84，86，87，98，73，82，90，93，68，95，84，71，78，61，94，88，77，100，试指出其中的总体、个体、样本、样本容量 n，并计算样本均值$\bar{x}$.

10.4.2 抽　样

请回答：在例1中，如果存在着主观或客观因素，导致售货员带有倾向性地多选取小的（或多选取大的），那么小李对这批富士苹果做出的估计还准吗？

引例　一锅汤，用勺子搅拌均匀后，舀出一点汤，品尝其味道．此时，舀出的这一点汤（样本），能很好地反映出这一锅汤（总体）的味道，这是因为“搅拌得均匀”．由于“搅拌得均匀”，使得汤中（包括盐分子在内）的每一个分子，具有同样的被舀出的可能性．

为了把总体“搅拌均匀”，使得总体中的每一个个体，有同样的被取到的可能性，人们设计出了各种抽样方法，下面分别介绍三种常用的抽样方法．

1. 简单随机抽样

用简单随机抽样方法所得到的样本叫做**简单随机样本**.

在一个布袋中有10个同样质地的小球，从中不放回地抽取3个小球，第1次抽取时，10个小球中的每一个小球被抽到的可能性是相等的，概率都是 $\frac{1}{10}$，第2次抽取时，余下的9个小球中的每一个被抽到的可能性（概率）都是 $\frac{1}{9}$，第3次抽取时，余下的8个小球中的每一个被抽到的可能性（概率）都是 $\frac{1}{8}$，也就是说，每次抽取时各个小球有相同的可能性被抽到，这样的抽样方法叫做简单随机抽样.

一般地，从总体中不放回地抽取容量为 n 的样本，如果每一次抽取时，总体中的各个个体都有相同的可能性被抽到，这种抽样方法叫做**简单随机抽样**.

常用的简单随机抽样有抽签法和随机数表法.

（1）抽签法（俗称抓阄）

我们通过例子来说明什么是抽签法.

例 2 有数量为 300 只的一批灯泡，试用简单随机抽样方法抽取一个容量为 10 的简单随机样本，并对这批灯泡的平均寿命做出估计.

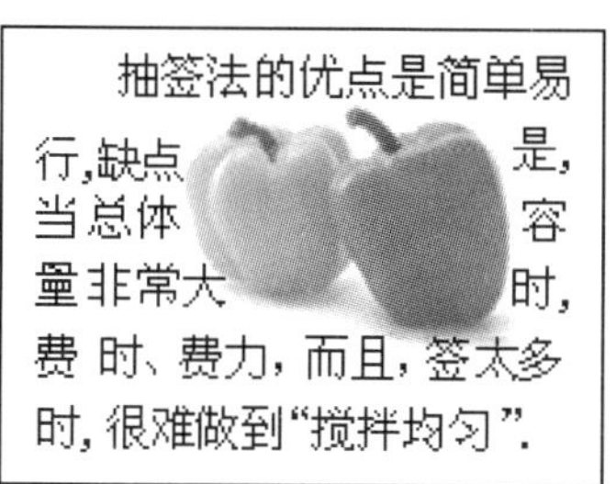
抽签法的优点是简单易行,缺点是,当总体容量非常大时,费时、费力,而且,签太多时,很难做到"搅拌均匀".

解 我们用抽签的方法，将 300 只灯泡按顺序编号，写在小纸片上，并将 300 个小纸片揉成 300 个小团，放到一个不透明的容器中，充分搅拌均匀后，不放回地抽取 10 个小纸团，最后根据 10 个小纸团的编号找到灯泡，对这 10 只灯泡做灯泡寿命的测试，所测得的 10 只灯泡寿命就是一个简单随机样本，此样本如下（单位：小时）：

$$U=\{789, 803, 794, 811, 773, 993, 759, 1016, 830, 782\}$$

$$\text{样本均值 } \bar{x}=\frac{789+803+794+811+773+993+759+1016+830+782}{10}=835$$

由此可做出估计：这批灯泡的平均寿命为 835 小时.

通过例 1 可得抽签法的主要步骤为：

（1）编号做签：将总体中 N 个个体编上号，并把号码写到签上；

（2）抽签得样本：将做好的签放到容器中，搅拌均匀后，从中逐个抽出 n 个签，最后得到一个容量为 n 的样本.

试一试

某班有 50 名学生，学号为 1—50，试用抽签法从中抽取 10 名学生去参加义务劳动.

当总体容量较大时，采用抽签法不容易做到"搅拌均匀". 此时可以采用"随机数表法"抽取.

（2）随机数表法

我们还是通过例子来说明什么是随机数表法.

例 3 某职业技术学校 2014 级招收了 380 名新学生，试用简单随机抽样的方法抽取 20 名同学参加问卷调查.

解 我们采用随机数表法，先将 380 名新学生按照顺序编号，号码从 1 至 380；

再利用计算机或计算器（或其他方法）产生一个由五位数（多于三位）组成的随机数表（如表 10 - 2）：

表 10－2

48628	50089	69886	27762	73901	53013	98724	41570	79411
38175	53663	08916	48390	32614	34901	63645	57938	72327
49159	17695	00620	79613	29901	92364	38659	64526	20236
29793	09063	99398	98246	18957	91965	13529	97168	97291
68402	68368	89201	67178	01114	19048	00895	91770	95934
37495	72529	39980	45750	14155	41410	51595	89983	82330
45938	48490	30009	96809	93877	92818	84275	45215	59384
48490	64687	84771	97114	93908	65570	33972	15539	31126

从表中第一个五位数开始，取每个五位数的中间三位作为一个三位数，当这个三位数在 1 至 380 的范围内时，该三位数就是被抽取的学生号码，依此顺次检验每一个五位数．本表中的第 1 个五位数中间三位数是 862，不在 1 至 380 的范围内，不被选取，第 2 个五位数中间三位数是 008，在 1 至 380 的范围内，008 是被抽到的号码，第 3 个、第 4 个、第 5 个不是，第 6 个是 301，301 是被抽到的号码，…，最后抽到的样本为：

$$U=\{008,301,157,366,261,364,232,062,236,023,196,352,111,089,177,252,141,159,233,281\}$$

确定三位数时，也可以取每个五位数的前三位或后三位（或第1位、中间位和最后1位的三位）作为一个三位数.

即编号为以上 20 个号码的该校 2014 级新生去参加问卷调查.

通过例 2 可得随机数表法的主要步骤为：

（1）编号：将总体中的 N 个个体编上号；

（2）生成随机数表：用计算器或计算机（或其他方法）生成一张由相同位数组成的随机数表，随机数的位数比总体中个体编号最大数的位数多 1 到 2 位，并且表中要含有 n 个以上有效的随机数（范围之外或重复的号无效）；

（3）选号：制定一个选号规则（指定前几位或后几位或中间几位数字组成一定范围内的被检验的数、顺序或倒序、从头或从中间开始、连续或有一定间隔地检验等），按照规则得到一个容量为 n 的样本.

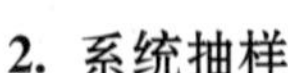

2. 系统抽样

请回答：在例 2 中，从容量为 380 的总体中，用随机数表法抽取出的容量为 20 的样本中，在 1 至 99 号、100 至 199 号、200 至 299 号、300 至 380 号这四个范围内，各占有几个个体？

总体容量较大时，使用简单随机抽样，容易使来自总体的样本，在总体中分布不均衡．系统抽样能较好地解决样本在总体中分布不均衡的问题.

一般地，当所研究的总体容量 N 很大或者所需的样本容量 n 较大时，可将总体分成 n 个均衡的部分（组），以每个部分（组）的容量 $K=\frac{N}{n}$ 作为组距，然后按照一定的规则，从每一个部分（组）中抽取一个个体，从而得到容量为 n 的样本，这种抽样的方法叫做**系统抽样**.

例 4 水果商店购进 100 箱苹果（每箱有 4 层、每层有 5 行、每行有 6 个苹果），为了解这批苹果的质量，从中抽取一个容量为 20 的样本，试用系统抽样的方法来完成这个抽样.

解 （1）将这 100 箱苹果进行编号，编为 1—100 号，

（2）确定组距

$$K=\frac{N}{n}=\frac{100}{20}=5,$$

即按编号顺序每 5 箱为一组，共 20 个组，在每组中抽取 1 个苹果，

（3）按照以下的规则抽取：

第 1 组抽取：$0\times K+1=1$ 号箱、1 层、1 行、第 1 个苹果；

第 2 组抽取：$1\times K+1=6$ 号箱、2 层、2 行、第 2 个苹果；

第 3 组抽取：$2K+1=11$ 号箱、3 层、3 行、第 3 个苹果；

第 4 组抽取：$3K+1=16$ 号箱、4 层、4 行、第 4 个苹果；

第 5 组抽取：$4K+1=21$ 号箱、1 层、5 行、第 5 个苹果；

第 6 组抽取：$5K+1=26$ 号箱、2 层、1 行、第 6 个苹果；

第 7 组抽取：$6K+1=31$ 号箱、3 层、2 行、第 1 个苹果；

……，

其中，层循环：4 箱一循环；行循环：5 箱一循环；

个循环：6 箱一循环；

（4）按照上述规则抽取容量为 20 的样本.

制定的抽取规则，要依据具体问题而定.如例3中，在某箱中抽取苹果，可以不加循环号，直接规定抽取某层、某行、某个苹果.

通过例 3 可归纳出系统抽样的一般步骤：

（1）将总体的每一个个体作编号，通常用自然数编号；

（2）确定组距 $K=\frac{N}{n}$，这里要求 K 为整数，如果 N 不能被 n 整除，可用简单随机抽样的方法从总体中去掉一些个体，使 K 为整数，根据组距把总体分为 n 个部分（组）；

（3）制定抽取规则；

（4）按照规则抽取一个容量为 n 的样本.

3. 分层抽样

请回答：某农场种了100亩小麦，其中平洼地40亩，平高地40亩，坡地20亩，现要抽取5亩地的小麦进行估产，应如何抽取样本？

由于平高地、平洼地和坡地之间自然条件的差异，对小麦的产量有较明显的影响，然而，用前面的两种抽样方法，都带有随机性，抽取的样本有可能使某种麦田在其中比例过高或过低，这将导致估产结果的误差过大，所以应该使用某种方法，让各种麦田在样本中都占有合理的比例.

一般地，如果总体是由差异比较明显的几部分组成的，那么为了使样本能够更好地反映总体中各部分的情况，常常要把总体按照某种特征的差异分成几部分（层），然后按照各部分（层）在总体中所占比例进行抽取．这种抽取方法叫做**分层抽样**. 对分层后的每一层进行抽样时，可采用简单随机抽样或系统抽样.

当各层的个体数之间不能构成整数比时，在兼顾样本容量的前提下，可用四舍五入的方法取整.

分层抽样的步骤：

（1）分层并确定比例：按照某种特征的差异把总体分成几个部分（层），计算每层占总体的比例；

（2）分配抽样个数并进行抽样：按照比例确定每层中应抽取的个体数，按确定的数目用简单随机或系统抽样的方法抽取每层的个体；

（3）把各层抽取的个体合在一起，就得到所需的样本.

例5 某中职学校2014级共800名学生，喜欢数学的学生占30%，不喜欢数学的占40%，介于两者之间的学生占30%. 为了考查学生的期中考试的数学成绩，如何用分层抽样抽取一个容量为40的样本.

解 把学生分成三组，第1组：喜欢数学的240名学生；

第2组：不喜欢数学的240名学生；

第3组：介于两者之间的320名学生，

按照3∶3∶4比例从三部分的学生中抽取，

即 在第1组中抽取12名、第2组抽取12名、第3组抽取16名，组成一个容量为40的样本，在各组中抽取时，既可用简单随机抽样，也可用分层抽样.

练一练

一批手工产品中，其中王师傅生产的220件，李师傅生产的200件，张师傅生产的180件，用系统抽样和分层抽样两种方法从这批产品中各抽取一个容量为30的样本，试分别写出抽样过程.

习题 10.4

A 组

1. 简答题.

（1）常用的简单随机抽样有哪两种方法？它们的步骤各是什么？

（2）什么是系统抽样？其步骤是什么？

（3）什么是分层抽样？其步骤是什么？

2. 某市民政局计划从2013年统计的600户低保户家庭中，抽出30户进行收入的调查，试分别用抽签法和随机数表法，为民政局各设计一个抽样方案.

3. 一批出厂前的苹果罐头共100箱，每箱装24瓶罐头，每箱有两层、每层三行、每行四瓶，质检部门要从100箱中抽出10瓶进行质量检验，试用系统抽样，为质检部门设计一个抽样方案.

4. 一个地区有210家百货商店，其中大型商店有20家，中型商店40家，小商店有150家，为了掌握各商店的营业情况，要从中抽取一个容量为21的样本．按照分层抽样的方法抽取样本时，各类百货商店要分别抽取多少家？写出抽样过程.

B 组

某大学有本科生18000人，其中大一、大二、大三、大四年级的学生分别有4800人、4600人、4400人和4200人，计划采用分层抽样的方法抽取一个容量为450的样本，那么每名学生被抽到的可能性有多大？各年级分别抽取多少人？写出抽样过程.

10.5　用样本估计总体

10.5.1　用样本的频率分布估计总体

通过10.4节的学习，我们可以依据不同的具体问题，有选择地灵活使用分层抽样、系统抽样、简单随机抽样的抽签法或随机数表法，取到一个能很好地反映总体特征的样本，接下来的事情就是通过样本来分析推断总体．然而，我们所取到的样本中的数据常常是随机分布的，看不出规律，因此需要对这些数据进行加工整理，使得这些数据所含的内在规律显现出来，列频率分布表和绘制频率分布直方图是对样本数据进行加工整理的两种有效的基本方法.

频率分布表可以清楚地反映样本数据的分布规律，频率分布直方图可以将频率分布表中反映出来的规律直观形象地表示出来.

下面结合实例介绍列频率分布表和画频率分布直方图的步骤.

例1　为了解某年级学生的数学学习状况，从全年级考卷中随机抽取40份，成绩如下：

70，85，92，86，89，95，84，79，63，72，
78，60，100，97，59，83，66，67，79，60，
74，77，98，65，73，82，65，99，76，93，
79，77，81，84，99，88，89，93，55，87，

试列出频率分布表并画出频率分布直方图.

解　我们按以下步骤进行编制：

当n=1000时，40、50个左右的数据为一组.

（1）把数据排序并计算极差：按从小到大的顺序把数据排序：

55，59，60，60，63，65，65，66，67，70，
72，73，74，76，77，77，78，79，79，79，
81，82，83，84，84，85，86，87，88，89，
89，92，93，93，95，97，98，99，99，100，

极差＝最大值－最小值＝100－55＝45（分）.

（2）确定组数和组距：

组数由样本容量n，即数据多少来确定，数据多分的组也多，并且每组所含数据也相应增多，当样本容量n为100左右时，7、8个左右的数据为一组，本题有40个数

据，分成 6 组，

$$组距 = \frac{极差}{组数} = \frac{45}{6} = 7.5$$，取整数，组距为 8 分.

（3）确定各组分点：

第 1 组的起点定为 53.5 分，组距为 8 分，6 个组是：

第 1 组：53.5 ~ 61.5　　第 2 组：61.5 ~ 69.5

第 3 组：69.5 ~ 77.5　　第 4 组：77.5 ~ 85.5

第 5 组：85.5 ~ 93.5　　第 6 组：93.5 ~ 101.5.

（4）列频率分布表（如表 10－3）

表 10－3

确定分点有两条原则：一是要把全部数据包括在组内；二是使每个数据避开分点，可在分点上多加一位小数来实现.

分　组	频　数	频　率
[53.5，61.5)	4	0.100
[61.5，69.5)	5	0.125
[69.5，77.5)	7	0.175
[77.5，85.5)	10	0.250
[85.5，93.5)	8	0.200
[93.5，101.5)	6	0.150
合　计	40	1.000

（5）绘频率分布直方图

在平面直角坐标系中，用横轴表示分数，纵轴表示频率与组距的比值，得到频率分布直方图，如图 10－2 所示，

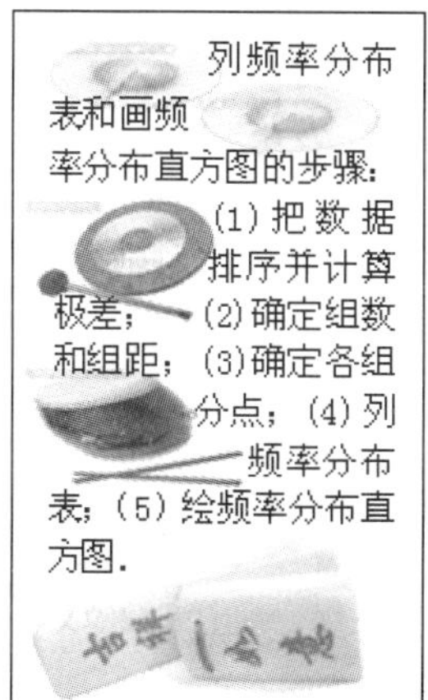

在频率分布直方图中，由于各小长方形的面积等于相应各组的频率，而各组频率的和等于 1，因此各小长方形的面积的和等于 1.

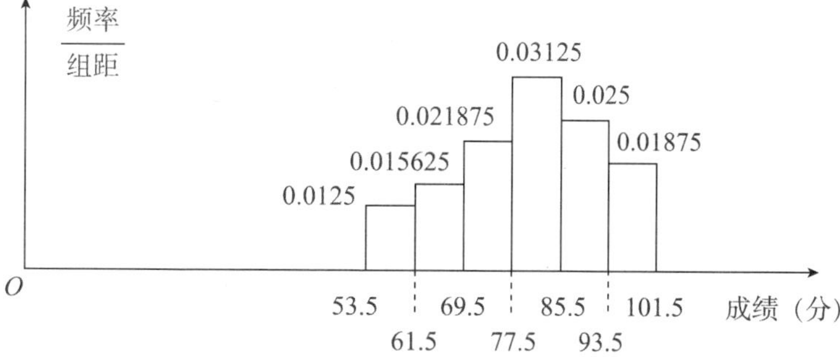

图 10－2

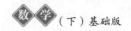

从一个样本的频率分布直方图可以清楚地看出数据分布的总体态势，如果把频率分布直方图各个长方形上边的中点用线段连接起来，就得到频率分布折线图（如图 10－3）.

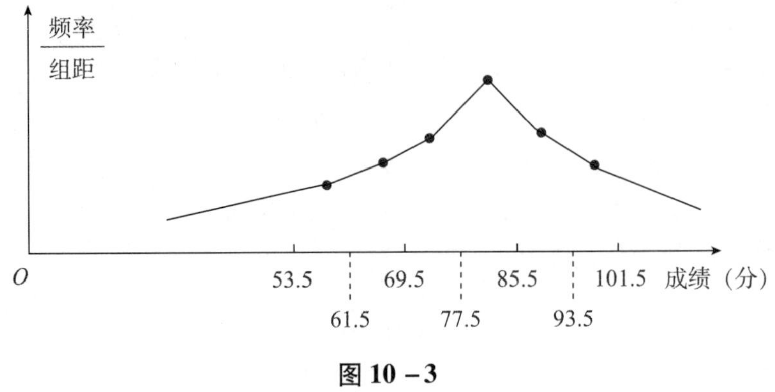

图 10－3

如果样本容量越大，所分组越多，图中表示的频率分布越接近于总体在各个小组内所取的个数与总体容量比值的大小．如果样本容量不断增大，组距不断缩小，频率分布直方图不断接近总体的分布，这时，相应的频率分布折线图不断接近一条光滑的曲线（如图 10－4 所示），这条光滑的曲线叫做**总体密度曲线**，总体密度曲线能精确地反映一个总体在各区域内取值的规律.

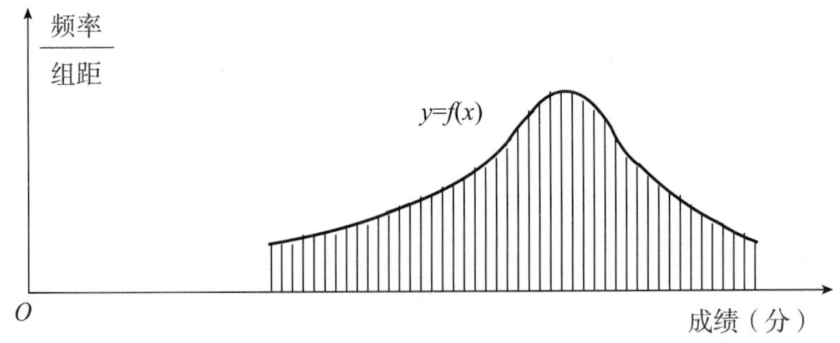

图 10－4

已知一个样本为（单位：kg）：

7.4，6.6，8.9，5.1，6.8，9.3，7.5，8.7，7.9，9.1，

5.6，6.3，8.7，5.9，7.3，7.6，6.4，9.8，8.1，7.0，

6.5，7.7，8.7，7.9，6.8，7.2，7.4，8.5，7.6，7.8.

（1）填写下面的频率分布表：

分 组	频 数	频 率
4.95～5.95		
5.95～6.95		
6.95～7.95		
7.95～8.95		
8.95～9.95		
合 计		

（2）画出频率分布直方图.

10.5.2 用样本均值、标准差估计总体

用样本的频率分布表和频率分布直方图，可以估计总体的分布态势，除此之外，也可利用样本均值、标准差来估计总体.

1. 样本均值

请回答：某班一个学习小组有10名学生，一次数学测验的成绩分别为：

78，65，47，84，92，88，75，58，73，68，求这10名学生本次测验的平均成绩.

在10.4节中我们知道，样本均值即样本的平均数（记作 $\bar{x}$），我们可以用样本的均值来估计总体的平均水平．显然，样本的容量越大，这种估计的可信度越高，下面通过实例介绍如何用样本均值来估计总体.

例2 在大小相同的两个虾池 A 、B 中，投放了同样数目的虾苗，半年后，从 A 、B 两池中，用简单随机抽样的方法各取出10只虾，其重量如表10－4所示（单位：克）：

表10－4

A 池虾重量	32	30	35	27	39	40	31	26	25	31
B 池虾重量	31	29	33	37	39	39	29	32	36	28

你觉得那个池子的虾长势好？

解 将 A、B 两池的这10只虾的重量作为各自的一个样本，来对两池虾的长势进行估计．分别计算样本均值，得

$$\bar{x}_A = \frac{1}{10}(32 + 30 + 35 + 27 + 39 + 40 + 31 + 26 + 25 + 31) = 31.6$$

$$\bar{x}_B = \frac{1}{10}(31 + 29 + 33 + 37 + 39 + 39 + 29 + 32 + 36 + 28) = 33.3$$

可得　$\bar{x}_A < \bar{x}_B$

由此估计，B 池虾的长势略好于 A 池虾.

2. 样本标准差

请回答：两位射击选手的 10 次射击成绩如表 10－5 所示：

表 10－5

射击序号	1	2	3	4	5	6	7	8	9	10
甲选手射击成绩	9.2	9.4	9.5	8.9	9.9	10.0	9.1	8.6	8.9	9.8
乙选手射击成绩	9.1	8.9	9.3	9.7	9.9	9.9	8.9	9.2	9.6	8.8

你觉得那位选手的成绩好些？

将这 10 次射击成绩作为样本，来评价两位选手的成绩．分别计算均值，得

$$\bar{x}_{甲} = \frac{1}{10}(9.2 + 9.4 + 9.5 + 8.9 + 9.9 + 10.0 + 9.1 + 8.6 + 8.9 + 9.8) = 9.33$$

$$\bar{x}_{乙} = \frac{1}{10}(9.1 + 8.9 + 9.3 + 9.7 + 9.9 + 9.9 + 8.9 + 9.2 + 9.6 + 8.8) = 9.33$$

经验告诉我们，计算样本方差时，若用 n 去除偏差的平方和，所得结果总是小于总体的样本方差，于是就除以 $n-1$ 进行修正．在大样本下，除以 n 与除以 $n-1$ 区别不大．

甲、乙两选手的平均成绩相同，也就是均值相同．这时我们就不能依据样本均值来判断哪位选手的成绩较好．

我们可以采取另一种方法来评判两位选手的成绩，就是看两位选手的成绩对于平均成绩的偏差程度，偏离程度越大，说明其成绩波动越大，射击水平不稳定，偏差越小说明其成绩波动越小，射击水平均衡稳定．

先来计算甲选手各次成绩与均值之差，如表 10－6 所示，

表 10－6

射击序号	1	2	3	…	9	10
成绩 x_i	9.2	9.4	9.5	…	8.9	9.8
偏差 $x_i - \bar{x}$	－0.13	0.07	0.17	…	－0.43	0.47

这些偏差有正值也有负值．若直接相加，就会正负互相抵消，不能反映偏离程度．所以我们用偏差平方的均值来描述这种偏离程度．

一般地，如果样本由 n 个数 $x_1, x_2, \cdots, x_n$ 组成，那么

$$s^2 = \frac{1}{n-1}[(x_1-\bar{x})^2+(x_2-\bar{x})^2+\cdots+(x_n-\bar{x})^2] \quad \text{（公式 10-6）}$$

叫做**样本的方差**.

根据公式 10-6，我们分别计算两位选手成绩的方差，得

$$s_{甲}^2 = \frac{1}{10-1}[(9.2-9.33)^2+(9.4-9.33)^2+\cdots+(9.8-9.33)^2] \approx 0.1842$$

$$s_{乙}^2 = \frac{1}{10-1}[(9.1-9.33)^2+(8.9-9.33)^2+\cdots+(8.8-9.33)^2] \approx 0.1757$$

计算样本的方差(或标准差)一般是比较麻烦的. 可以使用计算器或计算机软件完成计算.

由 $s_A^2 > s_B^2$，作出估计，乙选手的射击成绩比甲选手的波动小，即乙选手的射击成绩更稳定.

由于样本方差的单位是数据的单位的平方，使用起来不方便. 因此，人们常使用它的算术平方根来表示个体与样本均值之间的偏离程度，把样本方差的算术平方根

$$s = \sqrt{\frac{1}{n-1}[(x_1-\bar{x})^2+(x_2-\bar{x})^2+\cdots+(x_n-\bar{x})^2]} \quad \text{（公式 10-7）}$$

叫做**样本标准差**.

样本方差（或标准差）反映了样本的波动情况，故我们可以用样本的方差（或标准差）来估计总体的波动性.

做一做

从某片森林中随机抽取 20 株树，测出树高，得到下列数据（单位：m）：

22.3，21.2，19.2，16.6，23.1，23.9，24.8，25.1，25.2，24.8，

23.9，23.2，23.3，21.4，19.8，18.3，20.0，21.5，18.7，22.4，

（1）求样本均值，并说明样本均值的意义.

（2）求样本方差及样本标准差.

习题 10.5

A 组

1. 简答题：

（1）列频率分布表和画频率分布直方图的步骤是什么？

（2）什么是样本标准差？

2. 从某大型企业全体员工某月的月工资表中，随机抽取 30 名员工的月工资资料如下（单位：元）：

2300，2300，2400，2400，2400，2500，2500，2500，2500，2600，
2600，2600，2600，2600，2600，2600，2700，2700，2700，2700，
2700，2700，2800，2800，2800，2800，2800，2900，2900，2900，
求样本均值、样本方差（精确到 0.01）、样本标准差（精确到 0.1）.

3. 甲、乙两个小组各 10 名学生的英语口语测试成绩如下（单位：分）：

甲组成绩	72	90	89	88	91	87	86	74	85	92
乙组成绩	86	97	70	96	89	84	91	72	87	82

试分析两个小组成绩的优劣.

4. 为估计某产品寿命的分布，抽样调查结果如下表：

寿命/小时	频　数	频　率
1005 ~ 2005	10	
2005 ~ 3005	18	
3005 ~ 4005	42	
4005 ~ 5005	19	
5005 ~ 6005	11	
合计	100	

（1）填写表中的频率；

（2）绘频率分布直方图.

B 组

农民老王在自家鱼塘中投放了一批鲤鱼苗，10 个月后，老王用随机抽样的方法，捞出 40 尾鲤鱼，称得重量为（单位：kg）：

509，494，498，508，497，525，515，501，521，504，

512，514，488，519，520，489，522，511，504，500，

513，541，527，530，505，520，516，532，506，510，

489，528，510，483，492，476，517，544，501，532.

（1）列频率分布表；

（2）绘频率分布直方图.

10.6 一元线性回归

在身高为 155cm ~ 174cm 之间的高一男同学群体中，用系统抽样取出了一个容量为 20 的样本，并测得每个个体的体重，将其列表为表 10 – 7，

表 10 – 7

身高 x/cm	155	156	157	158	159	160	161	162	163	164
体重 y/kg	39	38	42	44	43	44	45	46	44	46
身高 x/cm	165	166	167	168	169	170	171	172	173	174
体重 y/kg	45	47	50	49	52	51	54	53	55	56

显然，表 10 – 7 就是一个用列表法表示的函数：$y = f(x)$.

请回答：试用图像法表示上面的函数.

表 10 – 7 的函数用图像法表示为图 10 – 5，

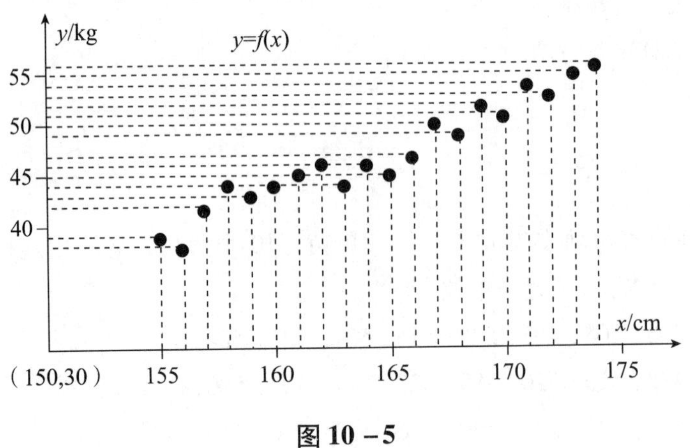

图 10－5

把图 10－5 这种由一些点组成的图形叫做**散点图**.

请回答：由散点图 10－5 所表示的函数能用解析法表示吗？

散点图上的各个点都靠近一条直线，我们也说回归于这条直线.

我们以前所学习的函数中，其函数的对应法则多数可以用解析式来表示，然而，并不是所有的函数，其对应法则都能表示为一个解析式.

由散点图 10－5 所示的函数，其对应法则虽然不能用一个解析来表示，但从散点图可看出，这些点大体上呈现出一种直线走势的趋势，这些散点都靠近如图 10－6 所示的一条直线，即函数的对应法则近似于一个解析式：$y = A + Bx$，

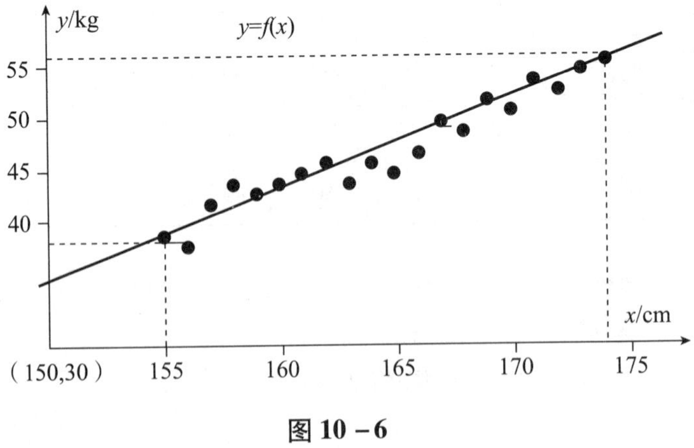

图 10－6

本节要研究的问题是，找出一条直线 $l_1: y = A + Bx$，使得它能较好地描述散点图的走向．也就是说，找出来的这条直线 l_1 与散点图中各个点总的来说最接近，把这样的一条直线 l_1 叫做**回归直线**，把方程 $y = A + Bx$ 叫做 y 关于 x 的**一元线性回归方程**，系数 A、B 叫做**回归系数**.

我们先来分析一下，“直线 l_1 与散点图中各个点总的来说最接近”的意义，

设容量为 20 的样本中的数据组成的有序数对依次为：

(x_1, y_1)，(x_2, y_2)，…，(x_{20}, y_{20})，

直线 l_1：$y = A + Bx$ 上相对应的点组成的有序数对依次为：

$(x_1, A + Bx_1)$，$(x_2, A + Bx_2)$，…，$(x_{20}, A + Bx_{20})$，

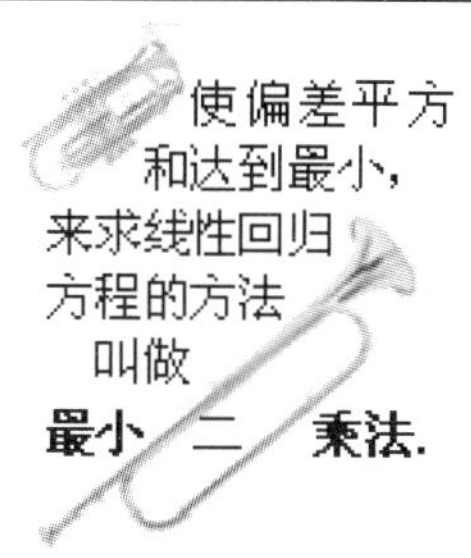
使偏差平方
和达到最小，
来求线性回归
方程的方法
叫做
最小二乘法.

在这两组有序数对中，将横坐标相同的每两个有序数对的纵坐标作差（叫做**偏差**）：

$y_1 - (A + Bx_1)$，$y_2 - (A + Bx_2)$，…，$y_{20} - (A + Bx_{20})$，

所谓“总的来说最接近”，就是使得这 20 个偏差总的来说最小．如果将这 20 个偏差直接相加，由于正负相抵消，所得的偏差和不能反映偏离程度，于是，我们将这 20 个偏差平方以后再相加，所得的和叫做**偏差平方和**，用 Q 表示．这样，“总的来说最接近”，就是使得偏差平方和 Q 最小.

下面通过例题来说明，如何利用使得偏差平方和 Q 最小，来求线性回归方程.

例 1　已知某种产品的产量 x（单位：吨）与耗水量 y（单位：吨）的一组数据如表 10－8 所示：

表 10－8

产量 x/吨	1	2	3	4
耗水量 y/吨	2	3	3.5	4.5

求 y 关于 x 的一元线性回归方程.

解　4 个样本点的有序数对依次为：

$(1,2)$，$(2,3)$，$(3,3.5)$，$(4,4.5)$，

设　y 关于 x 的一元线性回归方程为

$y = A + Bx$

则　回归直线上相对应的 4 个点为

$(1, A + B)$，$(2, A + 2B)$，$(3, A + 3B)$，$(4, A + 4B)$，

偏差平方和

$$\begin{aligned} Q &= (2 - A - B)^2 + (3 - A - 2B)^2 + (3.5 - A - 3B)^2 + (4.5 - A - 4B)^2 \\ &= 4A^2 + 2A(10B - 13) + 30B^2 - 73B + 45.5 \\ &= 30B^2 + B(20A - 73) + 4A^2 - 26A + 45.5 \end{aligned}$$

当 $A = -\dfrac{2(10B - 13)}{2 \times 4} = \dfrac{13 - 10B}{4}$ 时，Q 最小；

把Q看成A的一元二次函数，因为二次项的系数为$4>0$，所以当 $A=-\frac{b}{2a}$ 时，Q取最小值；同理，把Q看成B的一元二次函数，因为二次项的系数为$30>0$，所以当 $B=-\frac{b}{2a}$ 时，Q取最小值.

当 $B=-\frac{20A-73}{2\times 30}=\frac{73-20A}{60}$ 时，Q 最小，

解方程组

$$\begin{cases} A=\frac{13-10B}{4} \\ B=\frac{73-20A}{60} \end{cases}$$

得 $$\begin{cases} B=\frac{4}{5} \\ A=\frac{5}{4} \end{cases}$$

所以 y 关于 x 的一元线性回归方程为

$$y=\frac{5}{4}+\frac{4}{5}x.$$

试一试

已知一个样本为 $U=\{(1,2),\left(2,\frac{7}{5}\right),(3,1)\}$，求 y 关于 x 的一元线性回归方程.

公式10-8的证明，类似于例1 的解题过程.

一般地，当样本数据表示为 n 个有序实数对 $(x_1,y_1),(x_2,y_2),\cdots,(x_n,y_n)$ 时，可用最小二乘法得出下面的求回归系数 A、B 的公式（证明略）：

$$B=\frac{n\sum_{i=1}^{n}x_iy_i-\left(\sum_{i=1}^{n}x_i\right)\left(\sum_{i=1}^{n}y_i\right)}{n\sum_{i=1}^{n}x_i^2-\left(\sum_{i=1}^{n}x_i\right)^2},$$

$$A=\bar{y}-B\bar{x},$$

其中 $\bar{x}=\frac{1}{n}\sum_{i=1}^{n}x_i$，$\bar{y}=\frac{1}{n}\sum_{i=1}^{n}y_i$.

（公式 10-8）

例 2 在某种产品表面进行腐蚀刻线试验，得到腐蚀深度 y 与腐蚀时间 x 之间相应的一组观察值如表 10-9 所示：

表 10－9

x/s	5	10	15	20	30	40	50	60	70	90	120
y/μm	6	10	10	13	16	17	19	23	25	29	46

求 y 关于 x 的一元线性回归方程（结果保留小数点后 3 位数字），并预测腐蚀时间为 10 分钟时，腐蚀深度是多少．

解 （1）先把数据列成表 10－10：

表 10－10

序　号	x	y	x^2	xy
1	5	6	25	30
2	10	10	100	100
3	15	10	225	150
4	20	13	400	260
5	30	16	900	480
6	40	17	1600	680
7	50	19	2500	950
8	60	23	3600	1380
9	70	25	4900	1750
10	90	29	8100	2610
11	120	46	14400	5520
$\sum$	510	214	36750	13910

（2）用公式 10－8 求回归系数 A、B：

先求两个均值 $\bar{x}=\dfrac{510}{11}$，　　$\bar{y}=\dfrac{214}{11}$，

$$B=\frac{11\times13910-510\times214}{11\times36750-510^2}$$

$$\approx0.3043\approx0.304,$$

$$A=\frac{214}{11}-0.3043\times\frac{510}{11}$$

$$\approx5.346$$

（3）则 y 关于 x 的一元线性回归方程为

$$y=5.346+0.304x.$$

当 $x=10$(分钟)$=600s$ 时，$y=5.346+0.304\times600=187.746$

即腐蚀时间为 10 分钟，腐蚀深度为 187.746μm.

练一练

为了考察男同学跳高能力与腿部力量之间的关系，在某校高二男生中，随机抽取了 10 名男同学，测得他们的立定跳远与跳高成绩如下表所示：

立定跳远 x/cm	205	215	195	185	220	235	194	230	190	240
跳高 y/cm	124	134	120	112	125	130	120	135	125	140

求 y 关于 x 的一元线性回归方程（结果保留小数点后 2 位数字）.

习题 10.6

A 组

1. 简答题：(1) 什么是回归直线？(2) 怎样求回归系数？

2. 以家庭为单位，某种商品的月需求量与该商品价格之间的一组调查数据为：

价格 x_i（元）	2	4	4	4.6	5	5.2	5.6	6	6.6	7
需求量 y_i（千克）	5	3.5	3	2.7	2.4	2.5	2	1.5	1.2	1.2

用这 10 对数据来求 y 关于 x 的一元线性回归方程（结果保留小数点后 2 位数字）.

3. 已知炼钢厂某车间每年的利润 y（万元）与废品率 x（%）的一组统计资料如下：

废品率 x	1.3	1.5	1.6	1.7	1.9
利润 y	150	120	110	100	70

求 y 关于 x 的一元线性回归方程.

B 组

已知某种商品的销售额 y（万元）与广告费 x（万元）的一组统计资料如下：

广告费 x	30	25	20	30	40	40	15	20	50
销售额 y	470	460	420	460	500	520	400	440	560

（1）求 y 关于 x 的一元线性回归方程（结果保留小数点后 2 位数字）.

（2）广告费每增加一万元，商品销售额平均约增加多少？

（3）当广告费为 35 万元时，商品销售额估计为多少？

归纳与总结

一、知识结构

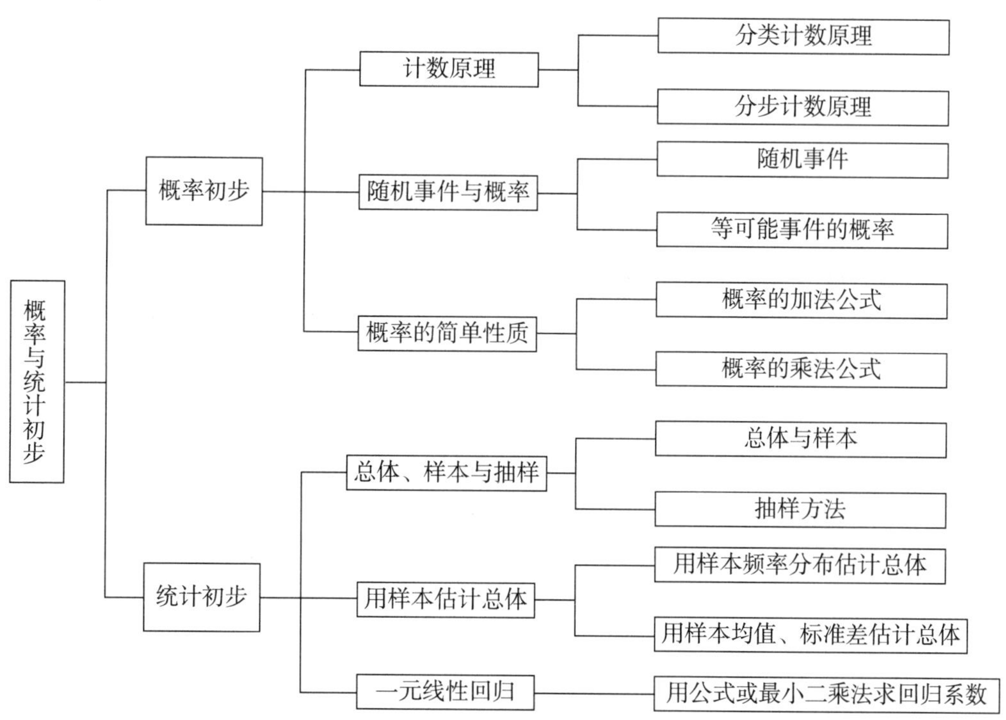

二、应注意的问题

1. 两种计数原理区别的关键在于：分类计数原理中的每一类都能独立完成某件事；而分步计数原理中的每一步缺一不可，缺少任何一步都不能完成某件事.

2. 对于等可能事件的概率公式 $P(A)=\frac{m}{n}$，n 表示在一次试验中等可能基本事件的总数.

3. 对于概率的加法公式 $P(A \cup B) = P(A) + P(B)$，事件 A、B 是同一次试验中的两个互斥事件；

对于公式 $P(\overline{A}) = 1 - P(A)$，事件 A、$\overline{A}$ 是同一次试验中的两个对立事件．

4. 对于概率的乘法公式 $P(A \cap B) = P(A) \times P(B)$，事件 A 与 B 是互相没有影响的两个事件．

5. 抽签法、随机数表法、系统抽样和分层抽样的共同特点是：在抽样过程中，每个个体被抽取的概率相等.

6. 样本的方差与标准差的计算是用 $n-1$ 去除偏差的平方和．但在大样本下，用 n 与 $n-1$ 都可以.

7. 用公式 10－8 计算回归系时，要学会使用现代计算工具来完成.

复　习　题

A 组

一、选择题：

1. 从 5 台 A 型电脑、6 台 B 型电脑和 7 台 C 型电脑中各任取 1 台，共取出 3 台，不同的取法共有（　　）

A. 18 种；　　B. 210 种；　　C. 37 种；　　D. 47 种.

2. 在一段时间内，甲去某地的概率是 $\frac{1}{4}$，乙去此地的概率是 $\frac{1}{5}$，假定两人的行动相互之间没有影响，那么在这段时间内至少有一人去此地的概率是（　　）

A. $\frac{3}{20}$；　　B. $\frac{1}{5}$；　　C. $\frac{2}{5}$；　　D. $\frac{9}{20}$.

3. 从甲口袋内摸出 1 个白球的概率是 $\frac{1}{3}$，从乙口袋内摸出 1 个白球的概率是 $\frac{1}{2}$，从两个口袋内各摸出一个球，那么 $\frac{5}{6}$ 等于（　　）

A. 2 个球都是白球的概率；　　B. 2 个球都不是白球的概率；

C. 2 个球不都是白球的概率；　　D. 2 个球中恰好有 1 个是白球的概率.

4. 随意安排甲、乙、丙 3 人在 3 天节日值班，每人值班一天，那么甲排在乙之前的概率是（　　）

A. $\frac{1}{6}$；　　B. $\frac{1}{3}$；　　C. $\frac{1}{4}$；　　D. $\frac{1}{2}$.

5. 用0，1，2，3这四个数字，组成的没有重复数字的四位数共有（　　）

A. 24个；　　B. 18个；　　C. 12个；　　D. 10个.

6. 命题甲：A、B是互斥事件，命题乙：A、B是对立事件，则甲是乙的（　　）

A. 充分不必要条件；　　B. 必要不充分条件；

C. 既不充分也不必要条件；　　D. 充要条件.

7. 某人打靶，每枪命中目标的概率都是0.9，则4枪中恰有2枪命中目标的概率为（　　）

A. 0.0486；　　B. 0.81；　　C. 0.5；　　D. 0.0081.

8. 一位篮球运动员投篮两次，两投全中的概率为0.375，两投一中的概率为0.5，则他两投全不中的概率为（　　）

A. 0.6875；　　B. 0.625；　　C. 0.5；　　D. 0.125.

9. 有5名学生报名参加数学、物理、化学、计算机竞赛，每人限报一科，有(　　)

A. $5\times4\times3\times2=120$ 种不同的报名方法；

B. $5+4+3+2=14$ 种不同的报名方法；

C. $5^4=625$ 种不同的报名方法；

D. $4^5=1024$ 种不同的报名方法.

10. 抛掷一枚骰子，观察掷出的点数，在下列事件中，（　　）：

事件 $A=\{$点数是2$\}$；事件 $B=\{$点数是4$\}$；事件 $C=\{$点数小于3$\}$；事件 $D=\{$点数是偶数$\}$.

A. A、D是基本事件；

B. A、B是基本事件、C、D是和事件；

C. A、C是和事件；

D. 全都是基本事件.

二、填空题

1. 必然事件的概率是________；不可能事件的概率是________.

2. 把一颗骰子掷1次，得到点数小于2的概率是________.

3. 在一定条件下，可能出现不同的结果，这类现象叫做________.

4. 某射手射击一次，击中目标的概率为0.9，他连续射击4次且各次射击是否击中相互之间没有影响，那么他第2次未击中，其他3次都击中的概率是________.

5. 为了检查一批零件的长度，从中抽取10件，量得它们的长度如下（单位：mm）：22.36，22.35，22.33，22.35，22.37，22.34，22.38，22.36，22.32，22.35，

则样本均值（精确到0.01）为________，样本方差为________.

6. 一口袋内装一些大小相同的红球、白球和黑球，从中摸出一个球，摸出红球的概率为0.42，摸出白球的概率为0.28，则摸出红球或白球的概率为________.

7. 磁盘中存储着著名歌唱家腾格尔演唱的歌曲15首，刘欢演唱的歌曲14首，蒋大为演唱的歌曲16首，若从中任取一首播放，共有________种播放方法.

8. 已知集合 $M=\{-2,0,2,4,6\}$，$P(a,b)$ 是平面上的点，且 $a\in M,b\in M$，则 P 可表示________个坐标轴上的点.

9. 某市的电话号码是七位数字，问936支局有________个电话号码.

10. 用1，3，5，7中任意一个数作分子，2，4，8中任意一个数作分母，可构成________个不同的真分数.

11. 某面试考场设有100张考签，编号为1，2，…，100. 应试时，考生任抽一张考签答题，则抽到的考签号是5的倍数的概率 $P=$ ________.

12. ______________________________叫做回归直线.

13. 已知一个样本为 $U=\{(1,3),(2,\frac{11}{5}),(3,1)\}$，则 y 关于 x 的一元线性回归方程为________.

三、判断题

1. 为了了解某地区八年级学生的肺活量，从中抽样调查了500名学生的肺活量，这项调查的样本是八年级学生的肺活量.（　　）

2. 抛掷一枚普通的正六面体骰子，出现六点的概率是六分之一，它的意思是每抛掷六次就有一次掷出六点.（　　）

3. 已知集合 A = {1，2，3}，B = {3，4，5，6,}，从中各取一个元素作为点的坐标，则在直角坐标平面内可以确定24个点.（　　）

4. 当 a 为实数时，$a<0$ 是不可能事件.（　　）

5. 某班级学生人数42人，其中女生25人，要从该班选派一名女生、一名男生参加学校组织的技能比赛. 则共有425种选派方法.（　　）

6. 在100件产品中，有95件是正品，5件次品，从中任取一件来检查，则共有100种抽取方法，其中取到次品有5种方法.（　　）

7. 从10名同学中选出一名组长，一名副组长，有100种不同的选法.（　　）

8. 抛掷一枚硬币，落地后会出现两种结果，若一次抛掷3枚硬币，则可能出现8种结果.（　　）

9. 一副扑克牌中，随机抽取1张，则取到王的概率 $P=\frac{1}{27}$.（　　）

10. 抛掷一颗骰子，设事件 A = {出现偶数点}，C = {出现3点}，则事件A和C能同时发生.（　　）

四、解答题

1. 由2，3，4，5，6五个数字组成没有重复数字的两位数，在所有这样的两位数中，任取一个，求：（1）取到的是5的倍数的概率；（2）取到的不是5的倍数的概率；（3）取到的是奇数的概率；（4）取到的是偶数的概率.

2. 早晨7:00，大连中山路D路段堵车的概率为0.7，北京四环路D路段堵车的概率为0.8，求某日早晨7:00：

（1）两路段都堵车的概率；

（2）恰有一路段堵车的概率；

（3）两路段都没堵车概率.

3. 一批灯泡300只，为了解这批灯泡的质量，从中抽取一个容量为10的样本，试用系统抽样的方法来完成这个抽样.

4. 某高校要从800名西部地区的学生中，抽出40名学生进行家庭收入的调查，试用随机数表法，设计一个抽样方案.

5. 在大小相同的两个海参圈A、B中，投放了同样数目的海参苗，二年后，从A、B两圈中，用简单随机抽样的方法各取出10只海参，其重量如下表（单位：克）：

A圈海参重量	160	150	175	135	195	200	155	130	125	155
B圈海参重量	155	145	165	185	195	195	145	160	180	140

你觉得那个圈中的海参长势好？

6. 为估计钢管内径尺寸的分布，抽样调查结果如下表（单位：cm）：

分　组	频　数	频　率
25.235 ~ 25.295	10	
25.295 ~ 25.355	24	
25.355 ~ 25.415	35	
25.415 ~ 25.475	22	
25.475 ~ 25.535	9	
合计	100	

（1）填写表中的频率；

（2）绘频率分布直方图.

7. 某城市为了解城市家庭的收入与食品支出的情况，调查人员随机抽取了12个城市居民家庭的收入与食品支出的样本如表所示（单位：元）：

家庭收入 x_i	820	930	1050	1300	1440	1500
食品支出 y_i	750	850	920	1050	1200	1200
家庭收入 x_i	1600	1800	2000	2700	3000	4000
食品支出 y_i	1300	1450	1560	2000	2000	2400

（1）试求食品支出 y 关于收入 x 的一元线性回归方程（结果保留两位小数）.

（2）收入每增加一元，食品支出平均会增加多少元?

（3）当收入达到5000元时，食品支出大概会达到多少元?

B 组

1. 由1，2，3，4，5，6，7，8，9这九个数组成有重复数字的两位数，在所有这样的两位数中，任取一个数，求取到不小于40的偶数的概率.

2. 某射击员射击一次，击中目标的概率是0.8，他连续射击四次，且各次射击是否击中目标互不影响，求：

（1）四次全击中的概率；

（2）四次全未击中的概率；

（3）至少有一次击中的概率；

（4）至少有一次未击中的概率.

3. 制造一种零件，甲机床的废品率是0.02，乙机床的废品率是0.03，丙机床的废品率是0.025，丁机床的废品率是0.035，从他们制造的产品中各任抽1件，求：

（1）四件都是次品的概率；

（2）恰有一件是次品的概率.

4. 某中职学校有学生4500人，其中一、二、三年级的学生分别为1600人、1500人和1400人，计划采用分层抽样的方法抽取一个容量为90的样本，那么每名学生被抽到的可能性有多大？各年级分别抽取多少人？写出抽样过程.

5. 养殖专业户老王在其承包的海域中投放了一批鲍鱼苗，20个月后，老王用随机抽样的方法，捞出40只鲍鱼，称得重量为（单位：g）：

50.9，49.4，49.8，50.8，49.7，52.5，51.5，50.1，52.1，50.4，

51.2，51.4，48.8，51.9，52.0，48.9，52.2，51.1，50.4，50.0，

51.3，54.1，52.7，53.0，50.5，52.0，51.6，53.2，50.6，51.0，

48.9，52.8，51.0，48.3，49.2，47.6，51.7，54.4，50.1，53.2.

（1）列频率分布表；

（2）绘频率分布直方图.

课后自测题

一、选择题

1. 下列式子中，表示“A、B、C 事件中至少有一个发生”的是（　　）

A. $A \cap B \cap C$；　B. $A \cup B \cup C$；　C. $\overline{A} \cap \overline{B} \cap \overline{C}$；　D. $\overline{A} \cup \overline{B} \cup \overline{C}$

2. 某射击员击中目标的概率是 0.84，则目标没有被击中的概率是（　　）

A. 0.16；　B. 0.36；　C. 0.06；　D. 0.42.

3. 某射击手击中 9 环的概率是 0.48，击中 10 环的概率是 0.32，那么他击中超过 8 环的概率是（　　）

A. 0.4；　B. 0.52；　C. 0.8；　D. 0.68.

4. 生产一种零件，甲车间的合格率是 96%，乙车间的合格率是 97%，从它们生产的零件中各抽取一件，都抽到合格品的概率是（　　）

A. 96.5%；　B. 93.12%；　C. 98%；　D. 93.22%.

5. 在 12 件产品中，有 8 件正品，4 件次品，从中任取 2 件，2 件都是次品的概率是（　　）

A. $\frac{1}{9}$；　B. $\frac{1}{10}$；　C. $\frac{1}{11}$；　D. $\frac{1}{12}$.

6. 有一问题，在 1 小时内，甲能解决的概率是 $\frac{2}{3}$，乙能解决的概率是 $\frac{2}{5}$，则在 1 小时两人都未解决的概率是（　　）

A. $\frac{14}{15}$；　B. $\frac{4}{15}$；　C. $\frac{4}{5}$；　D. $\frac{1}{5}$.

7. 已知某种奖券的中奖概率是 50%，现买 5 张奖券，5 张都中奖的概率是（　　）

A. $\frac{5}{32}$　B. $\frac{5}{16}$　C. $\frac{1}{16}$　D. $\frac{1}{32}$

8. 由 1、2、3、4、5 五个数字可以组成（　　）：

A. 15 个没有重复数字的两位数；　B. 20 个没有重复数字的两位数；

C. 25 个没有重复数字的两位数；　D. 9 个没有重复数字的两位数.

9. 有 5 名学生争夺数学、物理、化学、计算机的冠军，有（　　）

A. $5 \times 4 \times 3 \times 2 = 120$ 种不同的结果；　B. $5 + 4 + 3 + 2 = 14$ 种不同的结果；

C. $5^4 = 625$ 种不同的结果；　D. $5 + 5 + 5 + 5 = 20$ 种不同的结果.

10. 在下列事件中，（　　）：

（1）抛掷五次硬币，五次都出现正面；

（2）抛掷一枚骰子，点数大于6；

（3）袋中有红、白、黄3种不同颜色的球各5个，任取6个球，取出的球至少有两种颜色；

A.（2）、（3）是必然事件；

B.（1）是必然事件、（3）是随机事件；

C.（1）是随机事件、（2）是不可能事件、（3）是必然事件；

D. 全都是随机事件.

二、填空题

1. 将一枚硬币连抛掷4次，这一试验的结果共有________个.

2. 已知互斥事件A、B的概率 $P(A)=\frac{3}{4}$，$P(B)=\frac{1}{6}$，则 $P(A\cup B)=$ ________.

3. 已知M、N是相互独立事件，$P(M)=0.65$，$P(N)=0.48$，则 $P(M\cap N)=$ ________.

4. 在7张卡片中，有4张正数卡片和3张负数卡片，从中任取2张作乘法练习，其积为正数的概率是________.

5. 抛掷质地均匀的硬币两次，样本空间为____________________

6. 已知集合 $M=\{-2,0,2,4,6\}$，$P(a,b)$ 是平面上的点，且 $a\in M,b\in M$，则 P 可表示________个不同的点.

7. 用1，3，5，7中任意一个数作分子，2，4，8中任意一个数作分母，可构成________个不同的分数.

8. 某面试考场设有100张考签，编号为1，2，…，100. 应试时，考生任抽一张考签答题. 则抽到前9号考签的概率 $P=$ ________；

9. ____________________________叫做最小二乘法.

10. 已知某种产品的产量 x（单位：件）与耗电量 y（单位：度）的一组数据如表所示：

产量 x/件	1	2	3	4
耗水量 y/度	1.5	3.1	4.4	6

则 y 关于 x 的一元线性回归方程为________________.

三、判断题

1. 在学校一年级学生的80份第二学期数学期末考试成绩中，60分以上（含60分）有76人，则该校一年级学生第二学期数学成绩的不及格率为5%.（　　）

2. 事件 A 与事件 B 的和“AB”意味着至多有一个发生. （　　）

3. 100 件产品中有 95 合格品，有 5 件不合格品，任取一件，则取出的为合格品的概率 $P=\frac{90}{95}$. （　　）

4. 当 a 为实数时，$a^2<0$ 是不可能事件. （　　）

5. 从一副扑克牌中任取 1 张牌，则取出的不是红桃的概率 $P=\frac{41}{54}$. （　　）

6. 乘积 $(a_1+a_2+a_3)(b_1+b_2+b_3+b_4)$ 展开后共有 7 项. （　　）

7. 袋中有 9 个白色球、6 个红色球和 5 个黄色球，这些球除颜色外，外形、重量等完全相同，从袋中任意取出 1 个球，则取不到白色球的概率 $P=\frac{1}{15}$. （　　）

8. 抛掷四次硬币，四次都出现反面的概率 $P=\frac{1}{16}$. （　　）

9. 抛掷一颗骰子，观察掷出的点数，点数不大于 4 的概率 $P=\frac{1}{3}$. （　　）

10. 抛掷一颗骰子，设事件 A = {出现偶数点}，B = {出现的点数不大于 3}，则事件 A 和 B 能同时发生. （　　）

四、解答题

1. 若 A、B 是相互独立事件，且 $P(A)=\frac{1}{2}$，$P(B)=\frac{1}{3}$，求下列事件的概率：

(1) $P(A\cap B)$；　　(2) $P(A\cap\overline{B})$；

(3) $P(\overline{A}\cap\overline{B})$；　　(4) $P(\overline{A}\cap B)$.

2. 从 A、B 两块麦田中，分别随机取出 10 株麦子，测得高度如下表（单位：cm）：

麦子序号	1	2	3	4	5	6	7	8	9	10
A 田麦子高度	47.2	51.4	49.5	48.9	49.9	51.0	49.1	47.6	48.9	49.8
B 田麦子高度	49.1	48.9	49.3	49.7	49.9	49.9	48.9	49.2	49.6	48.8

你觉得哪块麦田的麦子长势好些？

3. 已知一个样本为（单位：kg）：

8.4, 9.1, 8.5, 7.2, 8.3, 7.8, 7.1, 7.7, 7.0, 9.5,

5.8, 8.2, 6.5, 7.8, 6.8, 7.3, 6.6, 6.4, 8.1, 6.3,

7.5, 9.2, 7.9, 7.6, 8.0, 9.8, 8.7, 8.8, 5.5, 8.6.

(1) 填写下面的频率分布表：

分 组	频 数	频 率
5.45 ~ 6.35		
6.35 ~ 7.25		
7.25 ~ 8.15		
8.15 ~ 9.05		
9.05 ~ 9.95		
合计		

（2）画出频率分布直方图.

4. 已知某种商品的销售额 y（万元）与广告费 x（万元）的一组统计资料如下：

广告费 x	25	20	15	30	35	34	10	14	45
销售额 y	300	270	240	340	410	400	200	220	460

（1）求 y 关于 x 的一元线性回归方程（结果保留小数点后 2 位数字）.

（2）广告费每增加一万元，商品销售额平均约增加多少？

（3）当广告费为 35 万元时，商品销售额估计为多少？

拓展与提升

使用 Excel 软件进行统计

在计算样本均值、样本标准差，列频率分布表，绘频率分布直方图以及求一元线性回归方程时，繁杂的计算极易出错，Excel 软件提供的功能，能使我们摆脱这种烦恼. 下面通过实例介绍如何使用 Excel 软件进行上述的统计.

1. 样本均值、样本方差和样本标准差

例 1 为了解某年级学生的数学学习状况，从全年级考卷中随机抽取 40 份，成绩如下（单位：分）：

70，85，92，86，89，95，84，79，63，72，78，60，100，97，59，83，66，67，79，60，74，77，98，65，73，82，65，99，76，93，79，77，81，84，99，88，

89，93，55，87，

试求出样本均值、样本方差和样本标准差.

操作步骤：(1) 新建 Excel 工作表，在单元格 A1 ~ A40 中输入数据；

(2) 在单元格 B1 中输入“=AVERAGE（A1:A40）”，则在单元格 B1 中显示样本均值，

(3) 在单元格 B2 中输入“=VAR(A1:A40)”，则在单元格 B2 中显示样本方差，

(4) 在单元格 B3 中输入“=SQRT（B2）”，则在单元格 B3 中显示样本标准差.

2. 频率分布直方图

绘制例 1 的频率分布直方图.

操作步骤：(1) 输入数据（使用例 1 中输入到单元格 A1 ~ A40 中的数据），

(2) 确定组数、求组距

在单元格 C1 中输入组数：5；

在单元格 C2 中输入“=COUNTA(A1:A40)”，则在单元格 C2 中显示样本容量（即试卷份数），

在单元格 C3 中输入“=MAX(A1:A40)”，则在单元格 C3 中显示样本数据最大值（即最高分），

在单元格 C4 中输入“=MIN(A1:A40)”，则在单元格 C4 中显示样本数据最小值（即最低分），

在单元格 C5 中输入“=C3 - C4”，则在单元格 C5 中显示极差，

在单元格 C6 中输入“=C5/C1”，则在单元格 C6 中显示组距，

(3) 输入分组点、计算频率、频率/组距

选中单元格 D1 至 D5，输入“=FREQUENCY((A1:A40)，{64，73，82，91})”，并按组合键“Ctrl+Shift+Enter”进行确认，则单元格分别显示各组的频数，

在单元格 E1 中输入“=D1/C2”，在单元格 E2 中输入“=D2/C2”，在单元格 E3 中输入“=D3/C2”，在单元格 E4 中输入“=D4/C2”，在单元格 E5 中输入“=D5/C2”，则在 E1 至 E5 中显示各组的频率，

在单元格 F1 中输入“=E1/C6”，在单元格 F2 中输入“=E2/C6”，在单元格 F3 中输入“=E3/C6”，在单元格 F4 中输入“=E4/C6”，在单元格 F5 中输入“=E5/C6”，则在 F1 至 F5 中显示各组的“频率/组距”，

(4) 绘频率分布直方图

选中单元格 F1 至 F5，点击图表向导，选中柱形图，连续点击下一步，出现的对话框中按要求输入，点击“完成”得到柱形图如下：

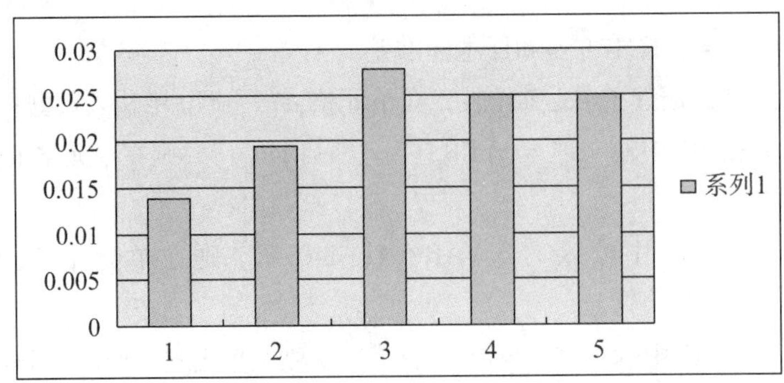

右键点击柱形图中的一个矩形内部，在出现的对话框中选择“源数据”，在弹出的对话框中，在“分类（X）轴标志”中输入“={“55－64”，“64－73”，“73－82”，“82－91”，“91－100”}”，点击“确认”，得到柱形图如下：

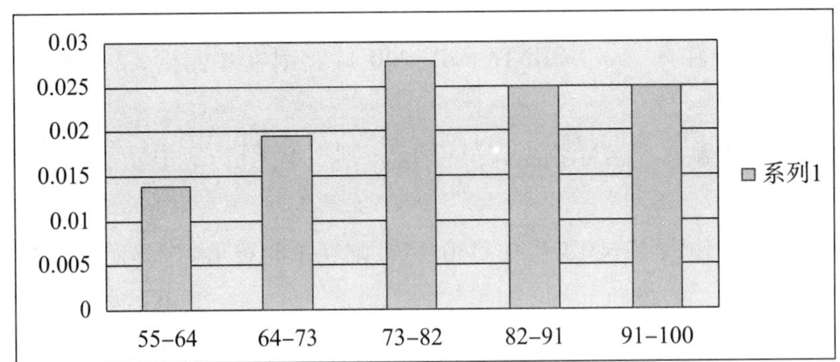

右键点击柱形图中的一个矩形内部，在出现的对话框中选择“数据系列格式”，在弹出的对话框中，点击“选项”，将分类间隔改为0，点击“确认”，得到直方图如下：

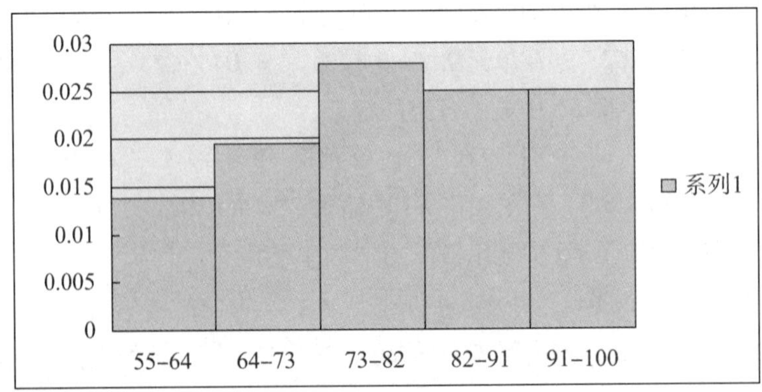

3. 一元线性回归方程

例 2 已知一组数据如下表：

x	5	10	15	20	30	40	50	60	70	90	120
y	6	10	10	13	16	17	19	23	25	29	46

求 y 关于 x 的一元线性回归方程.

操作步骤：(1) 新建 Excel 工作表，在单元格 $A1$ ~ $A11$ 、$B1$ ~ $B11$ 中分别输入 x 和 y 的数据；

(2) 选中数据区域，点击图表向导，选择“XY 散点图”，点击完成，出现散点图．将鼠标放到散点图的点上，点变成鲜绿色，点击鼠标右键，选择“添加趋势线”，出现一个对话框.

(3) 在类型中选择“线性”，在选项中选中“显示公式”，点击“确认”得到回归直线和回归方程 $y=5.3444+0.3043x$，如下图所示：

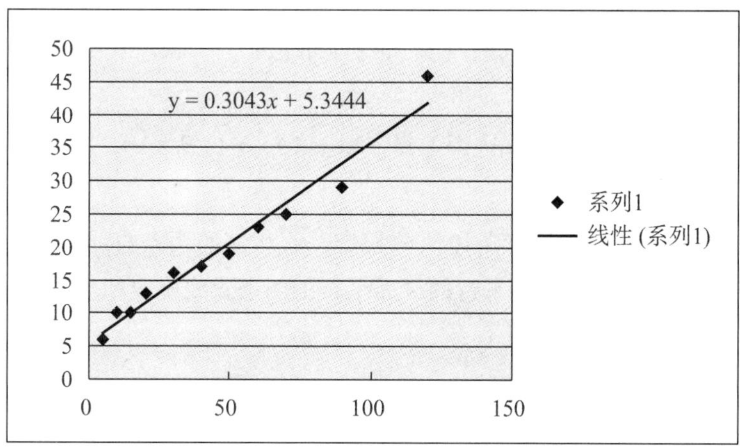

附录　答案与提示

第 6 章练习题（想一想、试一试、做一做）、习题、复习题、课后自测题参考答案与提示

6.1.1　做一做　平面 $ABCD$、平面 ABB_1A_1、平面 BCC_1B_1、
平面 DCC_1D_1、平面 ADD_1A_1、平面 $A_1B_1C_1D_1$.

6.1.2　想一想　（1）平面性质3；（2）推论3；（3）推论1；（4）推论2.

习题 6.1　A 组

1. （1）平面一般用希腊字母来表示，还可以用平行四边形的四个顶点的字母或两个对角顶点的字母来命名.（2）基本性质1，2，3，具体略.

2. （1）×；（2）×；（3）×；（4）×；（5）✓.

3. 略.

4. （1）$A \in m$；（2）$B \notin \alpha$；（3）$AB \subsetneq \alpha$；（4）$\alpha \cap \beta = m$.

5. （1）3或4；（2）1.

6. 一定是.因为三角形的三条边两两相交，而相交的两条直线确定一个平面；平行四边形和梯形都有一组对边是平行的，而平行的两条直线确定一个平面.

B 组

1. 1个或4个.

2. （1）1个；（2）1个或3个；（3）1个或3个.

6.2.1　试一试　（1）$AC \perp BD$；（2）$AC \perp BD$ 且 $AC = BD$.

6.2.2　辨一辨　（1）×；（2）×.

6.2.3　想一想　在乒乓球台面上交叉放置两次水准器，若两次检车，水准器的水泡都在中央，则表示水准器所在的直线与地面平行，交叉放置则可以代表两条相交直线，利用平面与平面平行的判定定理可知，乒乓球台面与底面平行.

习题 6.2　A 组

1. （1）直线与直线的位置关系为：重合、相交、平行、异面；直线与平面的位置关系为：直线在平面内、直线与平面相交、直线与平面平行；平面与平面的位置关系为：平行、相交、重合.

（2）判定直线与直线平行：在空间中，平行于同一条直线的两条直线互相平行；

判定直线与平面平行：如果平面外一条直线和平面内一条直线平行，那么这条直线与这个平面平行．（直线与平面无公共点）

判定平面与平面平行：如果一个平面内的两条相交直线都与另一个平面平行，那么这两个平面平行．（平面与平面无公共点）

2. （1）×；（2）×；（3）×.

3. （1）平行；（2）异面；（3）异面；（4）相交.

4. （1）1；（2）无数；（3）1.

5. 略.

6. 平行．连接 BD 交 AC 点 O，连接 EO，由于在 ΔDBD_1 中，O 点和 E 分别是 BD 和 DD_1 的中点，所以 $EO // BD_1$，而 BD_1 在平面 ACE 外，EO 在平面 ACE 内，所以 $BD_1 //$ 平面 ACE．

B 组

1. 还可能直线在平面内．

2. 平行或相交.

3. 平行．由于四边形 $EFGH$ 是平行四边形，所以 $EH // FG$，而 EH 在平面 ADC 外，FG 在平面 ADC 内，所以 $EH //$ 平面 ADC，而 EH 所在平面 ADB 与平面 ADC 相交于 AD，所以 $EH // AD$，而 AD 在平面 $EFGH$ 外，EH 在平面 $EFGH$ 内，所以 $AD //$ 平面 $EFGH$．

6.3.1 试一试 （1）90°；（2）45°；（3）60°.

6.3.2 做一做 （1）45°；（2）$\frac{\sqrt{2}}{2}$.

6.3.3 做一做 45°．

习题 6.3 A 组

1. （1）直线与直线所成角的范围是：$\left[0, \frac{\pi}{2}\right]$；直线与平面所成角的范围是：$\left[0, \frac{\pi}{2}\right]$；平面与平面所成角的范围是：$\left[0, \frac{\pi}{2}\right]$（二面角所成的角的范围是：$[0, \pi]$）.

（2）从一条直线出发的两个半平面所组成的图形叫做二面角．要求二面角，首先要找到二面角的平面角，步骤是：在二面角 $\alpha—l—\beta$ 的棱上任取一点 O，分别在 α、β 两个半平面内作射线 $OA \perp l$、$OB \perp l$，则 $\angle AOB$ 就是二面角 $\alpha—l—\beta$ 的平面角．衡量二面角的大小就是度量它的平面角的大小.

2. （1）D；（2）B；（3）DB；（4）$\sqrt{2}$；（5）$\frac{\sqrt{2}}{2}$；（6）$\sqrt{2}$.

3. 60°.　4. 30°，60°.

5. （1）$\frac{\sqrt{6}}{3}$；（2）45°．　6. $12\sqrt{2}$．

B 组

1. $2\sqrt{2}a$.（提示：$DA\perp$ 平面 ABC，所以 $DA\perp AB$，$DA\perp AC$，在 $\mathrm{Rt}\triangle DAB$ 和 $\mathrm{Rt}\triangle DAC$ 中可求 DB，DC 的长，再利用$\angle BDC=90°$，可求 BC 的长.）

2. 30°.（提示：连接 B_1D_1 和 AB_1，而 $B_1D_1 /\!/ BD$，所以 $\angle D_1B_1O$ 是异面直线 B_1O 和 BD 所成的角，利用 ΔAB_1D_1 是等边三角形求解.）

6.4.1 想一想 垂直.（提示：连接 BD 交 AC 于点 O，取 D_1D 的中点 M，连接 OM，而 $\triangle MAC$ 是等腰三角形可得最后的结论.）

6.4.2 试一试 （1）可能平行、相交、异面；平行.

（2）$\triangle PAB$，$\triangle PAD$，$\triangle PBC$，$\triangle PCD$

6.4.3 辨一辨 （1）×；（2）√.

想一想 （1）不垂直；（2）垂直；（3）垂直

习题 6.4 A 组

1.（1）直线和平面垂直的判定方法是：如果一条直线与一个平面内的两条相交直线都垂直，那么这条直线与这个平面垂直.

直线和平面垂直的性质是：垂直于同一个平面的两条直线互相平行.

（2）平面和平面垂直的判定方法是：一个平面经过另一个平面的垂线，则这两个平面垂直.

平面和平面垂直的性质是：如果两个平面互相垂直，那么在一个平面内垂直于它们的交线的直线垂直于另一个平面.

2.（1）×；（2）√；（3）√；（4）×；（5）×；（6）√.

3. 在 α 内作垂直于 α 与 β 交线的直线 b，因为 $\alpha\perp\beta$，所以 $b\perp\beta$，而 $a\perp\beta$，因此 $a /\!/ b$，又因为直线 a 不在平面 α 内，所以 $a /\!/ \alpha$，即直线 a 与平面 α 平行.

4.（1）$l\perp\beta$；（2）①，④.

5. 垂直．如图所示：由 $AB\perp BC$，$AB\perp BD$，可知 $AB\perp$ 平面 BCD，而 AB 在平面 ABC 和平面 ABD 内，所以平面 $ABC\perp$ 平面 BCD，平面 $ABD\perp$ 平面 BCD，同理可证平面 $ABC\perp$ 平面 ABD.

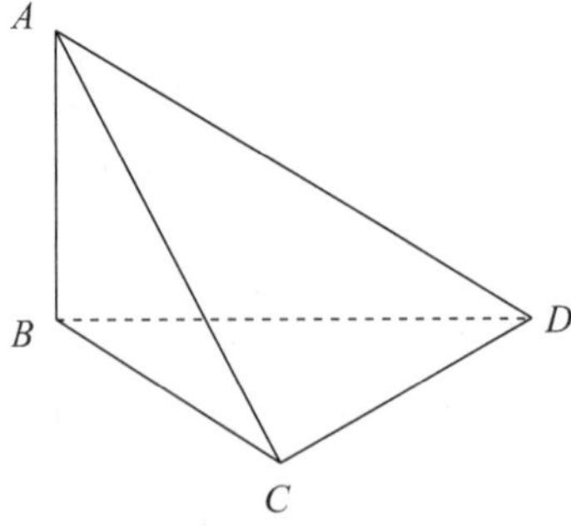

6. 垂直．连接 MO，由于 $MA=MC$，则 $MO\perp AC$，而在菱形 $ABCD$ 中，$BD\perp AC$，又因为 MO 和 BD 都在平面 BDM 内，所以 $AC\perp$ 平面 BDM.

B 组

1. 垂直.（提示：由于 $BD\perp AC$，$BD\perp AA_1$，所以 $BD\perp$ 平面 ACC_1A_1，而 BD 又在平面 A_1BD 内，所以平面 ACC_1A_1 与平面 A_1BD 垂直.）

2. 垂直.（提示：在 AB 上取中点 O，连接 PO，CO，由于 $\triangle ABC$ 是等腰直角三角形，$AC=BC=a$，得 $AB=\sqrt{2}a$，$CO\perp AB$ 且 $CO=\frac{\sqrt{2}}{2}a$，因此 $PA=PB=AB$，所以 $PO\perp AB$ $PO=\frac{\sqrt{6}}{2}a$，而 $PC=\sqrt{2}a$，因此在 $\triangle PCO$ 中，$PO^2+CO^2=PC^2$，即 $PO\perp CO$. 而 $\angle POC$ 是平面 PAB 和平面 ABC 所成的角，因此平面 $PAB\perp$ 平面 ABC.）

6.5.1 做一做 （1）40cm^2；16cm^3 （2）$6\sqrt{15}\text{cm}^2$；12cm^3.

6.5.2 做一做 （1）$\frac{3}{2}\text{cm}$ （2）8cm^2；$\frac{8\sqrt{3}}{3}\text{cm}^3$ （3）$\frac{32}{3}\pi$.

6.5.3 做一做

（1）因为每个零件的表面积为 $240\pi+120\pi+2\times144\pi=648\pi$ 毫米^2，

所以电镀 1 万个这样的零件需锌 $0.11\times10^4\times648\pi\times10^{-6}\approx2.24$ 千克.

（2）奖杯的体积为 $\frac{32}{3}\pi+80\pi+48\sqrt{3}=\frac{272}{3}\pi+48\sqrt{3}\cdot\text{cm}^3$.

习题 6.4 A 组

1.（1）底面是正多边形的直棱柱叫做正棱柱，它的特点是：侧棱与底面垂直，侧棱长都相等；每个侧面都是全等的矩形；两个底面中心的连线是正棱柱的高 . 底面是正多边形，并且顶点在底面的射影是底面的中心，则这个棱锥是正棱锥.

（2）分别是矩形、三角形和圆形.

2. 48cm^3. 3. $\frac{32}{3}$. 4. $60\pi\text{cm}^3$. 5. 16π. 6. $9\pi\text{cm}^2$.

B 组

1. 9. 2. 2. 3. 增加到原来的 $2\sqrt{2}$ 倍.

复习题 A 组

一、选择题：1. C；2. D；3. C；4. C；5. B；6. C；7. B；8. D；9. B；10. B.

二、填空题：

1. 无数条；

2.（1）异面；45°；（2）异面；90°；（3）异面；90°.

3. $100(1+\sqrt{2})\pi$； 4. 45°； 5. 30°； 6. 80π； 7. 16π； 8. 60°.

三、判断题：1. ×；2. ×；3. √；4. √；5. √；6. √；7. ×；8. √；9. ×；10. √.

四、解答题

1. $\text{Rt}\triangle PAB$、$\text{Rt}\triangle PAD$、$\text{Rt}\triangle PBC$、$\text{Rt}\triangle PCD$.

2.（1）45°（提示：$\angle A_1BA$ 是 A_1B 与底面 $ABCD$ 所成的角）；

（2）$\frac{\sqrt{3}}{3}$（提示：$\angle C_1AC$ 是 AC_1 与底面 $ABCD$ 所成的角）.

3. 圆锥的高为12，体积为324π.

4. （1）$60°$（提示：$\angle PAD$为AP与BC所成的角）；（2）$45°$（提示：$\angle PBD$为BP与底面$ABCD$所成的角）.

5. （1）$\frac{5\sqrt{3}}{3}$；（2）$60°$.

B组

1. $\sqrt{2}$.　　2. （1）$\frac{a^3}{6}$；（2）$\frac{\sqrt{3}a}{3}$（提示：$V_{B_1-ABC}=V_{B-AB_1C}$）.

3. 球的面积为36π，体积为36π（提示：设两个截面的半径分别为r_1，r_2，球心到截面的距离分别为d_1，d_2，球半径为R，则$\pi r_1^2=5\pi$，$\pi r_2^2=8\pi$，所以$r_1^2=5$，$r_2^2=8$，又因为$R^2=r_1^2+d_1^2=r_2^2+d_2^2$，所以$d_1^2-d_2^2=3$，即$(d_1-d_2)(d_1+d_2)=3$，得$d_1+d_2=3$，即可得到$d_1=2$，$d_2=1$，因此$R=3$，所以球的面积为$4\pi R^2=36\pi$，球的体积为$\frac{4}{3}\pi R^3=36\pi$.

课后自测题

一、选择题：1. C；2. B；3. D；4. D；5. C；6. C；7. C；8. B；9. B；10. D.

二、填空题：

1. $(0°, 90°]$；　2. 8，4；　3. $l\perp\beta$；　4. 无数；　5. 60；

6. $45°$；　7. $\frac{a^3}{4}\pi$；　8. 13；　9. $30°$；　10. $2\sqrt{5}$.

三、判断题：

1. √；2. ×；3. ×；4. ×；5. ×；6. ×；7. ×；8. ×；9. √；10. ×；

四、解答题

1. 与AB异面的直线为：CC_1、DD_1、A_1D_1、B_1C_1；
   与BC异面的直线为：AA_1、DD_1、A_1B_1、C_1D_1.

2. $\frac{3\sqrt{2}}{4}$.　　3. 12π.

4. （1）$\sqrt{2}$（提示：连接AC交BD于点O，连接MO，$\angle MOC$为二面角$M—BD—C$的平面角）；

（2）$\frac{32}{3}$.

5. $\frac{\sqrt{6}}{2}a$.

第7章练习题（想一想、试一试、做一做）、习题、复习题、课后自测题参考答案与提示

7.1.1 试一试 （1）$|AB|=5$，$|AD|=7$，$|BD|=12$，$|ED|=5$，$|CE|=4$；

（2）$x=1$，$x=\frac{1}{2}$．

做一做 1. -5 或 3； 2. $B(1)$； 3. -4 或 4．

7.1.2 试一试 1.（1）$|AB|=\sqrt{73}$； （2）$|AB|=\sqrt{61}$.

2.（1）$x=\frac{3}{2}$，$y=0$；（2）$x=0$，$y=-\frac{3}{2}$．

3. 关于 x 轴对称点的坐标 $A(5,3)$，$B(2,1)$，$C(-4,5)$，$D(3,-1)$；
y 轴对称点的坐标 $A(-5,-3)$，$B(-2,-1)$，$C(4,-5)$，$D(-3,1)$．

做一做 1. $a=\pm 15$； 2. $P(0,2)$ 或 $P(0,-6)$．

习题 7.1 A 组

1. 简答题：

（1）$|AB|=|x_2-x_1|$，$|AB|=\sqrt{(x_2-x_1)^2+(y_2-y_1)^2}$；

（2）$x=\frac{x_1+x_2}{2}$，$(x,y)=\left(\frac{x_1+x_2}{2},\frac{y_1+y_2}{2}\right)$.

2.（1）$(-1,-3)$；（2）$B(2)$；（3）$a=\pm 8$；（4）-5 和 5；（5）-4 和 6.

3. $P(18)$ 或 $\left(\frac{2}{3}\right)$．

4.（1）$|AB|=2\sqrt{2}$，$(3,4)$； （2）$|CD|=4\sqrt{5}$，$(0,2)$．

5. $P(6,0)$ 或 $(0,0)$． 6. $P(0,4)$ 或 $(0,-12)$． 7. $(2,4)$，$\sqrt{13}$

B 组

1. $D(-1,8)$； 2. $3\sqrt{2}$，3，3； 3. $B(5,3)$．

7.2.1 想一想 1.（1）$k=0$；（2）$k=\frac{\sqrt{3}}{3}$；（3）$k=1$；（4）k 不存在；

（5）$\alpha=60°$；（6）$\alpha=135°$；（7）$\alpha=150°$．

做一做 1.（1）存在，$k=\frac{1}{6}$；（2）存在，$k=0$；（3）斜率不存在；（4）存在，

$k=-\frac{\sqrt{2}}{2}$.

2. $k=1$，$\alpha=45°$．

7.2.2 想一想 （1）$3x+y-7=0$；（2）$x+y-2=0$；（3）$x+2y-2=0$；

(4) $y-3=0$；(5) $\sqrt{3x}+y+1=0$.

做一做 1. (1) $k=\frac{1}{3}$，$b=\frac{1}{6}$；(2) $k=\frac{1}{2}$，$b=0$；(3) k 和 b 都不存在；(4) $k=0$，$b=\frac{1}{4}$；

2. $\frac{x-x_1}{x_2-x_1}=\frac{y-y_1}{y_2-y_1}$（又称两点式方程）.

习题 7.2　A 组

1. 简答题

(1) $k=\frac{y_2-y_1}{x_2-x_1}$；

(2) 三种形式，点斜式 $y-y_0=k(x-x_0)$，斜截式 $y=kx+b$，一般式 $Ax+By+C=0(A^2+B^2\neq 0)$.

2. 填空题

(1) $k=\frac{5}{2}$，$b=\frac{1}{2}$，$a=-\frac{1}{5}$；(2) $k=-\frac{\sqrt{3}}{3}$；(3) $y=3x+3$，$3x-y+3=0$.

3. $\sqrt{3}x+y-2-7\sqrt{3}=0$；4. $6x-y-14=0$；5. $a=1$；

6. $t=-4$；7. $x-y-5=0$.

B 组

1. $\sqrt{3}x-y-\sqrt{3}-2=0$.　2. $m=\frac{1}{2}$.

7.3.1　试一试　(1) $l_1\perp l_2$；(2) $l_1\perp l_2$；(3) l_1 与 l_2 不垂直；(4) $l_1\perp l_2$；(5) l_1 与 l_2 不垂直.

做一做　1. $x-2y+4=0$；　2. $3x-2y-22=0$；　3. $x+y-1=0$.

7.3.2　试一试　(1) $k_1=k_2$，且 $b_1\neq b_2$，所以 $l_1 /\!/ l_2$；

(2) $k_1\cdot k_2=-1$，所以 $l_1\perp l_2$；

(3) $\frac{3}{1}=\frac{A_1}{A_2}\neq\frac{B_1}{B_2}=\frac{-1}{-3}$ 且 $A_1A_2+B_1B_2=3\times 1+(-1)\times(-3)=6\neq 0$，所以 l_1 与 l_2 相交不垂直；

(4) $\frac{A_1}{A_2}=\frac{B_1}{B_2}=\frac{C_1}{C_2}$，所以 l_1 与 l_2 重合.

做一做　1. $2x+y-4=0$；　2. $x-y-3=0$.

习题 7.3　A 组

1. 简答题

(1) $k_1=-\frac{1}{k_2}\Leftrightarrow l_1\perp l_2$ 或 $A_1\cdot A_2+B_1\cdot B_2=0\Leftrightarrow l_1\perp l_2$；

(2) $k_1 = k_2$ 且 $b_1 \neq b_2 \Leftrightarrow l_1 \parallel l_2$ 或 $\frac{A_1}{A_2} = \frac{B_1}{B_2} \neq \frac{C_1}{C_2} \Leftrightarrow l_1 \perp l_2$.

2. 填空题 (1) $y = \frac{1}{4}$; (2) $x = a$; (3) 垂直; (4) 平行; (5) 相交不垂直.

3. $2x + y - 7 = 0$; 4. $5x + 12y - 4 = 0$; 5. $2x - y - 3 = 0$; 6. $a = \frac{1}{2}$;

7. 两直线重合的充要条件是对应系数成比例.

由 $\frac{m}{4} = \frac{9}{m} = \frac{n}{-2}$ 得 $m^2 = 36$, $mn = -18$. 因此

$\begin{cases} m = 6 \\ n = -3 \end{cases}$ 或 $\begin{cases} m = -6 \\ n = 3 \end{cases}$.

B 组

1. $m = -5$; 2. $14x + 6y - 7 = 0$;

3. 根据对应系数的关系解得 $m \neq 1$ 且 $m \neq -4$ 时, l_1 与 l_2 相交; $m = 1$ 时, l_1 与 l_2 平行; $m = -4$ 时, l_1 与 l_2 重合.

7.4.1 练一练

1. (1) l_1 与 l_2 重合; (2) l_1 与 l_2 相交不垂直, 交点为 $\left(-\frac{5}{3}, \frac{4}{3}\right)$.

2. $x + y + 2 = 0$.

7.4.2 试一试 (1) $d = \frac{1}{5}$; (2) $d = \sqrt{13}$; (3) $d = \frac{2\sqrt{5}}{5}$; (4) $d = \frac{11\sqrt{2}}{2}$.

做一做 1. (4,0) 或 (−6, 0); 2. $\frac{6}{5}$.

习题 7.4 A 组

1. 简答题

(1) 当 $k_1 \neq k_2$ 或 $\frac{A_1}{A_2} \neq \frac{B_1}{B_2}$ 时, l_1 与 l_2 相交; (2) $d = \frac{|Ax_0 + By_0 + C|}{\sqrt{A^2 + B^2}}$

2. 填空题

(1) (−1,1); (2) 5; (3) 2; (4) $\frac{13}{5}$; (5) $\frac{6\sqrt{13}}{13}$.

3. $4x - 3y \pm 45 = 0$; 4. $\left(\frac{20}{3}, \frac{10}{3}\right)$; 5. $x - 2y + 22 = 0$;

6. $12x - 5y + 30 = 0$ 或 $12x - 5y - 22 = 0$.

B 组

1. (0, −1) 或 $\left(0, \frac{3}{2}\right)$; 2. $\left(\frac{5}{7}, -\frac{15}{7}\right)$;

7.5.1 试一试 1. $(x + 2)^2 + y^2 = 2$; 2. $x^2 + y^2 = 1$.

做一做 1. (1) $(0, -3)$，$r=\sqrt{3}$；　(2) $(-3, -2)$，$r=2$；

2. $(x-5)^2+(y+3)^2=1$.

7.5.2 试一试 (1) $(0,2)$，$r=2$；(2) $(4,0)$，$r=4$；(3) $(3,-2)$，$r=4$.

做一做 $x^2+y^2-2x-4y=0$，$(1,2)$，$r=\sqrt{5}$.

习题 7.5 A 组

1. 简答题

(1) $(x-a)^2+(y-b)^2=r^2$，(a,b)，r；

(2) $x^2+y^2+Dx+Ey+F=0$，$\left(-\frac{D}{2}, -\frac{E}{2}\right)$，$r=\frac{\sqrt{D^2+E^2-4F}}{2}$.

2. 填空题

(1) $x^2+y^2=9$；(2) $(3, -3)$，$r=\sqrt{2}$；(3) $\left(2, -\frac{1}{2}\right)$，$r=\frac{\sqrt{17}}{2}$；

(4) $(x-2)^2+(y-3)^2=5$；(5) $r=\sqrt{5}$；(6) $x^2+y^2-10x+6y+33=0$.

3. $x^2+\left(y-\frac{1}{3}\right)^2=9$；

4. $(x-\sqrt{3})^2+(y-2)^2=4$ 或 $(x+\sqrt{3})^2+(y-2)^2=4$；

5. $x^2+y^2+4x-\frac{1}{2}y=0$；　6. $(x-5)^2+y^2=2$.

B 组

1. 设圆心坐标为 (a,b)，则圆的方程为 $(x-a)^2+(y-b)^2=r^2$，根据题意得

$$\begin{cases}a+b+1=0\\(6-a)^2+(0-b)^2=(1-a)^2+(5-b)^2\end{cases}\quad 解之得\quad\begin{cases}a=0\\b=-1\end{cases}$$

所求圆的方程为 $x^2+(y+1)^2=37$.

2. $(x-4)^2+(y-3)^2=25$；　3. $(x-1)^2+y^2=2$.

7.6.1 试一试 $x+2y-8=0$.

做一做 当 $C=\pm 5$ 时，直线与圆相切，当 $-5<C<5$ 时，直线与圆相交，当 $C>5$ 或 $C<-5$ 时，直线与圆相离.

7.6.2 试一试 由图可知 B,C 的坐标分别为 $(18.51,0)$，$(0,7.2)$，

设圆心的坐标为 $(0,b)$，则圆的方程为 $x^2+(y-b)^2=r^2$

$$根据题意得\begin{cases}18.51^2+b^2=r^2\\(7.2-b)^2=r^2\end{cases}\quad 解之得\begin{cases}b\approx-20.19\\r^2\approx 750.21\end{cases}$$

所以圆拱桥的拱圆的方程近似为 $x^2+(y+20.19)^2=750.21$.

做一做 根据图示可得 $A(-150,0)$，$B(-50,0)$，$C(0,50)$，$D(0,100)$，$E(-70,170)$，$F(-150,170)$.

习题 7.6　A 组

1. 简答题：

（1）有三种，相交，相离，相切；

（2）当 $d>r$ 时，直线和圆相离，当 $d=r$ 时，直线和圆相切，当 $d<r$ 时，直线与圆相交．利用判别式当 $\triangle<0$ 时，圆与直线相离，当 $\triangle=0$ 时，圆与直线相切，当 $\triangle>0$ 时，圆与直线相交．

2. 填空题：

（1）$a>\sqrt{2}$ 或 $a<-\sqrt{2}$；（2）$-3<m<3$；（3）$(x-7)^2+(y-4)^2=25$；

（4）$\sqrt{2}$；（5）相交；（6）$x^2+y^2+6y-16=0$；$r=5$．

3. $x+y-4=0$；4. $(x-3)^2+(y-3)^2=9$ 或 $(x-15)^2+(y-15)^2=225$；

5. $d-r=4$．

6. 解　$k_{PN}=\tan\alpha=-k_{MP}=-\dfrac{2-0}{-5+2}=\dfrac{2}{3}$，根据点斜式方程有　$y=\dfrac{2}{3}(x+2)$

整理得 $2x-3y+4=0$．

B 组

1.（1）如图：

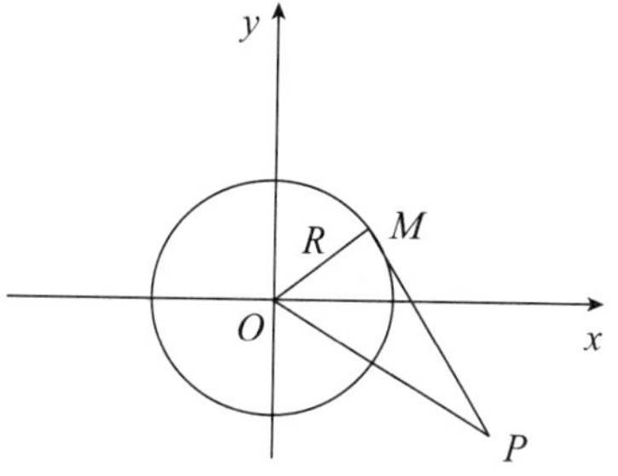

（2）因为 $OM\perp MP$，所以 $\triangle OMP$ 为直角三角形，

$|PM|=\sqrt{|PO|^2-|OM|^2}$，

$|PO|=\sqrt{8^2+(-6)^2}=10$，

$|PM|=\sqrt{10^2-4^2}=2\sqrt{21}$

所以 PM 的长为 $2\sqrt{21}$．

2. 当 $b=\pm5\sqrt{2}$ 时，直线与圆相切，当 $b>5\sqrt{2}$ 或 $b<-5\sqrt{2}$ 时，直线与圆相离，当 $-5\sqrt{2}<b<5\sqrt{2}$ 时，直线与圆相交．

3.（1）$C(0,15)$；

（2）$A(30,30)$，$C(0,15)$；$k_{AC}=\dfrac{15-30}{0-30}=\dfrac{1}{2}$；

直线 AC 的方程为　$x-2y+30=0$；

点 D 到直线 AC 的距离：$\dfrac{|0-0+30|}{\sqrt{1+(-2)^2}}=6\sqrt{5}$．

复习题　A 组

一、选择题

1. A；2. B；3. C；4. A；5. B；6. C；7. A；8. A；9. C；10. A；11. D；12. A；13. B；14. D.

二、填空题

1. $(-2,5)$； 2. -1； 3. 垂直； 4. ± 5； 5. $5x+12y-33=0$； 6. 6；

7. $\left(\frac{3\sqrt{13}}{13},\frac{2\sqrt{13}}{13}\right)$，$\left(-\frac{3\sqrt{3}}{13},-\frac{2\sqrt{13}}{13}\right)$；8. 相离；9. $\sqrt{74}$；10. $\sqrt{58}$.

三、判断题.

1. ×；2. ×；3. √；4. √；5. ×；6. ×；

7. √；8. ×；9. √；10. ×；11. ×；12. √.

四、解答题

1. $\frac{3\sqrt{10}}{10}$；

2. 当 $b>10$ 或 $b<-10$ 时，直线与圆相离，当 $b=10$ 或 $b=-10$ 时，直线与圆相切，当 $-10<b<10$ 时，直线与圆相交.

3. $(-1,6)$；

4. $(x-5)^2+(y-1)^2=29$；

5. $4x-3y+15=0$.

B组

1. $k=-3$，$\left(\frac{1}{2},0\right)$.

2. 建立如图所示的坐标系．因为 $AB=20$ 米，$OP=4$ 米，所以点 A，B，P 的坐标分别是 $(-10,0)$，$(10,0)$，$(0,4)$．设圆的方程为 $x^2+y^2+Dx+Ey+F=0$．

则根据题意得 $\begin{cases}100-10D+F=0\\100+10D+F=0\\16+4E+F=0\end{cases}$ 解之得 $\begin{cases}D=0\\E=21\\F=-100\end{cases}$

所以圆拱桥所在圆的方程为 $x^2+y^2+21y-100=0$．

又因为 P_2 在圆上，且横坐标 $x=-2$ 代入圆的方程，得 $4+y^2+21y-100=0$．

因为 $y>0$，所以解的 $y\approx 3.86$（米）．所以 A_2P_2 的长为 3.86 米.

课后自测题

一、选择题

1. D；2. D；3. D；4. A；5. B；6. A；7. B；8. A；9. A；10. C.

二、填空题

1. $(-3,-5)$；2. $x-y+2=0$；3. $\sqrt{34}$；4. $x^2+y^2-6x-4y+8=0$；

5. $a=-3$；6. $k=-\frac{3}{2}$；7. $a>3\sqrt{5}$或 $a<-3\sqrt{5}$；8. $3x+y+7=0$；

9. 两个，$\frac{5\sqrt{2}}{2}$；10. $\sqrt{3}x-3y-3-3\sqrt{3}=0$.

三、判断题.

1. ×; 2. √; 3. ×; 4. √; 5. √; 6. ×; 7. ×; 8. √; 9. √; 10. ×.

四、解答题

1. $mn=\pm 24$； 2. $a=\dfrac{1}{3}$，$b=6$； 3. $a=\dfrac{3}{2}$ 或 $a=-\dfrac{5}{2}$；

4. 因为入射光线与 x 轴的夹角为 30°，所以反射光线与 x 轴的夹角也为 30°.

反射光线的斜率 $k=\tan 30°=\dfrac{\sqrt{3}}{3}$，所以反射光线的方程为 $y=\dfrac{\sqrt{3}}{3}x$.

第 8 章练习题（想一想、试一试、做一做）、习题、复习题、课后自测题参考答案与提示

8.1.1 **想一想** 不一定（平行向量的方向相反或相同就行）

试一试 （1）$\overrightarrow{OA}=\overrightarrow{DO}=\overrightarrow{EF}=\overrightarrow{CB}$ $\overrightarrow{OF}=\overrightarrow{CO}=\overrightarrow{DE}=\overrightarrow{BA}$；

（2）$\overrightarrow{OA}=-\overrightarrow{OD}=-\overrightarrow{FE}=-\overrightarrow{BC}$ $\overrightarrow{OF}=-\overrightarrow{OC}=-\overrightarrow{ED}=-\overrightarrow{AB}$；

（3）$\overrightarrow{OA}\parallel\overrightarrow{AO}$；$\overrightarrow{OA}\parallel\overrightarrow{OD}$；$\overrightarrow{OA}\parallel\overrightarrow{DO}$；$\overrightarrow{OA}\parallel\overrightarrow{AD}$；$\overrightarrow{OA}\parallel\overrightarrow{DA}$；
$\overrightarrow{OA}\parallel\overrightarrow{EF}$；$\overrightarrow{OA}\parallel\overrightarrow{FE}$；$\overrightarrow{OA}\parallel\overrightarrow{BC}$；$\overrightarrow{OA}\parallel\overrightarrow{CB}$.

做一做 位移不相等，运行的距离相等.

8.1.2 **想一想** 不适用于共线向量.

试一试 （1）$\overrightarrow{AC}$；（2）$\overrightarrow{AF}$；（3）$\overrightarrow{AE}$；
（4）$\overrightarrow{AC}$.

做一做 选比例尺作图 $\overrightarrow{AB}+\overrightarrow{BC}=\overrightarrow{AC}$

$$|\overrightarrow{AC}|=\sqrt{1^2+(\sqrt{3})^2}=2\ (\text{km})$$

又因为 $\overrightarrow{AC}$ 与 $\overrightarrow{AB}$ 的夹角是 60°.

所以 $\overrightarrow{AC}$ 表示向西偏北 60°走 2km.

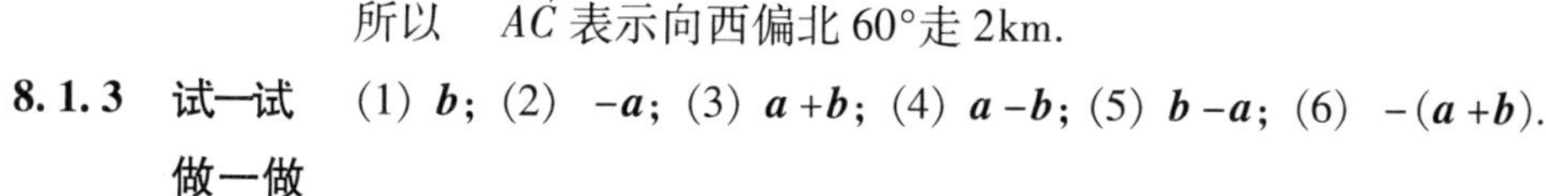

8.1.3 **试一试** （1）$\boldsymbol{b}$；（2）$-\boldsymbol{a}$；（3）$\boldsymbol{a}+\boldsymbol{b}$；（4）$\boldsymbol{a}-\boldsymbol{b}$；（5）$\boldsymbol{b}-\boldsymbol{a}$；（6）$-(\boldsymbol{a}+\boldsymbol{b})$.

做一做

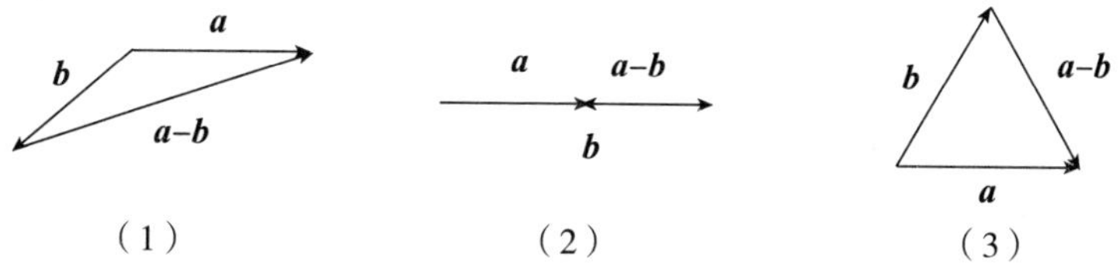

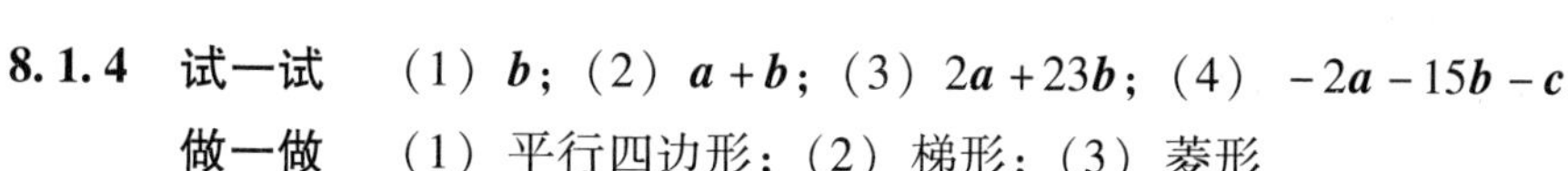

8.1.4 **试一试** （1）$\boldsymbol{b}$；（2）$\boldsymbol{a}+\boldsymbol{b}$；（3）$2\boldsymbol{a}+23\boldsymbol{b}$；（4）$-2\boldsymbol{a}-15\boldsymbol{b}-\boldsymbol{c}$.

做一做 （1）平行四边形；（2）梯形；（3）菱形

习题 8.1　A 组

1. 简答题：（1）是指既有大小又有方向的量．同向且大小相等的向量．

（2）和向量是把两个向量首尾顺次连接，其箭头是由前一个向量的起点指向后一个向量的终点，差向量是把两个向量的起点放在一起，其箭头是由减向量的终点指向被减向量的终点．

2. 填空题：(1) $\overrightarrow{AE}$；(2) $\overrightarrow{AF}$；(3) 0；(4) $\overrightarrow{OQ}$；(5) 梯形；(6) 平行，$\frac{3}{2}$；(7) $-\frac{1}{3}$．

3. 化简：（1）$2\boldsymbol{b}+\frac{3}{4}\boldsymbol{a}$；（2）$3\boldsymbol{a}-3\boldsymbol{b}$．　4. $\frac{1}{2}\boldsymbol{a}-\frac{3}{2}\boldsymbol{b}$．

5. （1）如图

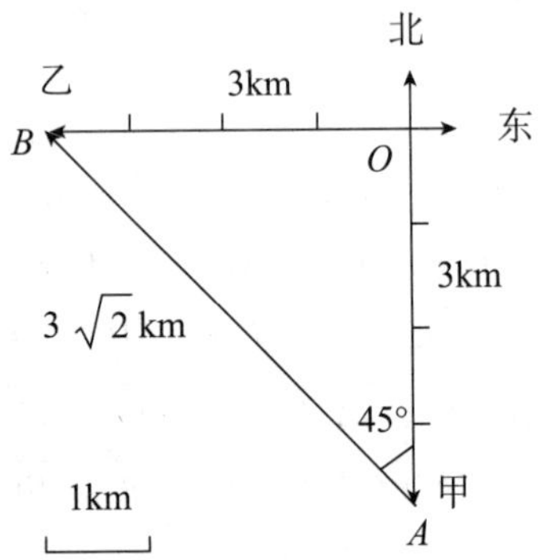

（2）在 Rt △AOB 中，$|\overrightarrow{AB}|=\sqrt{|\overrightarrow{OA}|^2+|\overrightarrow{OB}|^2}=\sqrt{3^2+3^2}=3\sqrt{2}$（km）；$\angle OAB=45°$．

乙相对于甲的位置向量是西北方向 45°，$3\sqrt{2}$ km．

6. （1）$\overrightarrow{BE}=\overrightarrow{EA}=\overrightarrow{CF}=\overrightarrow{FD}$；（2）$\overrightarrow{BE}=-\overrightarrow{EB}=-\overrightarrow{AE}=-\overrightarrow{FC}=-\overrightarrow{DF}$．

7. （1）$\overrightarrow{BF}$；　（2）$\overrightarrow{EM}$；　（3）$\overrightarrow{EM}$；　（4）$\overrightarrow{MC}$；　（5）$\overrightarrow{OE}$．

8. $\overrightarrow{BF}=2\boldsymbol{a}+3\boldsymbol{b}$；$\overrightarrow{EM}=3\boldsymbol{b}-2\boldsymbol{a}$；$\overrightarrow{MO}=\boldsymbol{a}-\frac{3}{2}\boldsymbol{b}$；$\overrightarrow{OF}=\boldsymbol{a}+\frac{3}{2}\boldsymbol{b}$．

B 组

1. 按一定比例作出位移，可量的位移的大小和方向是“正南方向，50 km”．

2. 证明：如图因为 $\overrightarrow{AD}=\overrightarrow{AB}+\overrightarrow{BD}$，$\overrightarrow{AD}=\overrightarrow{AC}+\overrightarrow{CD}$．

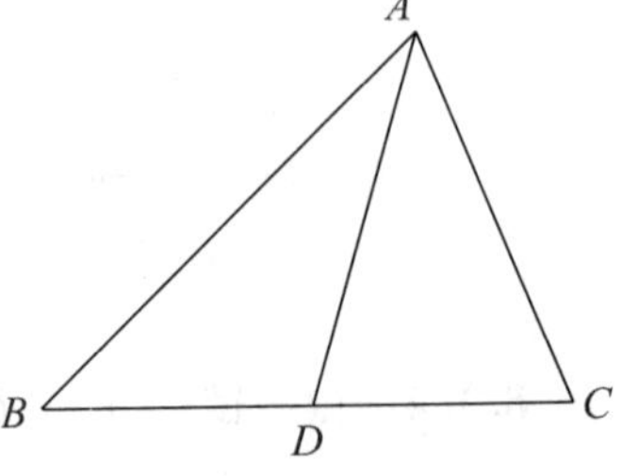

$2\overrightarrow{AD}=\overrightarrow{AB}+\overrightarrow{BD}+\overrightarrow{AC}+\overrightarrow{CD}$

又因为 D 为 BC 的中点．

所以 $\overrightarrow{BD}=-\overrightarrow{CD}$

故 $\overrightarrow{BD}+\overrightarrow{CD}=\boldsymbol{0}$

所以 $2\overrightarrow{AD}=\overrightarrow{AB}+\overrightarrow{AC}$

3. （1）$\overrightarrow{BD}=\boldsymbol{a}+\boldsymbol{b}$；$\overrightarrow{EC}=\boldsymbol{a}-\boldsymbol{b}$．（2）$\overrightarrow{AD}=2\boldsymbol{a}$；$\overrightarrow{EA}=-\boldsymbol{a}$．

(3) $\overrightarrow{BA}=\boldsymbol{b}-\boldsymbol{a}$; $\overrightarrow{DC}=-\boldsymbol{b}$.

4. 证明：$\overrightarrow{DE}=\overrightarrow{AE}-\overrightarrow{AD}=\frac{1}{4}\overrightarrow{AC}-\frac{1}{4}\overrightarrow{AB}=\frac{1}{4}(\overrightarrow{AC}-\overrightarrow{AB})=\frac{1}{4}\overrightarrow{BC}$

所以 $\overrightarrow{DE}=\frac{1}{4}\overrightarrow{BC}$ $DE=\frac{1}{4}BC$ 且 $DE\parallel BC$

8.2 试一试 (1) $2\boldsymbol{a}+3\boldsymbol{b}=(-11,-2)$; $\boldsymbol{a}-2\boldsymbol{b}=(12,-8)$.

(2) $2\boldsymbol{a}+3\boldsymbol{b}=(-3,24)$; $\boldsymbol{a}-2\boldsymbol{b}=(9,-16)$.

(3) $2\boldsymbol{a}+3\boldsymbol{b}=(8,-6)$; $\boldsymbol{a}-2\boldsymbol{b}=(-10,-3)$.

做一做 1. (1) $\boldsymbol{a}\parallel\boldsymbol{b}$; (2) $\boldsymbol{a}\parallel\boldsymbol{b}$; (3) 不平行.

2. $\overrightarrow{AB}=(-13,-5)$; $\overrightarrow{BA}=(13,5)$

习题 8.2 A 组

1. 简答题：

(1) 向量 $\boldsymbol{a}$ 的直角坐标等于直角坐标系 Oxy 中，与向量 $\boldsymbol{a}$ 相等的、相对于原点 O 的位置向量 $\overrightarrow{OA}$ 的终点 A 的坐标；向量 $\overrightarrow{AB}$ 的坐标等于终点 B 与起点 A 对应坐标的差；

(2) $\boldsymbol{a}\parallel b \Leftrightarrow x_1y_2-x_2y_1=0$.

2. 填空题

(1) (2, -3); (2) (3,7); (3) (-4, -2), (4,2); (4) (-2, -3); (5) (9, -5)

3. $\overrightarrow{OA}=2\boldsymbol{e}_1+3\boldsymbol{e}_2$; $\overrightarrow{OB}=-2\boldsymbol{e}_1+5\boldsymbol{e}_2$; $\overrightarrow{OC}=-3\boldsymbol{e}_1-4\boldsymbol{e}_2$; $\overrightarrow{OD}=4\boldsymbol{e}_1$.

4. $y=-2$

5. 证明：由已知条件得

$\overrightarrow{AB}=(0,-1)-(-2,3)=(2,-4)$; $\overrightarrow{AC}=(2,-5)-(-2,3)=(4,-8)$

$2\times(-8)-4\times(-4)=0$

所以 $\overrightarrow{AB}\parallel\overrightarrow{AC}$

又线段 AB 和 AC 有公共点 A，所以 A, B, C 三点共线.

6. 解：如图

M 为 AB 的中点，C, D 为 AB 的三等分点.

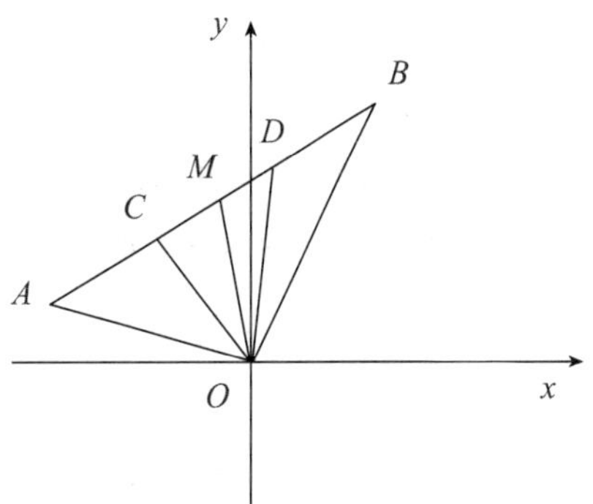

$\overrightarrow{OM}=\overrightarrow{OA}+\overrightarrow{AM}=\overrightarrow{OA}+\frac{1}{2}\overrightarrow{AB}$

$=\overrightarrow{OA}+\frac{1}{2}(\overrightarrow{OB}-\overrightarrow{OA})=\frac{1}{2}(\overrightarrow{OA}+\overrightarrow{OB})$

$=\frac{1}{2}[(-3,1)+(2,4)]=\left(-\frac{1}{2},\frac{5}{2}\right)$

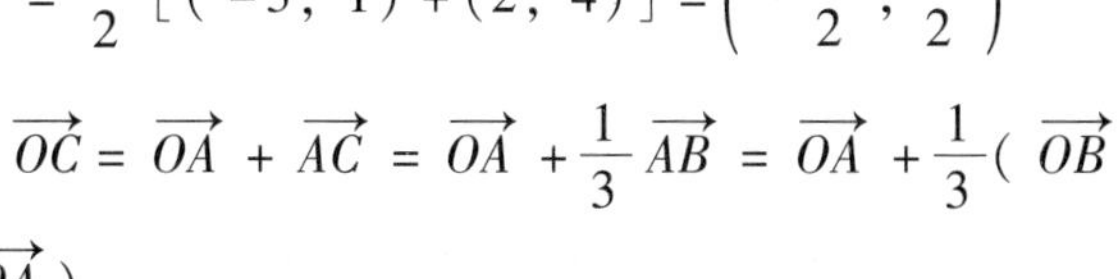

$\overrightarrow{OC}=\overrightarrow{OA}+\overrightarrow{AC}=\overrightarrow{OA}+\frac{1}{3}\overrightarrow{AB}=\overrightarrow{OA}+\frac{1}{3}(\overrightarrow{OB}-\overrightarrow{OA})$

$=\frac{2}{3}\overrightarrow{OA}+\frac{1}{3}\overrightarrow{OB}=\frac{2}{3}(-3,1)+\frac{1}{3}(2,4)=\left(-\frac{4}{3},2\right)$

$\overrightarrow{OD}=\overrightarrow{OA}+\overrightarrow{AD}=\overrightarrow{OA}+\frac{2}{3}\overrightarrow{AB}=\frac{1}{3}\overrightarrow{OA}+\frac{2}{3}\overrightarrow{OB}=\frac{1}{3}(-3,1)+\frac{2}{3}(2,4)=\left(\frac{1}{3},3\right)$

B 组

1. $\overrightarrow{AD}=\overrightarrow{AB}+\overrightarrow{BD}$

因为 $\overrightarrow{BD}=\frac{1}{3}\overrightarrow{BC}=\frac{1}{3}(\overrightarrow{AC}-\overrightarrow{AB})=\frac{1}{3}(\boldsymbol{a}-\boldsymbol{b})$

所以 $\overrightarrow{AD}=\boldsymbol{b}+\frac{1}{3}(\boldsymbol{a}-\boldsymbol{b})=\frac{1}{3}\boldsymbol{a}+\frac{2}{3}\boldsymbol{b}$

2. 证明：$\overrightarrow{AB}=(1,3)-(-1,-2)=(2,5)$，$\overrightarrow{DC}=(3,4)-(1,-1)=(2,5)$

所以 $\overrightarrow{AB}=\overrightarrow{DC}$

所以 $AB=DC\quad AB/\!/DC$

所以四边形 $ABCD$ 为平行四边形.

3. $x=5$，$y=4$.

8.3.1 试一试 （1）$\frac{15\sqrt{2}}{2}$；（2）6；（3）-6；（4）0

做一做 （1）$\frac{\pi}{3}$；（2）$\frac{2\pi}{3}$；（3）π；（4）$\frac{\pi}{6}$.

8.3.2 试一试 （1）$\boldsymbol{a}\cdot\boldsymbol{b}=0\quad|\boldsymbol{a}|=|\boldsymbol{b}|=\sqrt{34}$，$\cos<\boldsymbol{a},\boldsymbol{b}>=0$；

（2）$\boldsymbol{a}\cdot\boldsymbol{b}=14\quad|\boldsymbol{a}|=5$，$|\boldsymbol{b}|=\sqrt{29}$，$\cos<\boldsymbol{a},\boldsymbol{b}>=\frac{14}{5\sqrt{29}}=\frac{14\sqrt{29}}{145}$；

（3）$\boldsymbol{a}\cdot\boldsymbol{b}=-5$，$|\boldsymbol{a}|=\sqrt{5}$，$|\boldsymbol{b}|=\sqrt{5}$，$\cos<\boldsymbol{a},\boldsymbol{b}>=\frac{-5}{\sqrt{5}\cdot\sqrt{5}}=-1$；

（4）$\boldsymbol{a}\cdot\boldsymbol{b}=-5$，$|\boldsymbol{a}|=\sqrt{13}$，$|\boldsymbol{b}|=\sqrt{2}$，$\cos<\boldsymbol{a},\boldsymbol{b}>=\frac{-5}{\sqrt{13}\cdot\sqrt{2}}=\frac{-5\sqrt{26}}{26}$.

做一做 （1）$\boldsymbol{a}\perp\boldsymbol{b}$； （2）$\boldsymbol{a}\perp\boldsymbol{b}$； （3）$\boldsymbol{a}\perp\boldsymbol{b}$； （4）$\boldsymbol{a}$ 不垂直于 $\boldsymbol{b}$.

习题 8.3 A 组

1. 简答题：

（1）两个向量 $\boldsymbol{a}$，$\boldsymbol{b}$ 的模与它们夹角余弦的乘积叫做向量 $\boldsymbol{a}$ 与 $\boldsymbol{b}$ 的内积，记作 $\boldsymbol{a}\cdot\boldsymbol{b}$. 即 $\boldsymbol{a}\cdot\boldsymbol{b}=|\boldsymbol{a}||\boldsymbol{b}|\cos<\boldsymbol{a},\boldsymbol{b}>$；

（2）$\boldsymbol{a}\cdot\boldsymbol{b}=x_1x_2+y_1y_2$.

2. 填空题：

（1）1；（2）$\frac{\pi}{2}\leqslant<\boldsymbol{a},\boldsymbol{b}>\leqslant\pi$；（3）$-2$；（4）2 或 -8；（5）π；（6）20.

3. $m=\frac{1}{2}$； 4. -75； 5. 26，$\frac{4\sqrt{65}}{65}$. 6. $\boldsymbol{a}=(-2,2)$.

B 组

1. （1）(10,1)；(2)（-11,2).

2. $x=-\frac{9}{2}$； 3. （1） -3； （2） -21；

复习题 A 组

一、选择题

1. A；2. D；3. B；4. B；5. D；6. A；7. A；

8. B；9. B；10. A；11. A；12. D；13. C；14. C.

二、填空题

1. 平行；2. $\overrightarrow{DB}$，$\overrightarrow{AC}$；3. $\overrightarrow{AB}$，0；4. $5\boldsymbol{i}+2\boldsymbol{j}$；5. $5\boldsymbol{a}-8\boldsymbol{b}$；6. $x=3$；7. $\frac{2}{3}\boldsymbol{a}+\frac{1}{3}\boldsymbol{b}$；

8. $-\frac{9}{4}$；9. （0，-9），$\left(\frac{8}{3},-1\right)$，（3，0）；10. $-\frac{\sqrt{2}}{2}$；11. -2；12. 6；13. $-\frac{15}{2}$；

14. $\frac{\pi}{3}$；15. 5

三、判断题

1. ×；2. √；3. ×；4. ×；5. √；6. √；7. ×；

8. √；9. ×；10. √；11. √；12. √；13. ×；14. ×.

四、解答题

1. 化简 （1）0；（2） $-5a-b$

2. $\overrightarrow{EF}=a$ $\overrightarrow{FA}=\frac{1}{2}b-a$ $\overrightarrow{MA}=b-\frac{2}{3}a$

3. 证明：因为 $\overrightarrow{AB}=\left(3,\ \frac{8}{3}\right)-(2,4)=\left(1,\ -\frac{4}{3}\right)$，$\overrightarrow{DC}=(1,-3)-(-2,1)=(3,-4)$

所以 $3\overrightarrow{AB}=\overrightarrow{DC}$ 所以 $\overrightarrow{AB}\,/\!/\,\overrightarrow{DC}$ 且 $\overrightarrow{AB}\neq\overrightarrow{DC}$，所以四边形 $ABCD$ 是梯形，

又因为 $\overrightarrow{DA}=(2,4)-(-2,1)=(4,3)$，$\overrightarrow{AB}\cdot\overrightarrow{DA}=1\times4+\left(-\frac{4}{3}\right)\times3=0$

所以 $\overrightarrow{DA}\perp\overrightarrow{AB}$，所以四边形 $ABCD$ 是直角梯形.

4. 解：$y(-3,4)+x(2,-1)=(3,6)$

$\begin{cases}-3y+2x=3\\4y-x=6\end{cases}$ 解之得 $\begin{cases}x=6\\y=3\end{cases}$

5. 解：$a\cdot b=|a||b|\cos<a,b>=2\times5\times\left(-\frac{1}{2}\right)=-5$

$(a+b)\cdot(a-b)=a\cdot a-b\cdot b=|a|^2-|b|^2=4-25=-21$

$|a+b|=\sqrt{(a+b)\cdot(a+b)}=\sqrt{|a|^2+2a\cdot b+|b|^2}=\sqrt{4+2\times(-5)+25}=\sqrt{19}$

6. $m=\dfrac{7}{3}$

B 组

1. $A(-2, 3)$； 2. $t=-2$；

3. 解：因为 $(3\boldsymbol{a}+m\boldsymbol{b})\perp(3\boldsymbol{a}-m\boldsymbol{b})$，所以 $3\boldsymbol{a}\cdot 3\boldsymbol{a}-m^2\boldsymbol{b}\cdot\boldsymbol{b}=9\boldsymbol{a}\cdot\boldsymbol{a}-m^2\boldsymbol{b}\cdot\boldsymbol{b}=0$

即 $9|\boldsymbol{a}|^2-m^2|\boldsymbol{b}|^2=0$，$9\times 9-m^2\times 5^2=0$，$m=\pm\dfrac{9}{5}$

课后自测题

一、选择题

1. B；2. C；3. D；4. A；5. D；6. A；7. B；8. D；9. A；10. B.

二、填空题

1. $\overrightarrow{AE}$； 2. $(-1,-1)$，$\sqrt{2}$； 3. 180°； 4. -6，$\dfrac{3}{2}$； 5. $(1,3)$；

6. 2； 7. $\dfrac{5}{2}(\boldsymbol{a}+\boldsymbol{b})$； 8. 12； 9. 2； 10. $\sqrt{13}$.

三、判断题

1. ×；2. √；3. √；4. ×；5. ×；6. √；7. √；8. √；9. ×；10. ×.

四、解答题

1. $x=-1$，$y=1$； 2. $\overrightarrow{A_1B_1}=\left(\dfrac{4}{3}, 1\right)$；

3. 证明：$\overrightarrow{AB}=(8,-6)$，$\overrightarrow{BC}=(3,4)$，

因为 $\overrightarrow{AB}\cdot\overrightarrow{BC}=(8,-6)\cdot(3,4)=24-24=0$，

所以 $\overrightarrow{AB}\perp\overrightarrow{BC}$，所以 $\triangle ABC$ 是直角三角形.

4. $B(-5,0)$ 或 $(7,0)$；

5. 证明：$\overrightarrow{AB}=(11,-11)$，$\overrightarrow{AC}=(-3,3)$，$x_1\cdot y_2-x_2\cdot y_1=11\times 3-(-3)\times(-11)=0$

所 $\overrightarrow{AB}/\!/\overrightarrow{AC}$ 且 $\overrightarrow{AB}$ 与 $\overrightarrow{AC}$ 有公共点 A. 因此 A，B，C 三点共线.

6. 1，45，$\dfrac{-11\sqrt{130}}{130}$.

第 9 章练习题（想一想、试一试、做一做）、习题、复习题、课后自测题参考答案与提示

9.1.1 想一想 不是；能，1，3，5，2，4.

做一做 6；12；24.

9.1.2 想一想 不是.

做一做 1.（1）-5，-11；（2）8，64；（3）1，36；（4）3，21.

2. 是，是第 12 项.

习题 9.1 A 组

1. 简答题：（1）按照一定次序排成的一列数，称为数列.

（2）如果一个数列的第 n 项 a_n 能用 n 的一个表达式来表示，则把这个表达式叫做这个数列的通项公式.

2.（1）$a_1=2$，$a_2=5$，$a_3=8$，$a_4=11$；（2）$a_1=2$，$a_2=6$，$a_3=12$，$a_4=20$；

（3）$a_1=3$，$a_2=-4$，$a_3=5$，$a_4=-6$；

（4）$a_1=\frac{1}{2}$，$a_2=\frac{2}{4}=\frac{1}{2}$，$a_3=\frac{3}{8}$，$a_4=\frac{4}{16}=\frac{1}{4}$.

3.（1）$a_n=3n$；（2）$a_n=-n^2$；（3）$a_n=(-1)^n\frac{n}{n+1}$；（4）$a_n=1-10^{-n}$.

4.（1）-79；（2）2187；（3）$\frac{n+1}{2^n}$；（4）9.

5. 是。解方程 $n^2-n-20=22$ 得 $n=7$ 或 $n=-6$（舍去），所以，22 在数列中是第 7 项.

6.（1）$a_7=9$；

（2）令 $n^2=4n-12>0$ 得 $n<-2$ 或 $n>6$，因此这个数列从第 7 项起各项都是整数.

B 组

1. 数列的前 5 项分别是：1，3，8，16，271.

2. 设 $a_n=kn+b$，由题意得 $\begin{cases}k+b=4\\4k+b=13\end{cases}$，即 $\begin{cases}k=3\\b=1\end{cases}$，因此数列 $\{a_n\}$ 的通项公式为 $a_n=3n+1$.

3. 由 $a_n=-n^2+8n-10=-(n-4)^2+6$，即该数列数值最大的项是 $a_4=6$.

9.2.1 做一做 $a_3=-3\times3+13=4$，$a_6=-3\times6+13=-5$.

9.2.2 做一做 （1）$\frac{1}{2}$；（2）$a_{13}=7$.

9.2.3 做一做 （1）$S_{50}=7575$；（2）$S_{40}=2000$.

9.2.4 做一做 （1）570；（2）其余各轮的齿数分别为：42，39，36，33，30，27.

习题 9.2 A 组

1. 简答题：

（1）如果一个数列从第 2 项起，每一项减去它的前一项所得的差都等于同一个常数，则称这个数列为等差数列.

（2）如果 a，A，b 成等差数列，那么 A 叫做 a 和 b 的等差中项，且 $A=\frac{a+b}{2}$.

（3）等差数列的通项公式为 $a_n=a_1+(n-1)d$，前 n 项和公式为 $S_n=\frac{n(a_1+a_n)}{2}=na_1+\frac{n(n-1)}{2}d$.

2.（1）2；（2）124；（3）0；（4）$a_1=-1$，$d=2$；（5）$a=2$，$b=5$.

3. $a_1=-2$，$d=3$.　4. $a_n=-3n+8$.

5. 三个数分别为 1，5，9 或 9，5，1.　6. $d=-2$，$S_8=32$.

7. $a_n=3n-8$.　8. $n=6$.

9. 5687.5 元.　10. $n=23$，$d=\frac{35}{12}$.

B 组

1. $S_{10}=50$.

2. 98. 提示：$a_1+a_2+a_3+\cdots+a_{98}=(a_1+a_3+\cdots+a_{97})+(a_2+a_4+\cdots+a_{98})$，而 $a_1+a_3+\cdots+a_{97}=a_2+a_4+\cdots+a_{98}-49d$.

3. $a_n=4n+d$，$d=4$.

9.3.1 试一试 （1）2；　（2）-1；　（3）-2；　（4）$\frac{1}{3}$.

做一做 $a_4=47$，$a_7=-384$.

9.3.2 做一做 （1）± 4；　（2）$a_4=45$，$a_7=\frac{5}{3}$.

9.3.3 做一做 （1）-40；　（2）当 $q=3$ 时，$S_5=242$；当 $q=-3$ 时，$S_5=122$.

9.3.4 做一做 （1）在 A 公司第 10 年的月工资是 3570 元，在 B 公司第 10 年的月工资约为 3100 元；　（2）应选择 A 公司.

习题 9.3 A 组

1. 简答题：

（1）如果一个数列从第 2 项起，每一项与前一项的比都等于同一个常数，那么这个数列称为等比数列.

（2）如果 a，G，b 成等比数列，那么 G 叫做 a 和 b 的等比中项，且 $G^2=ab$ 或 $G=\pm\sqrt{ab}$.

（3）等比数列的通项公式为 $a_n=a_1\cdot q^{n-1}$，前 n 项和公式为 $S_n=\dfrac{a_1(1-q^n)}{1-q}(q\neq1)$.

2. （1）-384；　（2）728；　（3）121；　（4）$\dfrac{1}{3}$.

3. 当 $q=2$ 时，$a_1=1$，$S_5=31$；当 $q=-2$ 时，$a_1=-1$，$S_5=-11$.

4. $a_5=16$，$S_8=255$.　5. 当 $x=2$ 时，$S_{10}=2046$；当 $x=-2$，$S_{10}=-682$.

6. 24.　7. $a=-1$.　8. $a_1=\dfrac{1}{4}$，$q=2$.

9. $q=2$，$n=6$.　10. 2187.（提示：$a_1a_7=a_2a_6=a_3a_5=a_4^2$）

B 组

1. 设后三个数为 $a-d$，a，$a+d$，则 $a-d+a+a+d=6$ 得 $a=2$，由于前三个数之和为 14，则前三个数为 $10+d$，$2-d$，2，由题意得 $(2-d)^2=2(10+d)$，解得 $d=-2$ 或 $d=8$，因此所求的三个数为 8，4，2，0 或 18，-6，2，10.

2. $a_1=1$，$q=2$，$S_{10}=1023$

复习题　A 组

一、选择题

1. D；2. C；3. A；4. A；5. C；6. B；7. C；8. A；

9. D；10. C；11. D；12. B；13. C；14. A；15. B.

二、填空题

1. -8；　2. $a_n=(-1)^n\dfrac{1}{n(n+1)}$；　3. 3；　4. $\pm\sqrt{11}$；　5. 2，5；

6. 16，255；　7. 50；　8. 2，4，8 或 8，4，2；　9. 5　10. 5.

三、解答题

1. $a_1=-2$，$d=3$.　2. （1）20；（2）-80.

3. $a_1=1$，$a_2=2$，$a_3=\dfrac{3}{2}$，$a_4=\dfrac{5}{3}$，$a_5=\dfrac{8}{5}$.　4. $n=9$，$d=\dfrac{1}{2}$

5. 由 $a_3\cdot a_4=a_2\cdot a_5=32$，得 $a_5=16$，而 $a_5=a_2q^3=16$，得 $q^3=8\Rightarrow q=2$

所以 $a_1=1$，故 $a_n=2^{n-1}$，$S_{10}=1023$.

6. 因为 $\{a_n\}$ 为等差数列，$d>0$，所以 $a_2<a_4$，而 a_2,a_4 为方程 $x^2-10x+21=0$ 的两根，则 $a_2=3$，$a_4=7$，又因为 $a_4=a_2+2d\Rightarrow d=2$，所以 $a_1=1$，故数列的通项公式为 $a_n=2n-1$，$S_{10}=100$.

7. （1）$a_1=S_1=1-2=-1$；$a_2=S_2-S_1=1$；

（2）当 $n\geqslant2$ 时，$a_n=S_n-S_{n-1}=2n-3$，$a_1=-1$ 适合 $a_n=2n-3$，所以 $a_n=2n-3$；

（3）$b_n=2^{a_n}=2^{2n-3}$，而$\dfrac{b_{n+1}}{b_n}=\dfrac{2^{2n-1}}{2^{2n-3}}=4$，所以 $\{b_n\}$ 是以 4 为公比的等比数列且 $b_1=$

$\frac{1}{2}$，因此 $S_4=\frac{\frac{1}{2}(1-4^4)}{1-4}=\frac{85}{2}$.

8.（1）依据题意：每年的维修、保养费用构成等差数列，且 $a_1=12$，$d=4$.

所以使用 x 年后数控机床的维修、保养费用合计为 $S_x=12x+\frac{x(x-1)}{2}\times 4$（万元）.

又因为使用 x 年数控机床的总收入为 $50x$（万元），总成本为 98（万元），

所以 $y=50x-\left[12x+\frac{x(x-1)}{2}\times 4\right]-98=-2x^2+40x-98$（$x\in N^*$）.

（2）解不等式 $-2x^2+40x-98>0$，得 $10-\sqrt{51}<x<10-\sqrt{51}$，又因为 $x\in N^*$，所以 $3\leqslant x\leqslant 17$，故从第 3 年开始盈利.

B 组

1. D； 2. C；

3.（1）因为 a_1，a_7，a_{10} 成等比数列，所以 $(a_7)^2=a_1a_{10}\Rightarrow(a_1+6d)^2=a_1(a_1+9d)$，得 $d=-\frac{1}{3}$，故 $a_n=-\frac{n}{3}+\frac{13}{3}$；（2）由 $a_1=4$，$a_7=2$，$a_{10}=1$，所以第 1，7，10 项为前三项的等比数列的 $q=\frac{1}{2}$，故 $S_n=\frac{4\times\left[1-\left(\frac{1}{2}\right)^n\right]}{1-\frac{1}{2}}=8\left[1-\left(\frac{1}{2}\right)^n\right]$

课后自测题

一、选择题

1. D；2. B；3. B；4. C；5. C；6. A；7. C；8. A；9. A；10. A；

二、填空题

1. $a_n=3\times 2^{n-1}$； 2. 9； 3. $\frac{101}{2}$；± 10； 4. 27； 5. 7；

6. 21； 7. 16； 8. -5； 9. $\frac{13}{16}$； 10. 28.

三、解答题

1.（1）$a_n=(-1)^n\frac{2^n-1}{2^n}$；（2）$a_n=10^n-1$；（3）$a_n=\frac{n+2}{3n+2}$；（4）$a_n=1-\frac{1}{10^n}$.

2. $a_1=18$，$S_8=60$；

3. 是第 101 项；（提示：$a_n=4n-27$）

4. $1-\frac{1}{2^n}$；$\left(\text{提示：} a_n=2^n，\frac{1}{a_n}=\frac{1}{2^n}=\left(\frac{1}{2}\right)^n\right)$

5. $a_1=-13$，$q=-1$；

6. 1，2，4 或 4，2，1；

7. 设平均年增长率为 x，2000 年全国工农业生产总值为 a，则 $a(1+x)^{20}=4a$，得 $x=\sqrt[20]{4}-1$；

8. （1）当 $n=1$ 时，$a_1=S_1=7$；

当 $n\geqslant 2$ 时，$a_n=S_n-S_{n-1}=-2n+9$；

$a_1=7$ 符合 $a_n=-2n+9$，所以 $a_n=-2n+9(n\in N^*)$

（2）令 $a_n=-2n+9\geqslant 0$，得 $n\leqslant\dfrac{9}{2}$，所以当 $n=4$ 时，S_n 最大，此时 $a_4=1$.

第 10 章练习题（想一想、试一试、做一做）、习题、复习题、课后自测题参考答案与提示

10.1.1　试一试

1. $30+25+22=77$（种）.　2. $10+12+11=33$（种）.

10.1.2　练一练

1. $4\times 5\times 2=40$（种）.　2. $3\times 3\times 2=18$（个）.

习题 10.1　A 组

1. 简答题：（1）一般地，如果完成一件事，有 n 类方式. 第一类方式有 k_1 种方法，第二类方式有 k_2 种方法，……，第 n 类方式有 k_n 种方法，并且每一种方法都能独立完成这件事，那么完成这件事的方法共有 $N=k_1+k_2+\cdots+k_n$（种），这种计数的原理叫做分类计数原理.

（2）一般地，如果完成一件事，需要分成 n 个步骤，完成第一个步骤有 k_1 种方法，完成第一个步骤有 k_2 种方法，……，完成第 n 个步骤有 k_n 种方法，并且只有这 n 个步骤都完成后，这件事才能完成，那么完成这件事的方法共有 $N=k_1\times k_2\times\cdots\times k_n$（种）. 这种计数的原理叫做分步计数原理.

2. $24\times 24=576$（种）.

3. （1）共有 100 种抽取方法；（2）取到次品有 3 种方法；（3）取到正品有 97 种方法.

4. $10^4=10000$（个）.　5. $5^3=125$（个）.

6. $3\times 4=12$（种）.　7. $8\times 7=56$（种）.

B 组

1. $2^4=16$（种）.　2. $3^3=27$（项）.　3. $4\times 4=16$，$4+3+2+1=10$（个）.

10.2.1　练一练

1. （1）必然事件；（2）不可能事件；（3）随机事件.

2. A、B、C 是基本事件，D 是和事件.

10.2.2　做一做

1. $\frac{3}{4}$.　2. $\frac{41}{54}$.

习题 10.2　A 组

1. 简答题.

（1）在一定条件下，其结果出现（发生）与否是事先能够确定的，这种现象叫做确定性现象；在一定条件下，具有多种可能的结果，而事先不能确定会出现（发生）哪种结果，这种现象叫做随机现象.

（2）在一定条件下，必然发生（出现）的事件叫做必然事件；在一定条件下不可能发生（出现）的事件叫做不可能事件；随机试验的每一种可能结果组成的集合叫做一个随机事件，简称事件.

（3）不能再分的最简单的随机事件叫做基本事件，基本事件的并集叫做和事件（并事件）.

（4）如果随机试验总共有 n 个等可能的基本事件，事件 A 包含其中的 m 个基本事件，那么 $P(A)=\frac{m}{n}$.

2.（1）随机事件；（2）不可能事件；（3）必然事件；（4）随机事件.

3. $\frac{42}{50}=84\%$.　4.（1）$\frac{1}{3}$；（2）$\frac{2}{3}$.　5. $\frac{1}{2}$.　6.（1）$\frac{1}{50}$；　（2）$\frac{1}{10}$.

B 组

1.（1）$\frac{1}{9}$；　（2）$\frac{2}{9}$.　2.（1）$\frac{4\times 9}{9\times 9}=\frac{4}{9}$；　（2）$\frac{4\times 5}{9\times 9}=\frac{20}{81}$.

10.3.1　做一做

（1）$\frac{3\times 3}{5\times 5}=\frac{9}{25}$；　（2）$1-\frac{9}{25}=\frac{16}{25}$；　（3）$\frac{2\times 2}{5\times 5}=\frac{4}{25}$；　（4）$\frac{9}{25}+\frac{4}{25}=\frac{13}{25}$.

10.3.2　试一试

（1）0.12；　（2）$0.7\times 0.6=0.42$；　（3）$1-0.42=0.58$.

习题 10.3　A 组

1. 简答题.

（1）如果随机事件 A 和 B 能同时发生，即 $A\cap B$ 非空，则把 A 和 B 叫做相容事件；如果随机事件 A 和 B 不能同时发生，即 $A\cap B=\phi$，则把 A 和 B 叫做互不相容事件，也叫做互斥事件；互斥事件 A 与 B 的和事件的概率为：$P(A\cup B)=P(A)+P(B)$.

（2）如果两个事件 A 与 B 满足：$A\cup B=U$，且 $A\cap B=\phi$，则把 A、B 这两个事件叫做互为对立的事件．事件 A 的对立事件记作 $\overline{A}$；对立事件 A 与 $\overline{A}$ 的概率公式为：$P(\overline{A})=1-P(A)$.

(3) 事件 A（或 B）是否发生对事件 B（或 A）发生的概率没有影响，像 A、B 这样的两个事件叫做相互独立事件；相互独立事件 A、B 同时发生的概率为：$P(A\cap B)=P(A)\times P(B)$.

2. (1) 对立事件；(2) 相容事件；(3) 互斥事件；

(4) 相容事件；(5) 相互独立事件；(6) 相互独立事件.

3. 抛掷两次骰子，求：

(1) $\frac{1\times1}{6\times6}=\frac{1}{36}$；(2) $\frac{1\times5}{6\times6}+\frac{5\times1}{6\times6}=\frac{10}{36}=\frac{5}{18}$；(3) $\frac{5\times5}{6\times6}=\frac{25}{36}$或 $1-\left(\frac{1}{36}+\frac{10}{36}\right)=\frac{25}{36}$.

4. (1) $0.04\times0.04=0.0016$； (2) $0.04\times0.96+0.96\times0.04=0.0768$；

(3) $0.96\times0.96=0.9216$ 或 $1-(0.0016+0.0768)=0.9216$.

B 组

1. (1) $0.9\times0.9\times0.9=0.729$；(2) $0.1\times0.1\times0.1=0.001$；

(3) $1-0.729=0.271$；(4) $0.1\times0.9\times0.1=0.009$；

(5) $0.9\times0.1\times0.1+0.1\times0.9\times0.1+0.1\times0.1\times0.9=0.027$.

2. (1) $0.04\times0.05\times0.06=0.00012$；

(2) $0.04\times0.95\times0.94+0.96\times0.05\times0.94+0.96\times0.95\times0.006=0.03572+0.04512+0.05472=0.13556$； (3) $0.96\times0.05\times0.06+0.04\times0.95\times0.06+0.04\times0.05\times0.96=0.00288+0.00228+0.00188=0.00704$.

10.4.1 做一做

总体是某市去年参加毕业考试学生的数学成绩组成的集合；个体是每一个考生的数学成绩；

样本为 $U=\{90, 84, 84, 86, 87, 98, 73, 82, 90, 93, 68, 95, 84, 71, 78, 61, 94, 88, 77, 100\}$；

样本容量 $n=20$；样本均值 $\bar{x}=84.15$.

10.4.2 试一试

解：把 1 至 50 这 50 个数分别写在大小相同的小纸片上，把数字折在里面后，揉成 50 个小纸团，放在容器里，搅拌均匀后，从中依次抽取 10 个小纸团，打开后按照纸团上的数字指定对应的 10 名同学参加义务劳动.

10.4.2 练一练

解法一，系统抽样：

(1) 将这 600 件手工产品进行编号，编为 1—600 号，

(2) 确定组距

$$K=\frac{N}{n}=\frac{600}{30}=20,$$

即 按编号顺序每 20 件产品为一组，分为 30 个组，在每组中抽取 1 件产品，

（3）按照以下的规则抽取：

第 1 组抽取：$0\times K+2=2$ 号；　　第 2 组抽取：$K+2=22$ 号；

第 3 组抽取：$2K+2=42$ 号；　　第 4 组抽取：$3K+2=62$ 号；

……，

（4）按照上述规则抽得容量为 30 的样本：

$U=\{2, 22, 42, 62, 82, 102, 122, 142, 162, 182, 202, 222, 242, 262, 282, 302, 322, \cdots, 542, 562, 582\}$.

解法二，分层抽样：

（1）按不同师傅的产品把总体分成三个部分（层），计算每层占总体的比例：

王师傅的产品比例为$\frac{220}{600}=\frac{11}{30}$；李师傅的产品比例为$\frac{200}{600}=\frac{10}{30}$；张师傅的产品比例为$\frac{180}{600}=\frac{9}{30}$；

（2）在王师傅的产品中抽取 11 件；在李师傅的产品中抽取 10 件；在张师傅的产品中抽取 9 件，然后，用简单随机抽样的方法在三个部分中抽取相应个数的产品；

（3）把三部分中抽取的产品合在一起，就得到所需的容量为 30 的样本.

习题 10.4　A 组

1. 简答题.

（1）常用的简单随机抽样有抽签法和随机数表法 .

抽签法的主要步骤为：①编号做签：将总体中的 N 个个体编上号，并把号码写到签上；

②抽签得样本：将做好的签放到容器中，搅拌均匀后，从中逐个抽出 n 个签，最后得到一个容量为 n 的样本.

随机数表法的主要步骤为：①编号：将总体中的 N 个个体编上号；

②生成随机数表：用计算器或计算机（或其他方法）生成一张由相同位数组成的随机数表；

③选号：制定一个选号规则，按照规则得到一个容量为 n 的样本.

（2）当所研究的总体容量 N 很大或者所需的样本容量 n 较大时，将总体分成 n 个均衡的部分（组），以每个部分（组）的容量 $K=\frac{N}{n}$ 作为组距，然后按照一定的规则，从每一个部分（组）中抽取一个个体，从而得到容量为 n 的样本，这种抽样的方法叫做系统抽样.

系统抽样的一般步骤：①将总体的每一个个体作编号，通常用自然数编号；

②确定组距 $K=\frac{N}{n}$（K 不为整数时，可用简单随机抽样从总体中去掉一些个体），根据组距把总体分为 n 个部分（组）；

③制定抽取规则；

④按照规则抽取一个容量为 n 的样本.

（3）如果总体是由差异比较明显的几部分组成的，那么为了使样本能够更好地反映总体中各部分的情况，常常要把总体按照某种特征的差异分成几部分（层），然后按照各部分（层）在总体中所占比例进行抽取．这种抽取方法叫做分层抽样．对分层后的每一层进行抽样时，可采用简单随机抽样或系统抽样.

分层抽样的步骤：①分层并确定比例：按照某种特征的差异把总体分成几个部分（层），计算每层占总体的比例；

②分配抽样个数并进行抽样：按照比例确定在每层中应该抽取的个体数，按确定的数目用简单随机抽样或系统抽样的方法抽取每层的个体；

③把各层抽取的个体合在一起，就得到所需的样本.

2. 方案一（抽签法）：

（1）将 600 户编上号，从 1 至 600 号，并把号码写到纸片上，把号码折在里面后，揉成小纸团；

（2）将 600 个小纸团放到容器中，搅拌均匀后，从中逐个抽出 30 个，按小纸团上的号码对应地找出 30 户低保户，从而得到一个容量为 30 的样本.

方案二（随机数表法）：

（1）将 600 户低保户编上号，号码从 001 至 600；

（2）用计算器或计算机生成一张五位数组成的随机数表；

（3）以每个五位数的前三位组成一个三位数，从第 1 个五位数开始筛选，在 001 至 600 范围之内的三位数为选中的数，除去重复的数，直到选够 30 个三位数为止，从而得到一个容量为 30 的样本.

3. 方案：（1）将这 100 箱苹果罐头进行编号，编为 1—100 号，

（2）确定组距 $K=\dfrac{100}{10}=10$

即 按编号顺序每 10 箱为一组，共 10 组，在每组中抽取 1 瓶罐头，

（3）按照以下的规则抽取：

第 1 组抽取：$0\times K+1=1$ 号箱；

第 2 组抽取：$K+1=11$ 号箱；

第 3 组抽取：$2K+1=21$ 号箱；

第 4 组抽取：$3K+1=31$ 号箱；

第 5 组抽取：$4K+1=41$ 号箱；

…；

第 10 组抽取：$9K+1=91$ 号箱，

其中，在上述 10 个箱里，每箱中各随机抽取一瓶罐头，

（4）按照上述规则抽取容量为 10 的样本.

4. 解：（1）按商店的大小不同，把总体分成大型商店、中型商店和小商店三个部分（层），每层占总体的比例：

大型商店的比例为$\frac{20}{210}=\frac{2}{21}$；中型商店的比例为$\frac{40}{210}=\frac{4}{21}$；小商店的比例为$\frac{150}{210}=\frac{15}{21}$；

（2）在大型商店中抽取 2 家商店；中型商店中抽取 4 家商店；小商店中抽取 15 家商店，然后用抽签法抽取每部分的个体；

（3）把三部分抽取的商店合在一起，就得到容量为 21 的样本.

B 组

解：每名学生被抽到的可能性都是 $\frac{1}{18000}$；

抽样过程：

（1）按年级的不同，把总体分成大一、大二、大三、大四四个部分（层），每层占总体的比例：

大一比例为$\frac{4800}{18000}=\frac{120}{450}$；大二比例为$\frac{4600}{18000}=\frac{115}{450}$；大三比例为$\frac{4400}{18000}=\frac{110}{450}$；大四比例为$\frac{4200}{18000}=\frac{105}{450}$

（2）在大一学生中抽 120 名；大二学生中抽 115 名；大三学生中抽 110 名；大四学生中抽 105 名，然后用抽签法抽取每部分的学生；

（3）把四部分抽取的学生合在一起，就得到容量为 450 的样本.

10. 5. 1　试一试

（1）

分　组	频　数	频　率
4. 95 ~ 5. 95	3	0. 1
5. 95 ~ 6. 95	6	0. 2
6. 95 ~ 7. 95	12	0. 4
7. 95 ~ 8. 95	6	0. 2
8. 95 ~ 9. 95	3	0. 1
合计	30	1. 00

（2）频率分布直方图.

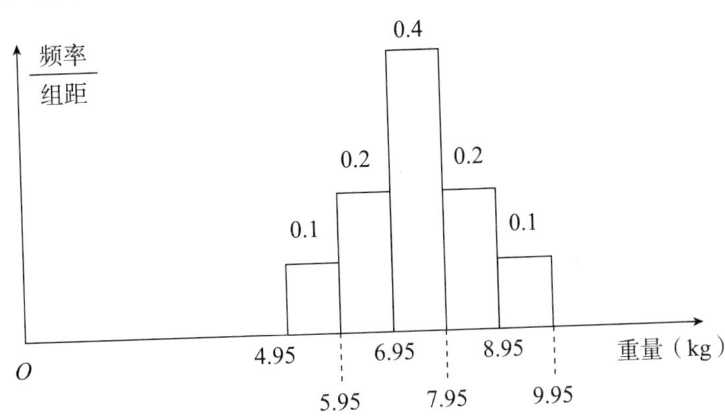

10.5.2 做一做

（1）$\bar{x}=21.935$，可依据样本均值估计这片森林平均树高接近22m.

（2）$s^2\approx 6.25923684$，$s\approx 2.5018$.

习题 10.5 A 组

1. 简答题：（1）列频率分布表和画频率分布直方图的步骤：①把数据排序并计算极差；②确定组数和组距；③确定各组分点；④列频率分布表；⑤绘频率分布直方图.

（2）$s=\sqrt{\frac{1}{n-1}[(x_1-\bar{x})^2+(x_2-\bar{x})^2+\cdots+(x_n-\bar{x})^2]}$.

2. $\bar{x}=2630$；$s^2\approx 29068.97$；$s\approx 170.5$.

2. 解：因为 $\bar{x}_{甲}=85.4$，$\bar{x}_{乙}=85.4$，

所以 均值相等，即从平均成绩看不出两个小组成绩的优劣，

又因为 $s_{甲}\approx 6.90$，$s_{乙}\approx 8.97$.

所以甲组成绩比乙组成绩均衡稳定.

4. （1）频率分布表：

寿命/小时	频 数	频 率
1005 ~ 2005	10	0.10
2005 ~ 3005	18	0.18
3005 ~ 4005	42	0.42
4005 ~ 5005	19	0.19
5005 ~ 6005	11	0.11
合计	100	1.00

（2）频率分布直方图：

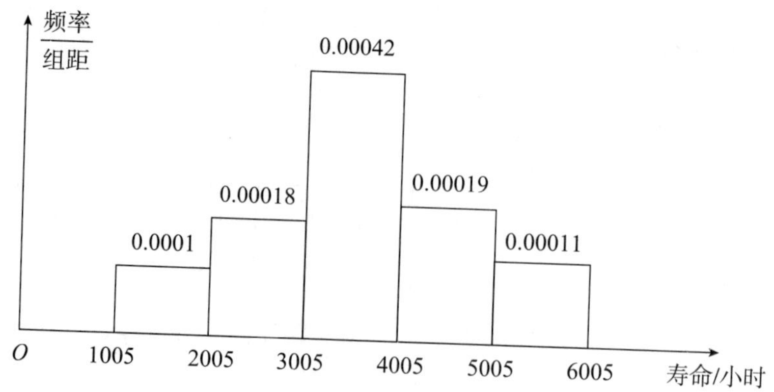

B 组

解：（1）把数据排序并计算极差：按从小到大的顺序把数据排序：

476，483，488，489，489，492，494，497，498，500，

501，501，504，504，505，506，508，509，510，510，

511，512，513，514，515，516，517，519，520，520，

521，522，525，527，528，530，532，532，541，544.

极差 = 最大值 − 最小值 = 544 − 476 = 68（g）.

（2）确定组数和组距：本题有 40 个数据，分成 7 组，

$$组距 = \frac{极差}{组数} = \frac{68}{7} \approx 9.7$$，取整数，组距为 10g.

（3）确定各组分点：第 1 组的起点定为 475.5g，组距为 10g，7 个组是：

第 1 组：475.5 ~ 485.5　第 2 组：485.5 ~ 495.5　第 3 组：495.5 ~ 505.5

第 4 组：505.5 ~ 515.5　第 5 组：515.5 ~ 525.5　第 6 组：525.5 ~ 535.5

第 7 组：535.5 ~ 545.5.

（4）列频率分布表

重量/g	频　数	频　率
475.5 ~ 485.5	2	0.05
485.5 ~ 495.5	5	0.125
495.5 ~ 505.5	8	0.2
505.5 ~ 515.5	10	0.25
515.5 ~ 525.5	8	0.2
525.5 ~ 535.5	5	0.125
535.5 ~ 545.5	2	0.05
合计	40	1.00

（2）频率分布直方图：

10.6 试一试 $y=\dfrac{37}{15}-\dfrac{1}{2}x$.

练一练 解 （1）把数据列表：

序号	x	y	x^2	xy
1	205	124	42025	25420
2	215	134	46225	28810
3	195	120	38025	23400
4	185	112	34225	20720
5	220	125	48400	27500
6	235	130	55225	30550
7	194	120	37636	23280
8	230	135	52900	31050
9	190	125	36100	23750
10	240	140	57600	33600
Σ	2109	1265	448361	268080

（2）用公式 10－8 求回归系数 A、B：先求两个均值 $\bar{x}=210.9$，$\bar{y}=126.5$，

$B=\dfrac{10\times268080-2109\times1265}{10\times448361-2109^2}\approx0.361\approx0.36$，$A=126.5-0.361\times210.9\approx50.37$

（3）则 y 关于 x 的一元线性回归方程为 $y=50.37+0.36x$.

习题 10.6 A 组

1. 简答题：（1）与散点图中各个点总的来说最接近的一条直线叫做回归直线；

（2）用公式 10－8 直接求回归系数 A、B，或用最小二乘法：把偏差平方和 Q 分别看成回归系数 A、B 的二次函数，由于二次项系数大于 0，要使 Q 取最小值，可得回归系数 A、B 的取值.

2. $y=6.44-0.79x$.

3. $y = 318 - 130x$.

B 组

（1）$y = 341.43 + 4.29x$;

（2）广告费每增加一万元，商品销售额平均约增加 4.29 万元；

（3）当广告费为 35 万元时，商品销售额估计为 491.58 万元.

复习题　A 组

一、选择题

1. B；2. C；3. C；4. D；5. B；6. B；7. A；8. D；9. C；10. B.

二、填空题

1. 1，0；　2. $\frac{1}{6}$；　3. 随机现象；　4. 0.0729；　5. $\bar{x}\approx 22.35$, $s^2 \approx 0.00032$;

6. 0.7；　7. 45；　8. 9；　9. 10000；　10. 7；　11. 0.2；

12. 与散点图中各个点总的来说最接近的一条直线；

13. $y=\frac{61}{15}-x$.

三、判断题

1. ×；2. ×；3. ×；4. ×；5. √；6. √；7. ×；8. √；9. √；10. ×.

四、解答题

1. （1）$\frac{1}{5}$；　（2）$\frac{4}{5}$；　（3）$\frac{2}{5}$；　（4）$\frac{3}{5}$.

2. （1）0.56；　（2）0.38；　（3）0.06.

3. 解：将 300 只编号，从 1 ~ 300 号，抽取编号为：2、32、63、92、122、152、182、212、242、272 的 10 只灯泡，得到一个样本.

4. 解：将 800 名学生进行编号，从 1 ~ 800 号，用计算机（或其他方法）产生一个五位数的随机数表，取中间的三位数，从第一个五位数开始，找出在 1 ~ 800 范围之间的三位数，去掉重复的，直到找够 40 个三位数为止，这 40 个三位数对应的 40 名学生就是要抽取的样本.

5. 解：由于，$\bar{x}_A =158$, $\bar{x}_B = 166.5$

可知 B 圈海参长势好于 A 圈海参.

6. （1）频率分布表：

分 组	频 数	频 率
25. 235 ~ 25. 295	10	0. 1
25. 295 ~ 25. 355	24	0. 24
25. 355 ~ 25. 415	35	0. 35
25. 415 ~ 25. 475	22	0. 22
25. 475 ~ 25. 535	9	0. 09
合计	100	1

（2）频率分布直方图：

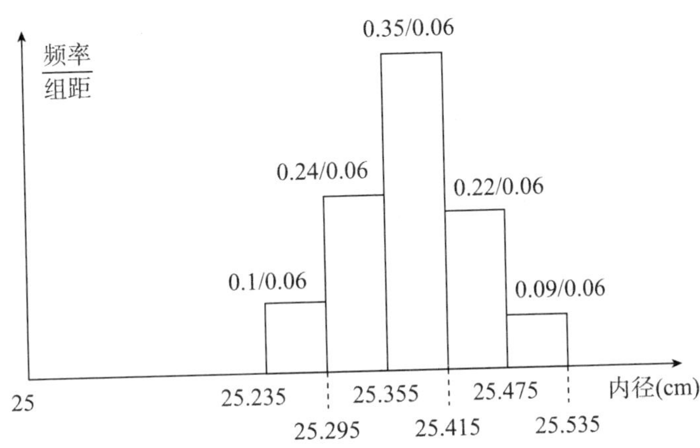

7. 解：（1）先把数据列成表：

序 号	x	y	x^2	xy
1	820	750	672400	615000
2	930	850	864900	790500
3	1050	920	1102500	966000
4	1300	1050	1690000	1365000
5	1440	1200	2073600	1728000
6	1500	1200	2250000	1800000
7	1600	1300	2560000	2080000
8	1800	1450	3240000	2610000
9	2000	1560	4000000	3120000
10	2700	2000	7290000	5400000
11	3000	2000	9000000	6000000
12	4000	2400	16000000	9600000
$\sum$	22140	16680	50743400	36074500

用公式 10 - 8 求回归系数 A、B：先求两个均值 $\bar{x}=1845$，$\bar{y}=1390$，

$$B=\frac{12\times 36074500-22140\times 16680}{12\times 50743400-22140^2}\approx 0.536\approx 0.54,$$

$A=1390-0.536\times 1845\approx 401.08$

则 食品支出 y 关于收入 x 的一元线性回归方程为 $y=401.08+0.54x$.

（2）收入每增加一元，食品支出平均会增加 0.54 元.

（3）当收入达到 5000 元时，食品支出大概会达到 3101.08 元.

B 组

1. $\frac{8}{27}$.

2. （1）$0.8^4=0.4096$；（2）$0.2^4=0.0016$；（3）$1-0.0016=0.9984$；（4）$1-0.4096=0.5904$.

3. （1）$0.02\times 0.03\times 0.025\times 0.035=0.000000525$；（2）0.10128715.

4. 解：每名学生被抽到的可能性为$\frac{1}{50}$，

抽样过程：

把学生按年级分成三组，一年级：1600 名学生；二年级：1500 名学生；三年级：1400 名学生，

按照 16∶15∶14 的比例从三部分的学生中抽取，

即 在一年级组中抽取 32 名、二年级组抽取 30 名、三年级组抽取 28 名，组成一个容量为 90 的样本，在各组中抽取时，既可用简单随机抽样，也可用分层抽样.

5. 解 把数据排序：

47.6，48.3，48.8，48.9，48.9，49.2，49.4，49.7，49.8，50.0，
50.1，50.1，50.4，50.4，50.5，50.6，50.8，50.9，51.0，51.0，
51.1，51.2，51.3，51.4，51.5，51.6，51.7，51.9，52.0，52.0，
52.1，52.2，52.5，52.7，52.8，53.0，53.2，53.2，54.1，54.4，

极差 $=54.4-47.6=6.8$（g）；分成 5 组，组距 $=\frac{6.8}{5}\approx 1.4$（g）.

（1）列频率分布表

分 组	频 数	频 率
(47.55，48.95)	5	0.125
(48.95，50.35)	7	0.175
(50.35，51.75)	15	0.375
(51.75，53.15)	9	0.225
(53.15，54.55)	4	0.1
合计	40	1.000

（2）频率分布直方图

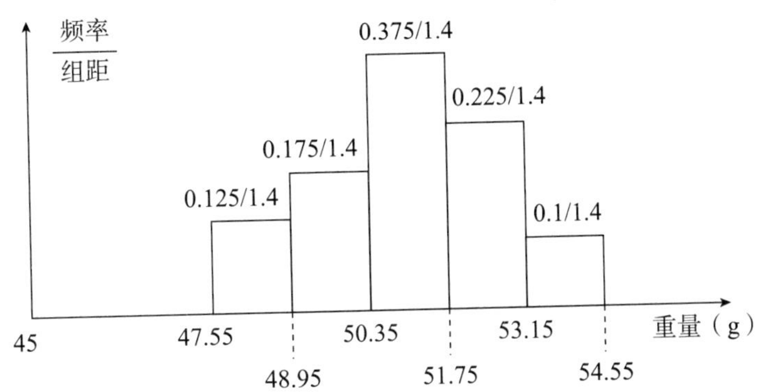

课后自测题

一、选择题

1. B；2. A；3. C；4. B；5. C；6. D；7. D；8. B；9. C；10. C.

二、填空题

1. 16；　2. $P(A\cup B)=\dfrac{11}{12}$；　3. $P(M\cap N)=0.312$；　4. $\dfrac{3}{7}$；

5. $U=\{$(正，正)，(正，反)，(反，正)，(反，反)$\}$；

6. 25；　7. 12；　8. 0.09；

9. 使偏差平方和达到最小，来求线性回归方程的方法；

10. $y=0.05+1.48x$.

三、判断题

1. √；2. ×；3. ×；4. √；5. √；6. ×；7. ×；8. √；9. ×；10. √.

四、解答题

1. （1）$\dfrac{1}{6}$；　（2）$\dfrac{1}{3}$；　（3）$\dfrac{1}{3}$；　（4）$\dfrac{1}{6}$.

2. 解：因为 $\bar{x}_A=49.33$，$\bar{x}_B=49.33$，

所以　从样本均值分不出哪块麦田的麦子长势好些，

又因为　$s_A^2\approx 1.74$，$s_B^2\approx 0.18$

可见 B 田麦子长的高矮比较均衡，所以 B 田麦子长势好些.

3. （1）频率分布表：

分　组	频　数	频　率
5. 45 ~ 6. 35	3	0. 1
6. 35 ~ 7. 25	7	7/30
7. 25 ~ 8. 15	9	0. 3
8. 15 ~ 9. 05	7	7/30
9. 05 ~ 9. 95	4	4/30
合计	30	1

（2）频率分布直方图.

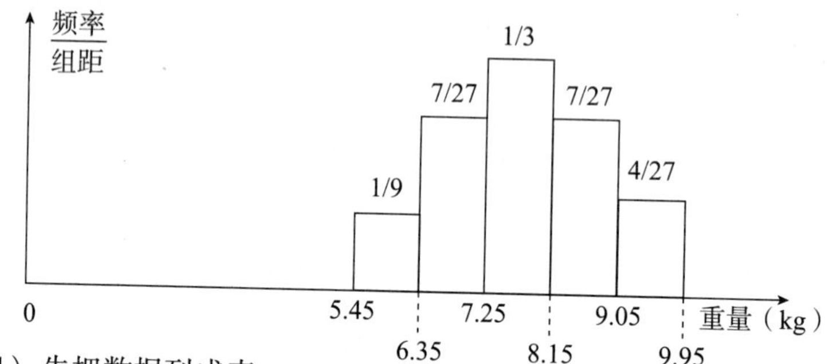

4. 解：（1）先把数据列成表：

序　号	x	y	x^2	xy
1	25	300	625	7500
2	20	270	400	5400
3	15	240	225	3600
4	30	340	900	10200
5	35	410	1225	14350
6	34	400	1156	13600
7	10	200	100	2000
8	14	220	196	3080
9	45	460	2025	20700
$\sum$	228	2840	6852	79530

用公式 10 − 8 求回归系数 A、B：先求两个均值$\bar{x}=25.333$，$\bar{y}=315.556$，

$$B=\frac{9\times79530-228\times2840}{9\times6825-228^2}\approx7.229\approx7.23,$$

$A = 315.556 - 25.333 \times 7.229 \approx 132.42$

则　销售额 y 关于广告费 x 的一元线性回归方程为　$y = 115.83 + 7.88x$.

（2）广告费每增加一万元，商品销售额平均约增加 7.88 万元.

（3）当广告费为 35 万元时，商品销售额估计为 391.63 万元.